Brüning / Müsegades / Neuburger / Peltzer
Ein neuer Frühling für die Pfalz

WERKHEFTE DES LANDESARCHIVS
BADEN-WÜRTTEMBERG

Herausgegeben
vom Landesarchiv Baden-Württemberg

Heft 32

2024

Jan Thorbecke Verlag

Ein neuer Frühling für die Pfalz. Erste Ergebnisse und Perspektiven eines digitalen Urkundenprojekts 1449–1508

Wissenschaftliche Tagung des
Landesarchivs Baden-Württemberg und
des Instituts für Fränkisch-Pfälzische Geschichte und
Landeskunde der Universität Heidelberg
im Generallandesarchiv Karlsruhe
am 24. und 25. Oktober 2023

Herausgegeben von
Rainer Brüning, Benjamin Müsegades, Andreas Neuburger und Jörg Peltzer

Bearbeitet von
Stefan Bröhl und Benjamin Torn

2024

Jan Thorbecke Verlag

Gefördert durch

Gedruckt auf alterungsbeständigem, säurefreiem Papier.

Bibliografische Information der Deutschen Nationalbibliothek
Die Deutsche Nationalbibliothek verzeichnet diese Publikation in der Deutschen Nationalbibliografie; detaillierte bibliografische Daten sind im Internet über http://dnb.d-nb.de abrufbar.

Kommissionsverlag: Jan Thorbecke Verlag, Verlagsgruppe Patmos in der Schwabenverlag AG, Ostfildern
www.thorbecke.de

Lektorat: Stefan Bröhl und Benjamin Torn, Landesarchiv Baden-Württemberg
Umschlaglayout: Bureau Johannes Erler, Hamburg
Satz: Offizin Scheufele Druck & Medien GmbH & Co. KG, Stuttgart
Druck: Beltz Grafische Betriebe GmbH, Bad Langensalza
Hergestellt in Deutschland
ISBN 978-3-7995-2100-0

Inhalt

Einleitung

Folgt nach einem ursprünglich goldenen Herbst des Mittelalters und einem sich anschließenden Winter des Missvergnügens nun ein neuer Frühling für die Pfalz? Bereits im Jahr 1894 war von der Badischen Historischen Kommission hoffnungsvoll der erste Band der Regesten der Pfalzgrafen am Rhein 1214–1508 vorgelegt worden, dessen zweiter Band 1912/1939 erschien.[1] Das Projekt brach dann jedoch mit dem Ende der Herrschaft König Ruprechts 1410 ab. Seine ursprünglich geplante Fortführung bis 1508 unterblieb und wird seitdem von der historischen Forschung als schmerzhaftes Desiderat nicht nur für die pfälzische, sondern auch für die gesamtdeutsche und europäische Geschichte des Spätmittelalters beklagt. Aufgrund der vollkommenen Zersplitterung der kurpfälzischen Überlieferung im 19. Jahrhundert auf die einzelnen Nachfolgestaaten ist die Geschichte eines der bedeutendsten Stände des Alten Reichs, der zeitweise eine königsgleiche Stellung einnahm, bis auf den heutigen Tag in weiten Teilen nur unzureichend erforscht.[2] Erscheint die Kurpfalz so zum einen als *Paradigma*, das die Entwicklung eines fürstlichen Territoriums *gewissermaßen in Reinkultur*[3] verkörpert, so zählt sie zum andern weiterhin *zu den schwierigsten Aufgaben der deutschen Landesgeschichte*[4].

Zwar hat es nicht an Ideen und Konzepten zur Überwindung des allseits bekannten Quellenproblems gefehlt, doch kamen diese angesichts des Umfangs und der Schwierigkeit der Aufgabe wie auch der Begrenztheit der finanziellen und personellen Mittel kaum über das Planungsstadium hinaus. Einzelne engagierte Arbeiten blieben leider in einem begrenzten Rahmen stecken. Auch die im Generallandesarchiv Karlsruhe verwahrten Notizen in den Nachlässen der Bearbeiter des gedruckten Regestenwerks, Jakob Wille und Manfred Krebs, waren nur bedingt hilfreich. Aus diesem Grund haben sich die Archivverwaltungen der Bundesländer Baden-Württemberg, Bayern, Hessen und Rheinland-Pfalz entschlossen, ein gemeinsames Projekt zur Behebung dieses Missstandes durchzuführen. Nach umfangreichen Mengenerhebungen im Generallandesarchiv Karlsruhe, dem Hessischen Staatsarchiv Darmstadt, dem Landeshauptarchiv Koblenz, dem Landesarchiv Speyer, dem Bayerischen Hauptstaatsarchiv München (Abt. I Ältere Bestände und Abt. III Geheimes Hausarchiv) sowie dem Staatsarchiv Amberg wurde schnell klar, dass die Schließung der Lücke von 1410 bis 1508 nicht in einem einzelnen Projekt möglich ist. Die Beteiligten haben sich daher darauf verständigt, zunächst die Epoche von 1449 bis 1508 zu bearbeiten: Die Regie-

---

1 Regesten der Pfalzgrafen am Rhein 1214–1508. Hg. von der Badischen Historischen Kommission. 2 Bde. Innsbruck 1894–1939 [keine weiteren Bände erschienen].

2 Vgl. zum Einstieg Meinrad *Schaab*: Geschichte der Kurpfalz. Bd. 1: Mittelalter. Stuttgart 1999. – Die Wittelsbacher und die Kurpfalz im Mittelalter. Eine Erfolgsgeschichte? Hg. von Jörg *Peltzer* u. a. Regensburg 2013. – Die Wittelsbacher am Rhein. Die Kurpfalz und Europa. 2 Bde. Hg. von Alfried *Wieczorek* (Publikationen der Reiss-Engelhorn-Museen 60). Regensburg 2013

3 Ellen *Widder*: Kanzler und Kanzleien im Spätmittelalter. Eine Histoire croisée fürstlicher Administration im Südwesten des Reiches. Stuttgart 2016. Insbesondere S. 127–141, hier S. 128.

4 Alois *Gerlich*: Geschichtliche Landeskunde des Mittelalters. Genese und Probleme. Darmstadt 1986. S. 54.

rungszeiten Friedrichs des Siegreichen und Philipps des Aufrichtigen stellen nicht nur allgemein einen Höhepunkt der politischen und kulturellen Bedeutung der spätmittelalterlichen Kurpfalz im europäischen Kontext dar, sie bilden auch im Besonderen durch die *Arrogation*, mit der Friedrich seinen Neffen Philipp adoptierte, einen herausragenden Sonderfall in der deutschen Rechts- und Verfassungsgeschichte.

Im Rahmen des Projekts findet die Erschließung und Digitalisierung von fast 7.000 kurpfälzischen Urkundenausfertigungen und Kopialbucheinträgen aus der Zeit von 1449 bis 1508 sowie deren gemeinsame Präsentation als Themenportal innerhalb des Archivportals-D statt. Der Schwerpunkt des unter der Federführung von Dr. Rainer Brüning konzipierten Projekts wurde im Landesarchiv Baden-Württemberg, Abteilung Generallandesarchiv Karlsruhe angesiedelt, das aufgrund seiner zentralen Kopialüberlieferung über etwa 80% der einschlägigen Urkundennachweise verfügt. Der Erschließungsaufwand ist in den beteiligten Archiven unterschiedlich und reicht von einer Überarbeitung und Redaktion bereits vorhandener Datensätze bis hin zur Neu- und Ersterschließung unbearbeiteter Urkunden. Ein besonderer Aufwand ist bei den auf der Ebene der einzelnen Urkunden unerschlossenen Karlsruher Kopialbüchern notwendig. Parallel zur Erschließung findet eine Digitalisierung der Urkunden durch die beteiligten Einrichtungen statt.

Die Arbeiten an dem von der Deutschen Forschungsgemeinschaft finanziell geförderten Projekt wurden im Mai 2022 aufgenommen und werden nach drei Jahren fristgerecht im Frühling 2025 ihren erfolgreichen Abschluss finden. Ein entsprechendes Anschlussprojekt, um die noch verbleibende Lücke zwischen 1410 und 1449 unter der Herrschaft der Kurfürsten Ludwig III. und Ludwig IV. zu schließen, wäre sehr wünschenswert und ist wissenschaftlich geboten.

Als einrichtungsübergreifende Recherche- und Präsentationsplattform für die Projektergebnisse wird vom Landesarchiv Baden-Württemberg zusammen mit dem FIZ Karlsruhe – Leibniz-Institut für Informationsinfrastruktur ein Themenportal innerhalb des Archivportals-D erstellt, in dem die in den Präsentationssystemen der verschiedenen Projektbeteiligten onlinegestellten Urkunden virtuell zusammengeführt und der Forschung mit zeitgemäßen Funktionalitäten zugänglich gemacht werden: *Themenportal Urkunden der Pfalzgrafen. Mittelalterliche Quellen zur Kurpfalz 1449–1508.*[5]

Mit dem Projekt soll den Erwartungen wissenschaftlicher Nutzerinnen und Nutzer entsprochen werden, neue Erkenntnisse durch die standortübergreifende thematische Zusammenstellung von Archivalien zu gewinnen. Die Präsentation von Objekten in einem solchen Kontext eröffnet neue Perspektiven zu bereits bestehenden und sich neu ergebenden Forschungsfragen und ermöglicht die virtuelle Rekonstruktion wesentlicher Teile der atomisierten kurpfälzischen Urkundenüberlieferung. Gleichzeitig wird so ein effizientes wissenschaftliches Arbeiten erleichtert und ein schneller, bundesweiter Überblick über vorhandenes Material geboten.

---

[5] https://www.archivportal-d.de/themenportale/urkunden-pfalzgrafen.

Die Nachnutzung der im Archivportal-D implementierten Technik wird es darüber hinaus auch anderen Einrichtungen (Archive, Bibliotheken, Museen etc.) ermöglichen, den durch dieses Gemeinschaftsprojekt bereitgestellten *Nukleus* kurpfälzischer Urkunden von 1449 bis 1508 um eigene Urkunden kurpfälzischer Provenienz zu erweitern und so einen nachhaltigen Bezugspunkt für die Geschichte der mittelalterlichen Kurpfalz zu erschaffen. Im Lauf der kommenden Jahre kann das Projekt so immer weitere Kreise ziehen, um der Geschichtswissenschaft eine sich stetig verbessernde Quellengrundlage zur Erforschung dieses bedeutenden Reichsstandes anbieten zu können. Wir freuen uns auf Ihre Mitarbeit!

Wissenschaftliche Forschungsinteressen und aktuelle Fragestellungen zur kurpfälzischen Geschichte waren natürlich bereits bei der Konzeption des Projekts mit einbezogen worden. Zusammen mit dem Institut für Fränkisch-Pfälzische Geschichte und Landeskunde an der Universität Heidelberg hat das Landesarchiv Baden-Württemberg an seinem Standort Generallandesarchiv Karlsruhe am 24. und 25. Oktober 2023 die in diesem Band dokumentierte wissenschaftliche Tagung abgehalten, die auf lebhaftes öffentliches und fachliches Interesse stieß. Projektteilnehmer, Bearbeiter und Bearbeiterinnen der Urkunden aus den beteiligten Archiven präsentierten erste Ergebnisse ihrer intensiven Beschäftigung mit dem vielfältigen Material. Exemplarische Themen wurden vorgestellt, der besondere Nutzen von standortübergreifenden Analysen erwiesen und weitere Forschungen angeregt.

Rainer Brüning
Benjamin Müsegades
Andreas Neuburger
Jörg Peltzer

Fortschritt durch Regesten. Potentiale von Forschungen zur Kurpfalz im Spätmittelalter

Von Benjamin Müsegades

Im Januar 1892 trat der Historiker Alexander Cartellieri seinen Dienst als Hilfsarbeiter der Badischen Historischen Kommission in Karlsruhe an. Im Jahr 1890 zu einem Thema der französischen Geschichte des Hochmittelalters promoviert, wurde dem 24-Jährigen die Bearbeitung der Regesten der Bischöfe von Konstanz für das 14. und 15. Jahrhundert übertragen. Während seiner Tätigkeit für die Historische Kommission arbeitete Cartellieri hauptsächlich im Generallandesarchiv, begab sich jedoch auch wiederholt auf Archivreisen, um einschlägige Urkunden zu sichten.[1]

In seinen seit den 1930er Jahren verfassten Erinnerungen beschreibt er die Bearbeitung der Regesten und seine Erlebnisse in Karlsruhe im Gesamtergebnis als positiv, auch wenn er froh war,

> [...] *der Bureaukratie des GLA entgangen zu sein. Gelernt habe ich in diesen sechs Jahren manches recht Nützliche, einmal den nicht immer angenehmen Verkehr mit den Vorgesetzten in einer Behörde.* [...] *Ich litt an dem Irrtum, auf einem Archiv immer zuerst an die Wissenschaft denken zu wollen. Bis dahin hatte ich nur mit gedruckten Quellen zu tun gehabt. Die sehr zahlreichen Konstanzer Urkunden* [...] *liessen mich doch in das Innere der geistlichen Verwaltung sehr wertvolle Einblicke tun und ergänzten meine auf das Weltgeschichtliche gerichtete Forschung durch das Ortsgeschichtliche.*[2]

Die Arbeit mit den spätmittelalterlichen Konstanzer Urkunden erscheint in diesem Kontext als eine wertvolle Erfahrung, von der Cartellieri, wie auch die landesgeschichtliche Forschung, profitierte. Nach sechs Jahren ließ er sich in Karlsruhe beurlauben, habilitierte sich 1899 in Heidelberg und wurde 1904 auf eine Professur in Jena berufen. Die letzte Lieferung des zweiten Bands der von Cartellieri bearbeiteten Bischofsregesten, der bis zum Jahr 1383 reichte, erschien ein Jahr

---

1 Vgl. zur Tätigkeit von Cartellieri in Karlsruhe Matthias *Steinbach* und Uwe *Dathe*: *Die aus Urkunden gekelterten Weine sind Schlaftrunke*. Alexander Cartellieri (1867–1955) als Karlsruher Archivar in seinen Tagebüchern und Erinnerungen. In: Zeitschrift für die Geschichte des Oberrheins 160 (2012) S. 493–559, insbesondere S. 493–507. – Matthias *Steinbach*: Des Königs Biograph. Alexander Cartellieri (1867–1955). Historiker zwischen Frankreich und Deutschland (Jenaer Beiträge zur Geschichte 2). Frankfurt u. a. 2001. S. 52–54, 59–62. Der vorliegende Beitrag stellt die verschriftlichte Version meines Abendvortrags auf der Karlsruher Tagung dar. Für Hinweise und Kritik sei Lena von den Driesch (Heidelberg) herzlich gedankt.

2 Thüringer Universitäts- und Landesbibliothek Jena, Nachlass Cartellieri, Nr. 1, Kasten 17, Bl. 166 f. – zitiert nach *Steinbach* und *Dathe*, wie Anm. 1, S. 493.

Abb. 1: Alexander Cartellieri als Primaner im Jahre 1885 in Gütersloh. Vorlage: Matthias Steinbach, Uwe Dathe (Hrsg.): Alexander Cartellieri. Tagebücher eines deutschen Historikers. Vom Kaiserreich bis in die Zweistaatlichkeit (1899–1953). München 2014, S. 38f. Abb. 2.

später.[3] Also Ende gut, alles gut? Ganz so einfach ist es nicht, denn das Bild, das Cartellieri von seiner Bearbeitertätigkeit im Rückblick aus der beruflichen Sicherheit seiner Professur heraus zeichnet, ist doch heller, als dies während seiner Zeit im Generallandesarchiv gelegentlich der Fall war.

Wir wissen dies so genau, weil Cartellieri von 1878 bis 1954, also 76 Jahre lang, Tagebuch führte. Die Eintragungen zu seiner Karlsruher Zeit vermitteln auch einen Einblick in seine Arbeit an den Regesten und spiegeln zudem seine Zufriedenheit mit der Tätigkeit am Generallandesarchiv, die durchaus schwankte.

Manchmal langweilt mich die Arbeit auf dem GLA sehr. Es gibt da kein Leben, vertraute er am 24. Januar 1894 seinem Tagebuch an.[4] In der Rückschau brach es in einer Eintragung zum Jahr 1908, ein Jahrzehnt, nachdem er Karlsruhe verlassen hatte, geradezu aus ihm heraus: *Was ich für Arbeit stumpfsinnigster Art auf die Konstanzer Regesten verwendet habe, weiss Gott allein. Nie werde ich dulden, dass um meinetwillen oder mit meiner Erlaubnis ein junger Mann so ausgebeutet wird als ich in Karlsruhe*.[5]

Auch schon während er die Urkunden bearbeitete, sah er allerdings zumindest zwischenzeitlich den Gewinn, die seine Tätigkeit der Wissenschaft allgemein und auch seiner eigenen Forschungen bringen konnte, wie seine Ausführungen zum 3. Dezember 1895 verdeutlichen:

Ich glaube jetzt in den Konstanzer Sachen gut darin zu sein. Als Nebenarbeit können sie doch kaum betrieben werden, es sei denn, dass man nichts anderes vorhat und einen grossen Teil des Lebens zu opfern bereit ist. Aber das ist nicht mein Fall. Das Ergebnis meiner Thätigkeit am ersten Bande, d. h. am zweiten des Gesamtwerkes, soll allen Ansprüchen gerecht werden, vielleicht sogar

---

3 Regesten zur Geschichte der Bischöfe von Konstanz. Bd. 2: 1293–1383. Hg. von der Badischen Historischen Kommission. Bearb. von Alexander *Cartellieri*. Innsbruck 1905.

4 Die Edition der Eintragungen zu seiner Karlsruher Zeit bei *Steinbach* und *Dathe*, wie Anm. 1, S. 511–559, das Zitat hier S. 524.

5 Eintrag zum 12. Januar 1908 in: Alexander Cartellieri. Tagebücher eines deutschen Historikers. Vom Kaiserreich bis in die Zweistaatlichkeit (1899–1953). Hg. von Matthias *Steinbach* und Uwe *Dathe* (Deutsche Geschichtsquellen des 19. und 20. Jahrhunderts 69). München 2014. S. 102.

die Technik des Regestierens überhaupt beeinflussen. [...] *Aus dem für die Regesten erforschten Stoffs will ich mir einige kleine Darstellungen herausschneiden* [...]. *Vorläufig fehlt es mir an der nötigen geistigen Ruhe, um eine gute Darstellung zu beginnen.*[6]

Die Ansprüche, die Cartellieri an sich stellte, waren hoch: einerseits ein allen Standards genügendes Regestenwerk vorzulegen und andererseits die hierbei gewonnenen Ergebnisse gleich für eigene Forschungsarbeiten zu nutzen. Diese Blütenlese aus Cartellieris Erinnerungen und seinem Tagebuch ist eine gute Hinleitung zum Thema dieses Beitrags. Denn auch wenn Cartellieris Bearbeitung der Konstanzer Bischofsregesten nun schon mehr als ein Jahrhundert zurückliegt, so sind die Probleme, denen er sich bei der Bearbeitung eines spätmittelalterlichen Urkundenbestands stellen musste, doch denen nicht unähnlich, mit denen sich die Bearbeiterinnen und Bearbeiter des DFG-Projekts zu den Urkunden der Pfalzgrafen bei Rhein von 1449 bis 1508 konfrontiert sehen. Natürlich hatte Cartellieri nicht die Möglichkeiten und auch Herausforderungen der digitalen Welt vor sich, aber am Ende ging es für ihn in der Praxis um ähnliche Fragen wie für die Kolleginnen und Kollegen, die die Urkunden der pfälzischen Kurfürsten Friedrich I. und Philipp aus dem 15. und beginnenden 16. Jahrhundert bearbeiten.

Zuerst widme ich mich entsprechend der Frage, welchen Sinn die Erschließung spätmittelalterlicher Urkunden als Editionen, Regesten oder auf anderen Wegen überhaupt hat und mit welchen Problemen entsprechende Projekte konfrontiert sein können. Dabei liegt der Fokus, wie auch im gesamten Beitrag, vor allem auf landesgeschichtlichen Editions-, Regesten- und anderen Erschließungsprojekten im deutschsprachigen Raum. In einem zweiten Schritt werden allgemein die potentiellen Erträge entsprechender Projekte sowie spezifisch jenes zu den Urkunden der Pfalzgrafen bei Rhein von 1449 bis 1508 für Forschungen zur Kurpfalz beleuchtet.

I. Spätmittelalterliche Urkunden edieren und erschließen: Ideal und Praxis

Quellen sind der Rohstoff des Historikers.[7] Wir brauchen sie, um uns ein Bild von der Vergangenheit machen zu können. Sie müssen gelesen, übersetzt und ebenfalls vielfach noch transkribiert werden, wenn sie nicht als kritische Edition vorliegen. Ohne Quellen ist die Geschichtswissenschaft nichts. Die Interpretation, das tägliche Brot von Historikern und Historikerinnen, ist darauf angewiesen, dass der *Rohstoff* überhaupt erst zur Verfügung gestellt wird.

Dabei sind die jeweiligen Epochen mit ganz unterschiedlichen Ausgangsbedingungen konfrontiert. Wo die Zeitgeschichte beinahe in Quellen ertrinkt, vieles aber aufgrund von Sperrfristen

6 *Steinbach* und *Dathe*, wie Anm. 1, S. 528.

7 Lothar *Gall* und Rudolf *Schieffer*: Vorwort. In: Quelleneditionen und kein Ende? Symposium der Monumenta Germaniae Historica und der Historischen Kommission bei der Bayerischen Akademie der Wissenschaften München, 22./23. Mai 1998. Hg. von Lothar *Gall* und Rudolf *Schieffer* (Historische Zeitschrift Beiheft NF 28). München 1999. S. VII f., hier S. VII.

dann doch noch nicht eingesehen werden kann, ist die Arbeitsweise von Mediävistinnen und Mediävisten vor allem davon abhängig, welcher Teilepoche sie sich schwerpunktmäßig zuwenden.[8] Kolleginnen und Kollegen, die sich dem Früh- und Hochmittelalter widmen, haben, zumindest wenn sie mit Urkunden arbeiten, im deutschsprachigen Raum vor 1200 selten einmal mit nicht edierten Exemplaren zu tun.[9] Für die römisch-deutschen Könige und Kaiser bietet hier die nur noch wenige Lücken aufweisende Diplomata-Ausgabe der MGH eine herausragende Grundlage. Frühe Stücke aus anderen Kontexten sind in aller Regel in landesgeschichtlichen Editionen erschlossen. Die MGH Diplomata bieten dabei den denkbar höchsten Standard. Möglich ist dies vor allem, da die Zahl der bis 1200 überlieferten Urkunden überschaubar groß ist.

So verzeichnen die drei Teilbände zur 50-jährigen Herrschaftszeit des Saliers Heinrich IV. (reg. 1056–1106) inklusive der Zeit seiner Minderjährigkeit und der Deperdita, also der heute nicht mehr überlieferten Urkunden, insgesamt 524 Stücke, im Durchschnitt also etwas mehr als zehn belegte Urkundenausstellungen pro Jahr.[10] Hier sowie zu allen weiteren Beispielen sei angemerkt, dass die Zahl der im Namen einzelner Herrscher tatsächlich ausgestellten Urkunden sich natürlich nicht zweifelsfrei erschließen lässt. Auch ist das Ermitteln von Durchschnittswerten pro Jahr immer bis zu einem gewissen Maße quantitative Spielerei. Überlieferungschance und Überlieferungszufall sind stets mitzudenken.[11] Nichtdestotrotz sind aber schon an den reinen Zahlen Tendenzen ablesbar, die Herausforderungen für Editions- und Erschließungsunternehmen illustrieren.

Bereits unter Heinrich V. (reg. 1106–1125), dem Sohn Heinrichs IV., lassen sich im Durchschnitt dann jährlich mehr als 17 Urkunden nachweisen.[12] Während der Herrschaftszeit des Staufers Friedrich I. Barbarossa (reg. 1152–1190) steigt die Zahl schon auf 1.248 Exemplare, ein Durchschnitt von 33 ausgestellten Urkunden pro Jahr.[13] Unter seinem Enkel Friedrich II., der auch König von Sizilien war (reg. 1198–1250 als König von Sizilien, 1212–1250 als römisch-deutscher König bzw. ab 1220 Kaiser), sind es dann ca. 2600 Stücke, also etwa 50 pro Jahr.[14]

---

8 Exemplarisch zu entsprechenden Herausforderungen in der Zeitgeschichte vgl. Horst *Möller*: Wie sinnvoll sind zeitgeschichtliche Editionen heute? Beispiele aus der Arbeit des Instituts für Zeitgeschichte. In: Quelleneditionen, wie Anm. 7, S. 93–112.

9 Vgl. hierzu auch Rudolf *Schieffer*: Die Erschließung des Mittelalters am Beispiel der Monumenta Germaniae Historica. In: Quelleneditionen, wie Anm. 7, S. 1–15, hier S. 8.

10 Die Urkunden Heinrichs IV. 3 Teilbde. Bearb. von Dietrich von *Gladiss* und Alfred *Gawlik* (MGH Die Urkunden der deutschen Könige und Kaiser 6). Hannover 1941–1978.

11 Grundlegend: Arnold *Esch*: Überlieferungs-Chance und Überlieferungs-Zufall als methodisches Problem der Historiker. In: Historische Zeitschrift 240 (1985) S. 529–570.

12 Inklusive Deperdita handelt es sich um 331 Urkunden. Vgl. die vorläufige Online-Edition unter: https://data.mgh.de/databases/ddhv/toc.htm (aufgerufen am 25.08.2023).

13 Die Urkunden Friedrichs I. 5 Teilbde. Bearb. von Heinrich *Appelt* (MGH Die Urkunden der deutschen Könige und Kaiser 10). Hannover 1975–1990.

14 Vgl. die Beschreibung des Projekts: https://friedrich-ii.badw.de/das-projekt.html (aufgerufen am 25.08.2023).

Zu Heinrich IV. und Friedrich I. liegen die MGH Diplomata-Ausgaben mittlerweile vollständig vor. Die Urkunden Heinrichs V. und Friedrichs II. sind in aktiver Bearbeitung und dürften auf absehbare Zeit der Forschung vollständig zur Verfügung stehen.[15] Dabei ist der Ansatz einer Edition in dieser Reihe immer die vollständige Erschließung aller bekannter Textzeugnisse einer Urkunde sowie eine detaillierte Einordung ihres Entstehungskontexts. Erläutert sei dies exemplarisch am Beispiel einer Urkunde Friedrichs I. für den Bischof von Konstanz vom 27. November 1155, die heute im Generallandesarchiv Karlsruhe liegt.[16] Angegeben werden in der Edition nach einem Regest, der Datierung und dem Lagerort des Originaldokuments auch die Vielzahl älterer Drucke und Regesten. Erläutert wird zudem, wie die Urkunde entstand. Verfasst wurde sie von einem gewissen AH (Albert), geschrieben dann aber von einem Empfängerschreiber. Die Arenga gleicht einem im zeitlichen Umfeld ausgefertigten Stück. Wer noch weiteres über den Entstehungskontext erfahren will, erhält zudem einige Hinweise zu weiterführender Literatur. Selbstverständlich wird zudem der eigentliche Text der Urkunde samt textkritischem Apparat geboten.[17] So wünschen sich Mediävistinnen und Mediävisten ihre Editionen. Alles ist aufbereitet und eine Fahrt nach Karlsruhe ist, zumindest für diese Urkunde, nur noch selten notwendig.[18] Es wäre erfreulich, wenn sämtliche mittelalterlichen Urkunden nach diesen Standards aufbereitet wären. Dies ist allerdings aus verschiedenen Gründen nicht der Fall.[19]

So führt der rasante Anstieg der Urkundenproduktion im Spätmittelalter dazu, dass wir es ab der zweiten Hälfte des 13. Jahrhunderts mit ganz anderen Größenordnungen zu tun haben. Der erste römisch-deutsche König nach dem Interregnum, Rudolf von Habsburg (reg. 1273–1291), stellte 2.223 Urkunden aus, also mehr als 125 pro Jahr.[20] Für den knapp 200 Jahre nach ihm herr-

---

15 Vgl. zum Stand der Bearbeitung der Urkunden Heinrichs V. und Friedrichs II. Martina *Hartmann*: Monumenta Germaniae Historica. Bericht über das Jahr 2022/23. In: Deutsches Archiv für Erforschung des Mittelalters 79 (2023) S. I–XVIII, hier S. XII f.

16 LABW GLAK A Nr. 138.

17 Die Urkunden Friedrichs I. Teilbd. 1, wie Anm. 13, Nr. 128, S. 212 f.

18 Für Fragen der Materialität allerdings, die in den letzten Jahren intensiv das Interesse der mediävistischen Forschung gefunden haben, kann auch der Rückgriff auf bereits edierte Urkunden notwendig sein; vgl. als ersten Zugang zu entsprechenden Fragen aus der Masse der mittlerweile vorliegenden Arbeiten nur Materiale Textkulturen. Konzepte – Materialien – Praktiken. Hg. von Thomas *Meier*, Michael R. *Ott* und Rebecca *Sauer* (Materiale Textkulturen 1). Berlin/Boston/München 2015.

19 Für die umfangreiche archivfachliche Forschung zu Fragen der Erschließung, die an dieser Stelle nicht vertieft wird, sei nur verwiesen auf: Alte und neue Kontexte der Erschließung. Beiträge zum 26. Archivwissenschaftlichen Kolloquium der Archivschule Marburg. Hg. von Irmgard Christa *Becker* u. a. (Veröffentlichungen der Archivschule Marburg 70). Marburg 2023. – Archivische Erschließung im Umbruch. Vorträge des 80. Südwestdeutschen Archivtags am 17. und 18. Juni 2021. Hg. von Franz-Josef *Ziwes* und Peter *Müller*. Stuttgart 2022. – Spezifisch zu Urkunden Francesco *Roberg*: Findbuch – Regest – Edition – Abbildung. Zur archivischen Erschließung von Urkunden. In: Der Archivar 64 (2011) S. 174 – 180.

20 Thomas Michael *Martin*: Die Städtepolitik Rudolfs von Habsburg (Veröffentlichungen des Max-Planck-Instituts für Geschichte 44). Göttingen 1976. S. 148.

schenden Friedrich III. (reg. 1440–1493) gehen die Schätzungen von 40.000 bis 50.000 Urkunden und Briefen aus.[21] Nun waren aber Könige und Kaiser nicht die einzigen Herrscher mit Kanzleien. Auch der pfälzische Kurfürst Ludwig III. (reg. 1410–1436) kam in der ersten Hälfte des 15. Jahrhunderts bereits auf 1.807 in seinem Namen ausgestellte Urkunden und Briefe, die sich trotz des Brands der kurfürstlichen Kanzlei 1462 als Ausfertigung oder in Abschrift erhalten haben; im Schnitt immer noch weit weniger als der Habsburger Friedrich III., aber auch bereits fast 70 pro Jahr.[22] Die Beispiele ließen sich noch beliebig vermehren.

Schwillt die Quellenmasse also vom Hoch- zum Spätmittelalter hin wahrnehmbar an, so explodiert sie am Übergang vom 14. zum 15. Jahrhundert noch einmal regelrecht.[23] In der Forschung fand dieser Anstieg der Überlieferung Niederschlag in gelungenen Aufsatztiteln wie *Uferlose Fülle* oder *Das Problem der Masse*.[24] Und dabei sind es ja nicht nur die Urkunden, die in immer größerer Zahl vorhanden sind. Die kirchlichen, landesherrlichen und städtischen Verwaltungen produzierten vor allem im letzten mittelalterlichen Jahrhundert Geschäftsschriftgut wie Rechnungen, Register oder Protokolle in vorher unbekannter Quantität.[25] Allein im Generallandesarchiv Karlsruhe liegen heute schätzungsweise 12.000 Urbare des späten Mittelalters und der Frühen Neuzeit, im Hauptstaatsarchiv Stuttgart 15.000 Stücke, von denen der ganz überwiegende Teil bisher nie ediert oder vertiefend ausgewertet wurde.[26]

---

21 Eberhard *Holtz*: Zum Problem von Langzeit-Editionen am Beispiel der Regesten Kaiser Friedrichs III. (1440–1493). In: Diplomatische Forschungen in Mitteldeutschland. Hg. von Tom *Graber* (Schriften zur sächsischen Geschichte und Volkskunde 12). Leipzig 2005. S. 249–260, hier S. 255.

22 Christoph Freiherr von *Brandenstein*: Urkundenwesen und Kanzlei, Rat und Regierungssystem des Pfälzer Kurfürsten Ludwig III. (1410–1436) (Veröffentlichungen des Max-Planck-Instituts für Geschichte 71). Göttingen 1983. S. 17, 23.

23 Vgl. zu den bereits weit früher einsetzenden entsprechenden Entwicklungen in West- und Südeuropa Erich *Meuthen*: Der Quellenwandel vom Mittelalter zur Neuzeit und seine Folgen für die Kunst der Publikation. In: Quelleneditionen, wie Anm. 7, S. 17–36, hier S. 18–22.

24 Elfie-Marita *Eibl*: Uferlose Fülle? Urkunden und Briefe des 15. Jahrhunderts. Probleme ihrer Erfassung und Verwertung. In: Diplomatische Forschungen, wie Anm. 2121, S. 237–247. – Ivan *Hlaváček*: Das Problem der Masse: das Spätmittelalter. In: Archiv für Diplomatik 52 (2006) S. 371–394.

25 Klassisch hierzu: Hans *Patze*: Neue Typen des Geschäftsschriftgutes im 14. Jahrhundert. In: Der deutsche Territorialstaat im 14. Jahrhundert. Bd. 1. Hg. von Hans *Patze* (Vorträge und Forschungen 13). Sigmaringen 1970. S. 9–64. – Umfassender nun Enno *Bünz*: Serielle Quellen des späten Mittelalters – Herausforderungen, Möglichkeiten und Grenzen der editorischen Arbeit angesichts beginnender Massenüberlieferung. In: Quellenforschung im 21. Jahrhundert. Vorträge der Veranstaltungen zum 200-jährigen Bestehen der MGH vom 27. bis zum 29. Juni 2019. Hg. von Martina *Hartmann* und Horst *Zimmerhackl* (MGH Schriften 75). Wiesbaden 2020. S. 195–239, insbesondere S. 203–208.

26 Die Zahlen nach Friedrich *Pietsch*: Der Weg und der Stand der Urbareditionen in Baden-Württemberg. In: Zeitschrift für Württembergische Landesgeschichte 18 (1959) S. 317–354, hier S. 340.

Jeder mit dem Erschließen oder Edieren Beschäftigte sah und sieht sich angesichts der im Spätmittelalter ansteigenden schriftlichen Überlieferung vor allem mit zwei Fragen konfrontiert: Wie ediere bzw. erschließe ich diese Massen? Und in Zeiten klammer Kassen vielleicht noch viel wichtiger: Muss ich das alles überhaupt erschließen?

Die erste Frage wurde gerade im 19. und in der ersten Hälfte des 20. Jahrhunderts für die verschiedenen deutschen Staaten bzw. Länder mit dem sogenannten territorialen Urkundenbuch beantwortet. Zumindest implizites Vorbild waren hierbei vielfach die MGH Diplomata-Ausgaben. Ziel entsprechender Projekte war es zumindest anfangs, alle Urkunden eines modernen Staats oder Landes zu erschließen. Zugrunde gelegt wurden hierfür teils die mittelalterlichen Herrschaftsbereiche, teils moderne administrative Einteilungen. Ziel dieser in der Regel durch die jeweiligen Staatsarchive, vor 1918 auch durch die jeweiligen fürstlichen Regierungen sowie seit dem späten 19. und frühen 20. Jahrhundert verstärkt von den verschiedenen Historischen Kommissionen getragenen Projekte war die Erschließung aller historisch relevanten Urkunden, ob nun Königs- und Kaiser-, Papst- oder Privaturkunden. So ein geistlicher oder weltlicher Herrscher, ein Kloster, Stift oder eine Stadt, die mit der jeweiligen Region verbunden waren, in einer Urkunde als Aussteller, Empfänger, ja teils nur als Zeugen Erwähnung fanden, wurde dieses Stück in das territoriale Urkundenbuch aufgenommen.[27]

Nach diesem Modell wurde Mitte des 19. Jahrhunderts etwa das Württembergische Urkundenbuch begonnen, anhand dessen sich gut Möglichkeiten und Probleme entsprechender Projekte nachvollziehen lassen.[28] Von 1849 bis 1913 wurden in insgesamt elf Bänden 6.148 Urkunden aus dem Zeitraum bis zum Jahr 1300 zusammengetragen. Dabei wurde in den letzten Bänden teils dazu übergegangen, nicht mehr alle Quellen im Volldruck, sondern vielfach nur noch als Regest wiederzugeben.[29] Man vermeint noch heute den Stoßseufzer des Archivdirektors Friedrich Eugen von Schneider aus dem Vorwort zum letzten Band heraushören zu können: *Man hatte sich freilich die Arbeit zu leicht gedacht*.[30] Entgegen mancher Wünsche, so Schneider, hatte man sich gegen eine Fortsetzung des Urkundenbuchs bis 1350 entschieden, da die Berücksichtigung des gesamten Raums des seinerzeitigen Königreichs Württemberg *eine zu buntscheckige Sammlung* geschaffen

---

27 Vgl. allgemein zur Entwicklung der landesgeschichtlichen Forschung in Deutschland während des späten 19. und des 20. Jahrhunderts Matthias *Werner*: Zwischen politischer Begrenzung und methodischer Offenheit. Wege und Stationen deutscher Landesgeschichtsforschung im 20. Jahrhundert. In: Die deutschsprachige Mediävistik im 20. Jahrhundert. Hg. von Rudolf *Schieffer* und Peter *Moraw* (Vorträge und Forschungen 62). Ostfildern 2005. S. 251–364.

28 Im Folgenden wird der Begriff Württembergisches Urkundenbuch statt des zeitgenössischen Terminus Wirtembergisches Urkundenbuch verwendet.

29 Vgl. zu den Entwicklungen des Württembergischen Urkundenbuchs Friedrich Eugen von *Schneider*: Vorwort. In: Wirtembergisches Urkundenbuch. Bd. 11. Stuttgart 1913. S. VII–X. – Maria Magdalena *Rückert*, Sigrid *Schieber* und Peter *Rückert*: Das „Württembergische Urkundenbuch online". In: Der Archivar 61 (2008) S. 145–151, hier S. 145.

30 *Schneider*, wie Anm. 29, S. VIII.

hätte.[31] Auch dürfte die Tatsache, dass für die Publikation der elf Bände insgesamt 64 Jahre benötigt wurden und davon acht Bände einen Zeitraum von gerade einmal 1241 bis 1300 abdeckten, ein weiterer Grund gewesen sein, das Projekt nicht weiter zu verfolgen.

Damit teilt das Württembergische Urkundenbuch das Schicksal anderer Werke mit einem territorialen Fokus, die in aller Regel nur einige Jahrzehnte ins 14. Jahrhundert vorstießen.[32] Ausnahmen bilden in diesem Kontext das Mecklenburgische Urkundenbuch, das immerhin den Zeitraum bis 1400 abdeckt, und das Liv-, Est- und Kurländische Urkundenbuch, das mit einer kleinen Lücke das Jahr 1510 erreicht.[33] Andere Unternehmungen wie das Pommersche (1345), das Schlesische (1300) oder das Preußische Urkundenbuch (1371) mussten bereits im 14. Jahrhundert kapitulieren.[34] Auch wenn die Gründe für die Unterbrechung – und in der Praxis wohl auch meist das endgültige Ende – der Unternehmungen jeweils unterschiedlich waren, so lassen sich doch in allen Fällen recht ähnlichen Probleme identifizieren: die praktische Unmöglichkeit, die Quellenmassen des 14. und 15. Jahrhunderts allumfassend auf dem Gebiet historischer Territorien, Provinzen oder Bundesländer zu erschließen und der Mangel an dauerhafter institutioneller Förderung, der für Projekte entsprechender Größenordnungen erforderlich wäre.[35]

---

31 *Schneider*, wie Anm. 29, S. VII.

32 Zur Tendenz, dass entsprechende Werke meist nur bis zur Mitte oder zum Ende des 14. Jahrhunderts vorstoßen, vgl. bereits Peter *Johanek*: Territoriale Urkundenbücher und spätmittelalterliche Landesgeschichtsforschung. In: Stand, Aufgaben und Perspektiven territorialer Urkundenbücher im östlichen Mitteleuropa. Hg. von Wilfried *Irgang* (Tagungen zur Ostmitteleuropa-Forschung 6). Marburg 1998. S. 5–21, hier S. 16. – *Bünz*, wie Anm. 25, S. 202.

33 Mecklenburgisches Urkundenbuch. 25 Bde. Schwerin 1863–1977. – Liv-, Est- und Kurländisches Urkundenbuch. 17 Bde. in 2 Abteilungen. Reval u. a. 1853–2020 (es fehlen noch die Bände 15 und 16 für die Zeiträume von 1484–1488 und 1489–1494).

34 Pommersches Urkundenbuch. 11 Bde. Stettin/Köln 1868–1990. – Preußisches Urkundenbuch. 6 Bde. in 15 Teilbänden. Königsberg/Marburg 1882–2021. – Schlesisches Urkundenbuch. 6 Bde. Köln/Wien 1963–1998.

35 Vgl. zum Arbeitsstand bei den einzelnen Urkundenbüchern sowie zu potentiellen Folgeprojekten nur die aktuellsten Überblicke: Karl-Heinz *Spieß*: Das Pommersche Urkundenbuch. In: Die Historische Kommission für Pommern 1911–2011. Bilanz und Ausblick. Hg. von Nils *Jörn* und Haik Thomas *Porada* (Veröffentlichungen der Historischen Kommission für Pommern V/47). Köln u. a. 2018. S. 203–211. – Wilfried *Irgang*: Das Schlesische Urkundenbuch, ein Resümee. In: Stand, wie Anm. 32, S. 153–162. – Christian *Gahlbeck*: Der 7. Band des Preußischen Urkundenbuchs (PrUB) – ein Langzeitvorhaben kommt zum Abschluss (?). In: Editionswissenschaftliches Kolloquium 2021. Fortführung alter Editionsvorhaben im neuen Gewande. Hg. von Helmut *Flachenecker* und Krzysztof *Kopiński* (Publikationen des deutsch-polnischen Gesprächskreises für Quellenedition 11). Toruń 2022. S. 13–34, hier S. 29 f. der Hinweis auf die für Ende 2024/Anfang 2025 geplante Publikation weiterer Bände des Preußischen Urkundenbuchs bis 1376; Matthias *Thumser*: Die Lücke wird geschlossen – Auf dem Weg zur Vollendung des „Liv-, Est- und Kurländischen Urkundenbuchs“. In: Editionswissenschaftliches Kolloquium, wie oben, S. 35–44.

Dabei ist es bezeichnend, dass mit dem Liv-, Est- und Kurländischen Urkundenbuch einzig im vergleichsweise quellenarmen Nordosten ein territoriales Urkundenbuch fast erfolgreich zu Ende geführt werden konnte.[36] Dabei allerdings ist Quellenarmut relativ. So finden sich in den 25 Bänden des Mecklenburgischen Urkundenbuchs bis 1400 beachtliche 15.114 Stücke. Alleine die auf Karteikarten im Landeshauptarchiv Schwerin auf Grundlage von Urkunden aus verschiedenen Archiven erfassten Regesten für das 15. Jahrhundert belaufen sich auf ca. 18.000 Stücke.[37] Würde man das Mecklenburgische Urkundenbuch also bis zum Ende des Mittelalters fortsetzen wollen, wären – so man die ursprünglichen Standards beibehielte – noch einmal mehr als 25 weitere Bände notwendig. Für das Pommersche Urkundenbuch werden für den Zeitraum von der Mitte des 14. Jahrhunderts bis 1500 weitere 17.000 bis 18.000 aufzunehmende Stücke veranschlagt.[38] Weder in Mecklenburg-Vorpommern noch anderswo in Deutschland dürfte entsprechend territorialen Urkundenbüchern mit Blick auf die Quellenmassen des 15. Jahrhunderts die Zukunft gehören.[39]

Schon früh begann man daher damit, vor allem zwei alternative Ansätze zur Erschließung der spätmittelalterlichen Überlieferung eines begrenzten geographischen Raums für einen begrenzten Zeitraum zu verfolgen[40]: institutionelle Urkundenbücher sowie Regestenwerke, wobei es durchaus Überschneidungen zwischen beiden Modellen gibt. Das institutionelle Urkundenbuch wurde und wird dabei vielfach nach dem sogenannten Fondsprinzip erstellt. Anstatt alle Quellen zu einem Kloster oder einem Stift aus einer Vielzahl von Archiven zusammenzutragen, wurde der Fokus auf einen erhaltenen einschlägigen Fonds in meist einem Archiv beschränkt. Der Vorteil eines entsprechenden Vorgehens ist, dass in überschaubarer Zeit umfangreiche Quellenbestände der Forschung zur Verfügung gestellt werden können.[41] Gerade für das Gebiet

---

36 Vgl. hierzu bereits Enno *Bünz*: Digitalisierungsprojekte und die Probleme der Bearbeitung spätmittelalterlicher Urkundenbestände. In: Blätter für deutsche Landesgeschichte 149 (2013) S. 137–146, hier S. 139.

37 Andreas *Röpcke*: Zur Geschichte und Perspektive des Mecklenburgischen Urkundenbuchs. In: Stand, wie Anm. 32, S. 99–106, hier S. 102–105.

38 Martin *Schoebel*: Überlieferung spätmittelalterlicher Urkunden aus Pommern im Landesarchiv Greifswald. Probleme und Perspektiven einer Edition. In: Stand, wie Anm. 32, S. 61–79, hier S. 71.

39 Optimistischer hingegen für das Pommersche und Preußische Urkundenbuch zumindest bis zum Ende des 14. Jahrhunderts *Johanek*, wie Anm. 32, S. 20. – Eine Mischung aus territorialen Urkundenbüchern und Urkundenbüchern zu Städten und Klöstern bestimmt das Programm des Codex Diplomaticus Saxoniae; vgl. zum Bearbeitungsstand Matthias *Werner*: „Zur Ehre Sachsens". Geschichte, Stand und Perspektiven des Codex diplomaticus Saxoniae. In: Diplomatische Forschungen, wie Anm. 21, S. 261–301, hier S. 299–301. – Christian *Schuffels*: Der „Codex diplomaticus Saxoniae". Zum Stand der Arbeiten am Urkundenwerk zur Geschichte Sachsens. In: Blätter für deutsche Landesgeschichte 154 (2018) S. 33–57.

40 Weitere Erschließungsmöglichkeiten, wie etwa sachthematische Auswahleditionen, die hier nicht weiter behandelt werden, sind ausführlich beschrieben bei *Bünz*, wie Anm. 25, S. 214–237.

41 Rudolf *Schieffer*: Neue regionale Urkundenbücher und Regestenwerke. In: Blätter für deutsche Landesgeschichte 127 (1991) S. 1–18, hier S. 6. – *Bünz*, wie Anm. 25, S. 214–216. – Für Fondseditionen plädieren am Beispiel Pommerns auch *Schoebel*, wie Anm. 38, S. 76. – *Spieß*, wie Anm. 35, S. 210 f. – Vgl. als

des heutigen Niedersachsens wurde auf diesem Wege eine beachtliche Zahl von Beständen erschlossen.[42]

Einen weiteren vielbeschrittenen Weg zur Erschließung der umfangreichen spätmittelalterlichen Überlieferung stellt das Erarbeiten von Regestenwerken dar, wobei auch hier mittlerweile teils Archivfonds die Grundlage bilden.[43] Der Vorteil entsprechender Veröffentlichungen liegt auf der Hand. Es muss nicht jede Urkunde in aller Ausführlichkeit abgedruckt werden. Die ist aber auch bereits der Nachteil: je nach Ausführlichkeit des Regests ist der Nutzer oder die Nutzerin bereits wieder auf die jeweilige ungedruckte Überlieferung zurückgeworfen, will er oder sie mehr wissen, als dass etwa, wie als recht beliebiges Beispiel aus dem ersten Band der Regesten der Pfalzgrafen bei Rhein herausgegriffen, Pfalzgraf Rudolf I. für sich und seinen Bruder Ludwig am 8. November 1300 zugunsten des Klosters Lamprecht auf alle Rechte am Hof zu Winzingen verzichtete.[44]

Abgesehen davon sind Regestenwerke vielfach mit ganz ähnlichen Problemen wie territoriale Urkundenbücher belastet. Das Ideal der Vollständigkeit führt gerade für das Spätmittelalter trotz aller Sorgfalt dazu, dass die Bearbeiter übersehene Stücke oder Bestände in späteren Bänden nachtragen müssen.[45]

---

auch heute noch instruktive Ausführungen zum Vorteil von Fondseditionen Karl Ernst *Demandt*: Zum Problem spätmittelalterlicher Quelleneditionen. In: Blätter für deutsche Landesgeschichte 90 (1953) S. 17–29.

42 *Bünz*, Digitalisierungsprojekte, wie Anm. 36, S. 143. – *Bünz*, Serielle Quellen, wie Anm. 25, S. 202. – *Schieffer*, wie Anm. 41, S. 12.

43 Nach wie vor mit Gewinn zu lesen sind ältere Ausführungen zur Regestentechnik: Erich *Meuthen*: Der Methodenstand bei der Veröffentlichung mittelalterlichen Geschäftsschriftguts. In: Der Archivar 28 (1975) Sp. 255–274. – Karl Ernst *Demandt*: Moderne Regestentechnik. Eine kritische Erörterung an Hand der Besprechung von A. Schmidt, Quellen zur Geschichte des St. Kastor-Stiftes in Koblenz. 1. Bd. Urkunden und Regesten (857–1400). Publikationen der Gesellschaft für rhein. Geschichtskunde 53, Bonn 1954. In: Der Archivar 10 (1957) Sp. 34–44. – Aloys *Schmidt*: „Fondsprinzip“ und Regestentechnik. Eine Entgegnung und Gegenkritik. In: Der Archivar 10 (1957) Sp. 293–306. – *Demandt*, wie Anm. 41.

44 Regesten der Pfalzgrafen am Rhein 1214–1508 [erschienen bis 1410]. Hg. von der Badischen Historischen Kommission. 2 Bde. Innsbruck 1894–1939. Bd. 1: 1214–1400 (1894). Bearb. von Adolf *Koch* und Jakob *Wille*. Nr. 1448, S. 85.

45 Vgl. hierzu etwa *Spieß*, wie Anm. 35, S. 205.

Geradezu vernichtend fiel in diesem Kontext das Urteil Friedrich Bocks[46] in der Historischen Zeitschrift aus, nachdem der vom späteren Direktor des Generallandesarchivs, Manfred Krebs[47], bearbeitete Nachtragsband zu den Pfalzgrafenregesten 1939 erschienen war:

Die Regesten der Pfalzgrafen am Rhein sind wohl eine der mangelhaftesten Leistungen, sowohl was Unvollständigkeit des Materials, wie Anordnung des Stoffes und Unübersichtlichkeit angeht, auch was Lesungen und andere Versehen betrifft. [...] *Leider hat K[rebs] außer in Karlsruhe und Stuttgart keinerlei archivalischen Nachforschungen unternommen* [...], *so daß doch letzten Endes diese „Nachträge" den Forscher nicht davor bewahren, gegebenenfalls auf eigene Rechnung wieder Vollkommnungen anstreben zu müssen. K[rebs] hat nicht einmal München besucht, so daß ich nicht sicher bin, ob jetzt, nach vierzigjähriger Arbeit, alle Originale des Münchener Fürsten-Selekts in dem Werke verzeichnet sind.*[48]

Dabei wird sichtbar, welche Probleme auch ein Regestenprojekt mit sich bringen konnte und noch immer kann. Zielt man auf Vollständigkeit, so ist eine große Zahl an Archiven zu besuchen. Und selbst wenn dies unternommen wurde, läuft man immer wieder Gefahr, Bestände zu übersehen. Bock etwa ließ es sich nicht nehmen, in seiner Besprechung noch acht Nachträge aufzuführen, keinesfalls alles Stücke aus dem Hauptstaatsarchiv München, sondern auch zwei Urkunden aus dem Stadtarchiv Auerbach in der Oberpfalz.[49] Der Verfasser einer Dissertation zum

---

[46] Vgl. zu Friedrich Bock (1890–1963), der mit der Bearbeitung der Constitutiones des wittelsbachischen Kaisers Ludwigs IV. beauftragt war, diese jedoch nicht abschließen konnte, auch mit Blick auf seine Rolle im Nationalsozialismus bisher am ausführlichsten Franziska *Rohloff*: „Sie haben ihre Sache in Rom ebenso gut gemacht wie ihr Berliner Antipode schlecht" – Die institutionelle Verfasstheit des Reichsinstituts für ältere deutsche Geschichtskunde auf dem Prüfstand (1940–1942). In: Das Reichsinstitut für ältere deutsche Geschichtskunde 1935 bis 1945 – ein „Kriegsbeitrag der Geisteswissenschaften". Beiträge des Symposiums am 28. und 29. November 2019 in Rom. Hg. von Arno *Menzel-Reuters*, Martina *Hartmann* und Martin *Baumeister* (Studien zur Geschichte der Mittelalterforschung 1). Wiesbaden 2021. S. 71–101, besonders S. 71, Anm. 3. – Vgl. zudem zu seiner Tätigkeit im „Kunstschutz" in Italien in den letzten Jahren des Zweiten Weltkriegs Lutz *Klinkhammer*: Die Abteilung „Kunstschutz" der deutschen Militärverwaltung in Italien 1943–1945. In: Quellen und Forschungen aus italienischen Archiven und Bibliotheken 72 (1992) S. 483–549, insbesondere S. 523 f.

[47] Vgl. zu Manfred Krebs (1892–1971) konzise Hansmartin *Schwarzmaier*: Krebs, Manfred. In: Baden-Württembergische Biographien. Bd. 1. Stuttgart 1994. S. 200 f. – Seine Rolle während des Nationalsozialismus beleuchtet Konrad *Krimm*: Kampfplatz – Nische – Abstellraum? Das Badische Generallandesarchiv im Nationalsozialismus. In: Archiv und Öffentlichkeit. Aspekte einer Beziehung im Wandel. Hg. von Konrad *Krimm* und Herwig *John* (Werkhefte der Staatlichen Archivverwaltung Baden-Württemberg A 9). Stuttgart 1997. S. 75–108, insbesondere S. 81–83.

[48] Friedrich *Bock*: Rezension zu Regesten der Pfalzgrafen am Rhein. Bd. 2. Lieferung 6. Nachträge, Ergänzungen und Berichtigungen zum 1. und 2. Band, Namen- und Sachregister zum 2. Band. Bearb. von Manfred Krebs. Innsbruck 1939. In: Historische Zeitschrift 164 (1941) S. 139–142, hier S. 140.

[49] *Bock*, wie Anm. 48, S. 141 f.

Lehnswesen in der Pfalzgrafschaft wiederum ermittelte für den ersten Band der Pfalzgrafregesten stolze 181 Urkunden, die den Bearbeitern entgangen waren, sowie in 97 weiteren Fällen Ausfertigungen oder ältere Kopien von in den Regesten nur auf Grundlage von Abschriften wiedergegebenen Stücken.[50]

Dabei waren die Bearbeiter der Pfalzgrafenregesten *nur* bis 1410 gekommen und hatten das quellenreiche 15. Jahrhundert kaum ansatzweise erschlossen. Aber auch andere territorial ausgerichtete Regestenwerke sind selten weiter vorgestoßen. Die bis 1475 abgeschlossenen Regesten der Markgrafen von Baden, der Grafen von Katzenelnbogen bis 1486 und der Bischöfe von Konstanz bis zum Jahr 1496 sind hier löbliche und seltene Ausnahmen.[51]

Dabei liegt das weitestgehend Scheitern von territorialen Urkundenbüchern und der entsprechenden Regestenwerke mit Blick auf das 15. Jahrhundert vor allem im unrealistischen Wunsch begründet, ähnlich wie für das frühe und hohe Mittelalter Vollständigkeit bei der Erschließung der Überlieferung anzustreben, hierfür möglichst alle Archive zu *durchkämmen* und die Urkunden des ausgehenden Mittelalters nach Maßstäben zu präsentieren bzw. zu erschließen, die zu zeitintensiv sind.[52]

Mittlerweile spielen zusätzlich die geänderten Rahmenbedingungen in der Wissenschaft eine Rolle. Theo Kölzer nannte das Verfolgen von langfristigen Editionsprojekten bereits vor einigen Jahren schon pointiert *eine sehr subtile Form des Karriere-Selbstmords*.[53] Das Schielen auf den

---

50 Karl-Heinz *Spieß*: Lehnsrecht, Lehnspolitik und Lehensverwaltung der Pfalzgrafen bei Rhein im Spätmittelalter (Geschichtliche Landeskunde 18). Wiesbaden 1978. S. 7, 265–272.

51 Die Regesten der Markgrafen von Baden und Hachberg 1050–1515. 4 Bde. (erschienen bis 1475). Innsbruck 1892–1915. – Die Regesten der Grafen von Katzenelnbogen. 4 Bde. Bearb. von Karl Ernst *Demandt* (Veröffentlichungen der Historischen Kommission für Nassau 11). Wiesbaden 1953–1957. – Regesten zur Geschichte der Bischöfe von Konstanz. 5 Bde. Innsbruck 1895–1931. – Vgl. hierzu sowie zur Vielzahl der zeitlich weniger weit vorgestoßenen Projekte auch *Bünz*, wie Anm. 25, S. 223 f.

52 Dies thematisierte bereits 1953 *Demandt*, wie Anm. 41, S. 25 f.; unlängst *Spieß*, wie Anm. 35, S. 205. – Hierzu auch am Beispiel der Schleswig-Holsteinischen Urkunden und Regesten Wolfgang *Prange*: Die Schleswig-Holsteinischen Regesten und Urkunden. In: Mitteilungen der Gesellschaft für Schleswig-Holsteinische Geschichte 29 (1988) S. 46–49, hier S. 47: *Auf übertriebenes Perfektionsstreben sollte verzichtet werden, ein denkbar Besseres sollte nicht dem möglichen Guten im Wege stehen.* – Die Vielzahl möglicher Fundstellen von Quellen des 15. Jahrhunderts in der kopialen Überlieferung sowie in Akten thematisiert *Eibl*, wie Anm. 24, S. 238. – Der Frage nach dem Umfang des Kommentars bei Editionsprojekten widmete sich 2022 eine Tagung in Dresden; vgl. hierzu den Bericht: Jens *Klingner* und Christian *Schuffels*: Edition und Kommentar. Aufbau und Vermittlung von kontextualisierenden Inhalten. Tagung des Instituts für Sächsische Geschichte und Volkskunde (ISGV), Dresden, 22.–24. Juni 2022. In: editio 36 (2022) S. 215–226.

53 Theo *Kölzer*: Urkundeneditionen heute?!. In: Blätter für deutsche Landesgeschichte 147 (2011) S. 183–193, hier S. 192. Ähnlich auch Dieter J. *Weiß*: „Quellen und Erörterungen" – ein Editionsprojekt der Kommission für bayerische Landesgeschichte an der Bayerischen Akademie der Wissenschaften.

nächsten potentiell *exzellenten* Antrag in interdisziplinären Groß- und Verbundprojekten, die Jagd nach der immer nächsten Fellowship und sonstigen Drittmitteltrophäen sowie der Wunsch, rasch und viel zu publizieren, führt auf universitärer Seite im Endeffekt dazu, dass gerade einschlägige landesgeschichtliche Grundlagenprojekte, für die bewährte Methoden und erfahrene Bearbeiterinnen und Bearbeiter von Nöten sind, es immer schwerer haben, Unterstützung zu akquirieren bzw. Kolleginnen und Kollegen zu finden, die sich ihnen dauerhaft verschreiben.[54] Es ist entsprechend bezeichnend, dass landesgeschichtliche Regestenwerke zurzeit vor allem von bereits betagteren Kollegen bearbeitet und vorgelegt werden, die ihr Berufsleben im Archivwesen verbracht haben und sich – frei von den Zwängen der *Drittmitteljagd* – im Ruhestand noch dieser verdienst- und teils entsagungsvollen Tätigkeit widmen.[55]

In: Editionswissenschaftliches Kolloquium, wie Anm. 35, S. 59–76, hier S. 67: *Heute haben sich die Verhältnisse leider verändert und die Erarbeitung einer Edition gilt eher als Hindernis denn als Karrieresprungbrett.*

54 Hierzu bereits vor mehr als 30 Jahren *Schieffer*, wie Anm. 41, S. 1 f. – Vgl. auch etwa Claudia *Märtl*: Zur aktuellen Lage der historischen Grundwissenschaften. In: Archiv für Diplomatik 65 (2019) S. 187–201, hier S. 193 f. – Mit Blick auf die Konsequenzen auf universitärer Seite vgl. unlängst die Ausführungen von Margit *Szöllösi-Janze*: Exit. Zum Wandel der Universität der Gegenwart. https://www.ifz-muenchen.de/fileadmin/user_upload/Vierteljahreshefte/Forum/MSzJ_Exit_final.pdf (aufgerufen am 29. 08. 2023). – Auf einen Auftrieb von Editionsunternehmen verwies hingegen unlängst Matthias *Thumser*: Zehn Thesen zur Edition deutschsprachiger Geschichtsquellen (14.–16. Jahrhundert) – eine Wiedervorlage. In: Blätter für deutsche Landesgeschichte 158 (2022) S. 509–519, hier S. 509, der allerdings die Rahmenbedingungen entsprechender Projekte nicht thematisiert.

55 Für das Gebiet des heutigen Baden-Württembergs seien Kurt Andermann und Konrad Krimm genannt; vgl. aus der Vielzahl der von ihnen vorgelegten Editionen und Regestenwerke nur: Die Urkunden des Freiherrlich von Gemmingen'schen Archivs auf Burg Guttenberg über dem Neckar (Regesten) 1353–1802. Bearb. von Kurt *Andermann* (Heimatverein Kraichgau e.V. Sonderdruck 6). Sinsheim 1990. – Das Kopialbuch des Engelhard von Neipperg († 1495). Urkundenregesten (um 1235) 1331–1493. Bearb. von Kurt *Andermann* (Heimatverein Kraichgau e.V. Sonderveröffentlichung 11). Sinsheim 1994. – Die Urkunden des Freiherrlich von Adelsheim'schen Archivs zu Adelsheim. Urkundenregesten 1291–1875. Bearb. von Kurt *Andermann* (Zwischen Neckar und Main 27). Buchen 1995. – Die Urkunden der Freiherrlich von Gemmingen'schen Archive aus Gemmingen und Fürfeld. Regesten 1331–1849. Bearb. von Kurt *Andermann* (Heimatverein Kraichgau e. V. Sonderveröffentlichung 37). Ubstadt-Weiher 2011. – Die Urkunden des Freiherrlich von Gemmingen'schen Archivs aus Michelfeld. Regesten 1324–1811. Bearb. von Kurt *Andermann* (Heimatverein Kraichgau e. V. Sonderveröffentlichung 42). Heidelberg u. a. 2023. – Mosbacher Urkundenbuch. Stadt und Stift im Mittelalter. Bearb. von Konrad *Krimm*. Elztal-Dallau 1986. – Archiv der Freiherren Roeder von Diersburg. Urkundenregesten 1310–1812 (Inventare der nichtstaatlichen Archive in Baden-Württemberg 35). Hg. von Martin *Burkhardt* und Konrad *Krimm*. Stuttgart 2007. –Archive der Grafen und Freiherren von Helmstadt. Urkundenregesten 1258–1877. Hg. von Konrad *Krimm* (Inventare der nichtstaatlichen Archive in Baden-Württemberg 40). Stuttgart 2020. – Regesten Kaiser Friedrichs III. (1440–1493). Heft 37. Die Urkunden und Briefe aus den Archiven und Bibliothe-

Dabei sind aber natürlich das Erstellen von Volleditionen oder gedruckten Regesten nur zwei Wege. Hinzu kommt etwa die Erschließung einzelner Fonds in den Archiven selbst. Hier gab es im letzten knappen Jahrzehnt erfreulicherweise einen nutzerfreundlichen Quantensprung, werden viele der Regesten und Kurzbeschreibungen aus Findbüchern doch mittlerweile auch online zur Verfügung gestellt, teils gleich gemeinsam mit einem Scan des jeweiligen Stücks. Hier hat sich gerade das Landesarchiv Baden-Württemberg besonders hervorgetan und tut dies mit dem Projekt zu den Urkunden der Pfalzgrafen bei Rhein aktuell wieder. Dabei ist es aus Nutzerperspektive bei entsprechenden Unternehmungen besonders erfreulich, dass nicht nur die Bestände selbst online gestellt werden – was an sich auch schon ein Gewinn ist –, sondern durch das Erstellen zumindest von Kurzregesten durch die Bearbeiterinnen und Bearbeiter sofort eine erhöhte Nutzbarkeit gewährleistet wird.[56] Ein breiter Fundus von Urkunden in mittlerweile sechsstelliger Zahl steht zudem online auf der Plattform monasterium.net zur Verfügung, wobei der Erschließungszustand der bisher verfügbaren Urkundenbestände stark variiert.[57]

So viel nun aber erst einmal zu Idealen und Praxis der Erschließung spätmittelalterlicher Urkundenbestände. Was aber ist nun eigentlich der Mehrwert entsprechender Projekte für die Forschung?

---

ken des Regierungsbezirks Karlsruhe. Bearb. von Konrad *Krimm*. Wien/Köln/Weimar 2024. Für das Rheinland und das südliche Thüringen legte der ehemalige Koblenzer und Meininger Archivar Johannes Mötsch eine Vielzahl von Regestenwerken vor; vgl. die Übersicht auf dem Stand von 2014: Enno *Bünz* und Silke *Hermann*: Schriftenverzeichnis Johannes Mötsch. In: Thüringische und Rheinische Forschungen. Bonn – Koblenz – Weimar – Meiningen. Festschrift für Johannes Mötsch zum 65. Geburtstag. Hg. von Norbert *Moczarski* und Katharina *Witter*. Leipzig/Hildburghausen 2014. S. 567–589; seitdem erschienen sind noch: Das Benediktinerinnenkloster Rohr. Regesten zur Klostergeschichte. Bearb. von Johannes *Mötsch* (Veröffentlichungen der Historischen Kommission für Thüringen. Große Reihe 22). Köln 2020. – Urkunden und Regesten des Klosters Flechtdorf. Hg. von Aloys *Schwersmann* und Johannes *Mötsch* (Veröffentlichungen der Historischen Kommission für Hessen 9/Klosterarchive 10). Marburg 2022. – Ähnlich produktiv war bei der Erstellung von Editionen und Regesten zur Geschichte Schleswig-Holsteins Wolfgang Prange; vgl. den Nachruf von Enno *Bünz*: Wolfgang Prange (1932–2018). In: Blätter für deutsche Landesgeschichte 154 (2018) S. 807–815.

56 Vgl. hierzu auch *Bünz*, wie Anm. 36, S. 145 f. – Franz *Fuchs*: Was ist unbedingt erforderlich, um mit digitalisierten Urkunden zu arbeiten?. In: Blätter für deutsche Landesgeschichte 149 (2013) S. 165–170, insbesondere S. 165 f. – Zur angemessenen Erschließung von Archivbeständen als Voraussetzung für ihre Digitalisierung vgl. auch Andreas *Hedwig*: Welche Prioritäten sind bei der Digitalisierung von Urkundenbeständen aus der Sicht der Archive zu setzen?. In: Blätter für deutsche Landesgeschichte 149 (2013) S. 155–164, hier S. 162.

57 https://www.monasterium.net/mom/home (aufgerufen am 28.10.2023). – Vgl. hierzu nur Georg *Vogeler*: „monasterium.net“ – eine Infrastruktur für diplomatische Forschung. In: Digitale Mediävistik und der deutschsprachige Raum. Hg. von Roman *Blaier* u. a. (Das Mittelalter 24,1). Berlin 2019. S. 247–252.

II. Erträge und Potentiale von Forschungen zur Kurpfalz

Hinsichtlich des Sinns, spätmittelalterliche Urkunden überhaupt für die Forschung auszuwerten, war Alexander Cartellieri generell skeptisch, wie er am 14. September 1895 seinem Tagebuch anvertraute:

Einmal wird man zweifellos einsehen, dass die aus Urkunden und Akten gekelterten Weine Schlaftrunke sind. Innere Wahrheit ist auch nicht darin. Nirgends wird mehr gelogen als in den offiziellen Urkunden. Ihr ganzer Wert liegt darin, dass sie allein, wenigstens in der älteren Zeit, dem Forscher ein festes Gerippe bieten. Um es mit Fleisch auszufüllen, muss er sich aber an die Chronisten wenden.[58]

Auch wenn das Bild, das der Bearbeiter der Konstanzer Bischofsregesten malt, ein düsteres ist, hielt ihn dies doch nicht davon ab, während seiner Karlsruher Zeit immer wieder, vorzugsweise in der Zeitschrift für die Geschichte des Oberrheins, Aufsätze zur Geschichte der Bischöfe von Konstanz zu veröffentlichen, in denen er auf von ihm gesichtete bzw. bearbeitete Stücke einging.[59] Schon Cartellieri selbst zog also aus den *Schlaftrunken* vieles für seine eigene Forschung.

Dabei steht er mit seiner recht zugespitzten Beobachtung, in den Urkunden würde vor allem gelogen und diese böten ohne das Hinzuziehen historiographischer Überlieferung wenig Gewinn zwar ziemlich allein auf weiter Flur, aber natürlich könnte man zurecht fragen, ob die überbordende Überlieferung gerade des 15. Jahrhunderts der Forschung überhaupt zugänglich gemacht werden muss. Zugespitzt formuliert: Muss wirklich jede schriftlich fixierte Übertragung einer Wiese, jede Dienerbestallung und jedes Rentengeschäft erschlossen werden, gerade vor dem Hintergrund, dass bis auf Personenamen und Orte die Inhalte sich doch stark ähneln sowie anders als im Früh- und Hochmittelalter die Urkunde als Einzelstück weit weniger Aussagekraft besitzt?[60] Um mit Erich Meuthen zu fragen: *Muss das alles ediert werden?*[61]

Nun, es muss nicht, aber die Vorteile liegen auf der Hand. So verspricht jede Edition und jedes Regest an sich neue Erkenntnisse, wenn nicht heute, dann doch zumindest in der Zukunft.[62] Dabei ist jede Art der Quellenerschließung – egal wie umfassend angelegt – zwangsläufig erst einmal zeitliches und räumliches Stückwerk: egal, ob nun das Urkundenbuch eines Klosters, die Edition eines Urbars oder eben die Urkunden der Pfalzgrafen Friedrich und Philipp mit Regest und Digi-

---

58 *Steinbach* und *Dathe*, wie Anm. 1, S. 528.

59 Nur exemplarisch: Alexander *Cartellieri*: Päpstliche Steuern im Bistum Konstanz. In: Zeitschrift für die Geschichte des Oberrheins 49 (1895) S. 287–289. – Alexander *Cartellieri*: Eine Sammlung im Bistum Konstanz für das hl. Geistspital in Rom vom Jahre 1349. In: Zeitschrift für die Geschichte des Oberrheins 50 (1896) S. 645–649. – Alexander *Cartellieri*: Zum Geschäftsgang des Konstanzer Hofgerichts. In: Zeitschrift für die Geschichte des Oberrheins 53 (1899) S. 139 f.

60 So auch bereits *Johanek*, wie Anm. 32, S. 18.

61 *Meuthen*, wie Anm. 23, S. 23.

62 *Kölzer*, wie Anm. 53, S. 186.

talisat.[63] Welche Fragen hieran durch die Forschung einmal gestellt werden könnten, wissen wir oft noch nicht.[64] Zweifelsohne ist es jedoch für eine eingehende Erforschung des 15. Jahrhunderts notwendig, die einschlägige Überlieferung für Historikerinnen und Historiker auf angemessene Art und Weise zugänglich und nutzbar zu machen.[65] Und hierfür lohnt es sich, auch all die Wiesenübertragungen, Dienerbestallungen und Rentengeschäfte mit einzubeziehen, denn erst aus der teils massenhaften Überlieferung lassen sich Regelhaftigkeiten und Routinen im Großen und Kleinen erschließen.[66]

Aus den bisherigen Ausführungen dieses Beitrags ergibt sich die Frage, welchen Nutzen das Projekt zu den Urkunden der Pfalzgrafen bei Rhein von 1449 bis 1508 für die Forschung haben kann und welche Potentiale sich in der Überlieferung verbergen. Dabei geht es keinesfalls darum, dem Projekt einen universitären Wunschzettel überzustülpen, sondern vorzustellen, wie sich die Forschung zur Pfalzgrafschaft in den letzten Jahrzehnten entwickelte, Lücken zu identifizieren und zu zeigen, an welchen Stellen die Produkte des Projekts diese schließen bzw. ganz neue Wege in der Forschung aufzeigen können. Es versteht sich dabei, dass diese Ausführungen höchst subjektiv sind und keinen Anspruch auf Vollständigkeit erheben können.

Um sich die Potentiale des Projekts zu vergegenwärtigen, hilft es erst einmal, die Größenordnungen zu erschließen. Nach einer Zwischenerhebung vom August 2023 werden im DFG-Projekt insgesamt 7.164 Urkunden der pfälzischen Kurfürsten Friedrich I. und Philipp aus dem Zeitraum von 1449 bis 1508 bearbeitet. Diese liegen heute im Generallandesarchiv Karlsruhe, im Bayerischen Hauptstaatsarchiv München, im Staatsarchiv Amberg, im Landeshauptarchiv Koblenz, im Landesarchiv Speyer und im Hessischen Staatsarchiv Darmstadt. Dabei ist der weit überwiegende Teil mit 5.579 Stücken nur kopial überliefert, 1.445 Urkunden liegen als Ausfertigung vor. Der Großteil der Ausfertigungen und Abschriften findet sich heute in Karlsruhe.[67]

Dabei versteht es sich von selbst, dass die Zahl von 7.164 Urkunden nur ein grober Annäherungswert ist, da das Gesamtvolumen erst überschaubar sein wird, wenn das Projekt abgeschlossen ist. 7.164 Urkunden sind viel, aber dies sind noch gar nicht einmal alle Urkunden, die die Pfalzgrafen Friedrich und Philipp ausstellten. Auch in kommunalen oder kirchlichen Archiven mit spätmittelalterlichen Beständen im nördlichen Baden-Württemberg, an der hessischen Bergstraße, in Rheinland-Pfalz, im Elsass oder anderswo werden von den beiden Kurfürsten ausgestellte Stücke verwahrt.

---

63 Ähnlich auch Werner *Paravicini*: Von der Hilfswissenschaft zur Grundwissenschaft. Über Gegenwart und Zukunft des Handwerks der Historiker. In: Archiv für Diplomatik 63 (2017) S. 1–25, hier S. 13.

64 So bereits *Meuthen*, wie Anm. 23, S. 24 f.

65 Vgl. zum Spätmittelalter allgemein *Schieffer*, wie Anm. 9, S. 8.

66 *Johanek*, wie Anm. 32, S. 18.

67 Schriftliche Mitteilung von Stefan Bröhl (Generallandesarchiv Karlsruhe) vom 21. August 2023. Vgl. hierzu auch den Beitrag von Benjamin Torn in diesem Band.

So ergab etwa eine Suche auf der Plattform monasterium.net, dass sich im Stadtarchiv Worms in Bestand Abt 1 A I neun Ausfertigungen von Urkunden Friedrichs und Philipps finden.[68] Schon allein der Blick auf ein wahllos aus diesem Korpus herausgegriffenes Stück vom 28. Februar 1485, das ist mit dem recht knappen Regest *Philipp, Pfalzgraf bei Rhein, schlichtet einen Streit zwischen den Insassen der Elendenherberge zu Worms* versehen ist, verdeutlicht bereits, dass hier mit Blick auf die Erschließung noch Luft nach oben wäre. Weder ist der Kontext, warum der Pfalzgraf in den Streit eingriff, klar, noch erfahren wir irgendetwas darüber, wer die beteiligten Parteien waren.[69]

Schon dieses Beispiel allerdings zeigt, woran Erschließungs- und Regestenprojekte zum 15. Jahrhundert scheitern können und dies in der Regel auch tun: dem Wunsch nach Vollständigkeit. Natürlich wäre es für die Forschung ein großer Gewinn, wenn diese Wormser Urkunde, ja alle Urkunden der Pfalzgrafen Friedrich und Philipp aus allen Archiven, für die Forschung als Vollregest mit leicht verfügbarem Digitalisat verfügbar wären. Aber erneut: dies ist sowohl hinsichtlich der mit Sicherheit in den fünfstelligen Bereich gehenden Zahl der Urkunden, die Friedrich I. und sein Adoptivsohn Philipp zu ihren Lebzeiten ausfertigten, als auch mit Blick auf die zur Verfügung stehenden Fördermöglichkeiten unmöglich.

Natürlich werden durch den Zuschnitt des DFG-Projekts zu den Urkunden der Pfalzgrafen bei Rhein nicht alle vorhandenen Stücke erschlossen, selbst in Karlsruhe hat man sich dafür entschieden, einzelne Bestände aus dem Generallandesarchiv nicht mit einzubeziehen.[70] Aber zugespitzt formuliert: Wer sich hieran stört, war noch nie selbst mit den Quellenmassen in der zweiten Hälfte des 15. und zu Beginn des 16. Jahrhunderts konfrontiert. Daher: lieber mehr als 7.000 neue Regesten zur Geschichte der Pfalzgrafschaft als weiterhin unrealistische Träumereien über eine Fortsetzung nach der ursprünglichen Bauart der aus vielerlei Gründen nur bis 1410 gelangten ursprünglichen Pfalzgrafenregesten. In diesem Kontext ist gerade die Erschließung der Kopialbucheinträge für eine eingehende Beschäftigung mit den pfalzgräflichen Urkunden des 15. und beginnenden 16. Jahrhunderts auf breiter Basis zentral. Wer sich schon einmal in Karlsruhe über mehrere Stunden durch die Mikrofilme mit den Aufnahmen der entsprechenden Bände gequält hat, wird dies bestätigen können.

Neben einer bis vor wenigen Jahrzehnten eher stiefmütterlichen Behandlung des 15. Jahrhunderts in der mediävistischen Forschung allgemein – was auch für die Pfalzgrafschaft zu konstatieren ist – war nicht zuletzt die Erschließung der einschlägigen archivalischen Überlieferung ein Problem. Nun ist es natürlich aber keinesfalls so, dass das Edieren, Regestieren oder anderweitige Erschließen von Quellen automatisch zu einer intensiven Forschungstätigkeit führt. Die Ende des 19. Jahrhunderts edierten Briefe des Kurfürsten Albrecht Achilles von Brandenburg aus dem Zeitraum von 1470 bis 1486 wurden erst seit den 1990er Jahren von der Adels- und Hofforschung

---

68 Stadtarchiv Worms, Abt. 1 A I, Nr. 501, 556, 559, 560, 562, 564, 579, 626.

69 Stadtarchiv Worms, Abt. 1 A I, Nr. 564. https://www.monasterium.net/mom/DE-StaAWo/Abt1AI/I-0564/charter (aufgerufen am 28. 10. 2023).

70 Vgl. hierzu den Beitrag von Benjamin Torn in diesem Band.

intensiv rezipiert.[71] Die bereits vor vielen Jahrzehnten in mehreren Bänden aufbereiteten ländlichen Rechtsquellen zu verschiedenen kurpfälzischen Zenten harren hingegen immer noch weitestgehend einer Auswertung.[72]

Allerdings ist die Erschließung der historischen Überlieferung, in welcher Form auch immer, die Voraussetzung dafür, dass ein Thema überhaupt bearbeitbar ist. Je besser die Aufarbeitung, desto eher kann und wird auch zu einem Bestand gearbeitet werden. Dass dies auch für die spätmittelalterliche Pfalzgrafschaft gilt, zeigt ein Blick auf die bisherige Forschung.[73]

Auch wenn über die Qualität der ersten beiden Bände der Pfalzgrafenregesten manch kritisches Wort verloren wurde und Forscherinnen und Forscher auch für das 13. und 14. Jahrhundert in der Regel nicht darum herumkommen, die archivalische Überlieferung noch einmal zu konsultieren bzw. eigene Recherchen anzustellen, so waren die Regesten doch für grundlegende Studien der letzten Jahrzehnte zum Lehnswesen, zu Entwicklungen innerhalb der pfalzgräflichen Familie, zu Kanzlei und Urkundenwesen, zu Tod und Memoria und zum Rang der Pfalzgrafen sowie für eine biografische Studie zu Pfalzgraf Ludwig II. zentrale Ausgangspunkte, die zumindest wichtige Teile der Überlieferung vorstrukturierten und so eine Bearbeitung einfacher bzw. überhaupt erst möglich machten.[74] Entsprechend ist es auch nicht überraschend, dass sich in der Forschung

---

71 Politische Correspondenz des Kurfürsten Albrecht Achilles. 3 Bde. Hg. von Felix *Priebatsch* (Publicationen aus den königlich-preußischen Staatsarchiven 59, 67, 71). Stuttgart 1894–1898. Allerdings sind mehr als 1.000 Briefe Albrechts tatsächlich in der Edition überhaupt nicht verzeichnet; *Eibl*, wie Anm. 24, S. 243 f. – Die Forschung zu Albrecht Achilles und seine Bedeutung für Arbeiten zu spätmittelalterlichem Adel und Hof sind zu erschließen über den Sammelband Kurfürst Albrecht Achilles (1414–1486), Kurfürst von Brandenburg, Burggraf von Nürnberg. Hg. von Mario *Müller* (Jahrbuch des Historischen Vereins für Mittelfranken 102). Ansbach 2014.

72 Reichartshauser und Meckesheimer Zent. Bearb. von Carl *Brinkmann* (Badische Weistümer und Dorfordnungen. Abteilung 1. Pfälzische Weistümer und Dorfordnungen 1). Heidelberg 1917. – Die Weistümer der Zent Schriesheim. Bearb. von Karl *Kollnig* (Badische Weistümer und Dorfordnungen 2/Veröffentlichungen der Kommission für geschichtliche Landeskunde in Baden-Württemberg A 16). Stuttgart 1968. – Die Weistümer der Zent Kirchheim. Bearb. von Karl *Kollnig* (Badische Weistümer und Dorfordnungen 3/Veröffentlichungen der Kommission für geschichtliche Landeskunde in Baden-Württemberg A 29). Stuttgart 1979. – Die Weistümer der Zenten Eberbach und Mosbach. Bearb. von Karl *Kollnig* (Badische Weistümer und Dorfordnungen 4/Veröffentlichungen der Kommission für geschichtliche Landeskunde in Baden-Württemberg A 38). Stuttgart 1985.

73 Die nachfolgenden Ausführungen basieren weitestgehend auf meinem Beitrag Benjamin *Müsegades*: Erreichtes und Erstrebenswertes. Forschungen zur Pfalzgrafschaft bei Rhein im Mittelalter. In: Blätter für deutsche Landesgeschichte 157 (2021) S. 455–505.

74 *Spieß*, wie Anm. 50. – Heinz-Dieter *Heimann*: Hausordnung und Staatsbildung. Innerdynastische Konflikte als Wirkungsfaktoren der Herrschaftsverfestigung bei den wittelsbachischen Rheinpfalzgrafen und den Herzögen von Bayern (Quellen und Forschungen auf dem Gebiet der Geschichte NF 16). Paderborn u. a. 1993 – Alfons *Sprinkart*: Kanzlei, Rat und Urkundenwesen der Pfalzgrafen bei Rhein und Herzöge

zur Pfalzgrafschaft in den letzten Jahrzehnten der Fokus zwar – hier spiegeln sich generelle Tendenzen der deutschsprachigen Mediävistik – weitestgehend vom Früh- und Hochmittelalter auf das quellenreiche Spätmittelalter verlagerte, sich jedoch weitestgehend auf sichere *Überlieferungsinseln* fokussierte. Eine solche Insel im Meer der Quellen sind die ersten beiden Bände der Pfalzgrafenregesten, von denen aus sich Expeditionen in die Untiefen der archivalischen Überlieferung mit größerer Sicherheit unternehmen lassen.[75] Dabei erweiterten die Verfasser der erwähnten Arbeiten natürlich die Quellengrundlage teils erheblich und schufen ihrerseits wieder Anknüpfungspunkte für weitere Studien.[76]

Wie bereits ausgeführt, ist es jedoch arg vereinfachend gedacht, dass sich an das Erstellen von Editionen und Regesten zwangsläufig neuere Forschungen anschließen. Aber dass ein Bestand erst durch die grundlegende Erschließung auf dem *Schirm* vieler Forscher erscheint bzw. überhaupt bearbeitbar wird, ist vielfach belegt.[77] Selbst wenn ein Thema oder ein Zeitabschnitt zudem schon recht gut beleuchtet sind, so bietet die massenweise Erschließung von bisher kaum oder gar nicht benutzten Quellen zudem auch die Möglichkeit, neue Schwerpunkte zu setzen sowie alte und liebgewonnene Gewissheiten zu hinterfragen.

Gerade mit Blick auf die Aussteller der im Rahmen des DFG-Projekts bearbeiteten Urkunden selbst, der pfälzischen Kurfürsten Friedrich I. und Philipp, bietet das Projekt zudem einiges an Potential. Dabei lässt sich gerade am Beispiel Friedrichs gut nachvollziehen, wie stark nicht zuletzt die Erschließung relevanter Quellen den Blick auf seine Herrschaftszeit prägte. In älteren Ausgaben vor allem des 19. Jahrhunderts liegen die Werke von Autoren aus dem Umfeld von Friedrichs Heidelberger Hof wie die Chronik des Matthias von Kemnath, Michel Behaims Pfälzische Reimchronik sowie Peter Luders Lobrede auf Friedrich vor, ebenso eine Auswahledition sowie Regesten seiner Urkunden.[78] Auch wenn diese Editionen teils unvollständig und fehlerhaft

---

von Bayern 1294 bis 1314 (1317) (Forschungen zur Kaiser- und Papstgeschichte des Mittelalters. Beihefte zu J. F. Böhmer, Regesta Imperii 4). Köln/Wien 1986. – Joachim *Spiegel*: Urkundenwesen, Kanzlei, Rat und Regierungssystem des Pfalzgrafen bei Rhein und Herzogs von Bayern Ruprechts I. (1309–1390). 2 Teilbde. (Stiftung zur Förderung der pfälzischen Geschichtsforschung B/1). Neustadt an der Weinstraße 1996–1998. – Thorsten *Huthwelker*: Tod und Grablege der Pfalzgrafen bei Rhein im Spätmittelalter (Heidelberger Veröffentlichungen zur Landesgeschichte und Landeskunde 14). Heidelberg 2009. – Jörg *Peltzer*: Der Rang der Pfalzgrafen bei Rhein. Die Gestaltung der politisch-sozialen Ordnung des Reichs im 13. und 14. Jahrhundert (RANK 2). Ostfildern 2013. – Anuschka *Holste-Massoth*: Ludwig II. Pfalzgraf bei Rhein und Herzog von Bayern. Felder fürstlichen Handelns im 13. Jahrhundert (RANK 6). Ostfildern 2019.

75 Vgl. hierzu auch *Müsegades*, wie Anm. 73, S. 469, 471.

76 Vgl. zu den Neufunden von *Spieß*, wie Anm. 50, die Ausführungen oben. *Huthwelker*, wie Anm. 74, behandelt in seiner Arbeit die Zeit bis zum Tod Kurfürst Philipps 1508.

77 Vgl. nur die Beispiele bei *Johanek*, wie Anm. 32, S. 18–20.

78 Die Werke des Matthias von Kemnath und Michel Behaims sind ediert in: Quellen zur Geschichte Friedrich's des Siegreichen. Kurfürsten von der Pfalz. 2 Bde. Hg. von Conrad *Hofmann* (Quellen und

sind, waren sie doch die Grundlage für eine intensive Beschäftigung mit Humanismus, Geschichtsschreibung und anderen literarischen Aktivitäten am Hof Friedrichs und auch Philipps, die vor allem in den 1990er Jahren vorgelegt wurden.[79] Um Missverständnissen vorzubeugen: die Kolleginnen und Kollegen, die diese in der Geschichtswissenschaft und Germanistik bis heute maßgebliche Studien zu diesen Themenkreisen vorlegten, griffen in ihren Arbeiten weit über die älteren Editionen hinaus und erschlossen in einer Zeit vor der Massendigitalisierung umfassend Handschriften und weitere Überlieferung. Ausgangspunkt all dieser Arbeiten waren jedoch die älteren Editionen.

Neben dem Fokus auf die literarischen Aktivitäten am Hof Friedrichs hat die Forschung nicht zuletzt der Adoption seines Neffen Philipp durch das Instrument der Arrogation und seinem daraus erwachsenen Konflikt mit dem römisch-deutschen König, später Kaiser, Friedrich III. beson-

---

Erörterungen zur bayerischen und deutschen Geschichte AF 2–3). München 1862–1863. ND Aalen 1969, hier Bd. 1. S. 1–141 (Matthias von Kemnat, Chronik), S. 213–499 (Urkundenregesten. Bearb. von Karl *Menzel*), Bd. 2, S. 3–258 (Michel Behaim, Pfälzische Reimchronik). Peter Luders Lobrede ist ediert in: Wilhelm *Wattenbach*: Peter Luder's Lobrede auf Pfalzgraf Friedrich den Siegreichen. In: Zeitschrift für die Geschichte der Oberrheins 23 (1871) S. 21–38. Abdrucke der Urkunden in: Urkunden zur Geschichte des Kurfürsten Friedrichs des Ersten, von der Pfalz. Hg. von Christoph Jacob *Kremer*. Mannheim 1766.

79 Nur exemplarisch: Maren *Gottschalk*: Geschichtsschreibung im Umkreis Friedrichs I. des Siegreichen von der Pfalz und Albrechts IV. des Weisen von Bayern-München. Diss. München 1989. – Martina *Backes*: Das literarische Leben am kurpfälzischen Hof zu Heidelberg im 15. Jahrhundert. Ein Beitrag zur Gönnerforschung des Spätmittelalters (Hermae. Germanistische Forschungen NF 68). Tübingen 1992. – Jan-Dirk *Müller*: Der siegreiche Fürst im Entwurf der Gelehrten. Zu den Anfängen eines höfischen Humanismus in Heidelberg. In: Höfischer Humanismus. Hg. von August *Buck* (Mitteilungen der Kommission für Humanismusforschung 16). Weinheim 1989. S. 17–50. – Theresia *Berg* und Ulrike *Bodemann*: *Wie ludwigen von Beyern etlich bucher verschriben sin*. Buchbesitz und Bildungsfunktion am Heidelberger Hof zur Zeit Friedrichs des Siegreichen. In: Bibliothek und Wissenschaft 24 (1990) S. 1–35. – Wissen für den Hof. Der spätmittelalterliche Verschriftungsprozeß am Beispiel Heidelberg im 15. Jahrhundert. Hg. von Jan-Dirk *Müller* (Münstersche Mittelalter-Schriften 67). München 1994. – Veit *Probst*: Machtpolitik und Mäzenatentum: Friedrich der Siegreiche von der Pfalz als Wegbereiter des deutschen Frühhumanismus. In: Mannheimer Geschichtsblätter NF 3 (1996) S. 153–173. – Veit *Probst* und Wolfgang *Metzger*: Zur Sozialgeschichte des deutschen Frühhumanismus: Peter Luders Karriereversuch in Heidelberg 1456–1460. In: Venezianisch-deutsche Kulturbeziehungen in der Renaissance. Akten des interdisziplinären Symposions vom 8. bis 10. November 2001 im Centro Tedesco di Studi Veneziani in Venedig. Hg. von Klaus *Arnold*, Franz *Fuchs* und Stefan *Füssel* (Pirckheimer-Jahrbuch für Renaissance- und Humanismusforschung 18). Wiesbaden 2003. S. 54–85. Als Fallstudie zu einem weiteren Gelehrten vgl. Veit *Probst*: Petrus Antonius de Clapis (ca. 1440–1512). Ein italienischer Humanist im Dienste Friedrich des Siegreichen von der Pfalz (Veröffentlichungen des Historischen Instituts der Universität Mannheim 10). Paderborn u. a. 1989.

deres Interesse entgegengebracht.[80] Auch seine militärischen Erfolge, vor allem in der Schlacht bei Seckenheim 1462, fanden immer wieder Aufmerksamkeit.[81]

Die Forschung ist dabei bereitwillig, vielleicht auch zwangsläufig, der Fährte gefolgt, die Friedrich und sein höfisches Umfeld legten: der Kurfürst als Förderer humanistisch-literarischer Bestrebungen, ein erfolgreicher Kriegsherr, der sich auch vom Kaiser nicht unterkriegen lässt. Dies soll weder die Bedeutung der wichtigen Leistungen der bisherigen Forschung zu Friedrich schmälern und vor allem nicht ihre vielfach hohe Qualität in Abrede stellen. Viele Facetten seiner Herrschaftszeit jedoch sind kaum bzw. überhaupt nicht beleuchtet.

Zugespitzt ausgedrückt: beim Blick auf die bisherige Forschung könnte der Eindruck entstehen, dass der Hof des Kurfürsten vor allem aus Humanisten bestand, die damit beschäftigt waren, das Loblied des Wittelsbachers zu singen und seine wegen der Arrogation reichsrechtlich wacklige Stellung zu konsolidieren. Dabei ist weitestgehend aus dem Blick geraten, dass Friedrich sich bei allen Kriegen und der Förderung seines Nachruhms auch den ganz alltäglichen Problemen und Herausforderungen eines spätmittelalterlichen Reichsfürsten stellen musste. Landesherrschaft in der zweiten Hälfte des 15. Jahrhunderts umfasste eine Vielzahl von Bereichen: Personal

80 Karl-Friedrich *Krieger*: Der Prozeß gegen Pfalzgraf Friedrich den Siegreichen auf dem Augsburger Reichstag vom Jahre 1474. In: Zeitschrift für historische Forschung 12 (1985) S. 257–286. – Ralf *Mitsch*: Der Konflikt zwischen Kaiser Friedrich III. und Pfalzgraf Friedrich I. dem Siegreichen aus der Sicht zeitgenössischer Geschichtsschreiber. In: Granatapfel. Festschrift für Gerhard Bauer zum 65. Geburtstag. Hg. von Bernhard Dietrich *Haage* (Göppinger Arbeiten zur Germanistik 580). Göppingen 1994. S. 207–252. – Jörg *Schwarz*: Pfalzgraf Friedrich der Siegreiche, der Regensburger Christentag 1471 und die Konzepte der Konfrontation, der Kooperation und der Kompensation. In: Fürsten an der Zeitenwende zwischen Gruppenbild und Individualität. Formen fürstlicher Selbstdarstellung und ihre Rezeption (1450–1550). Hg. von Oliver *Auge*, Ralf-Gunnar *Werlich* und Gabriel *Zeilinger* (Residenzenforschung 22). Ostfildern 2009. S. 215–240. – Franz *Fuchs*: Antikaiserliche Gedichte aus dem Umkreis Kurfürst Friedrichs des Siegreichen. In: König, Fürsten und Reich im 15. Jahrhundert. Hg. von Franz *Fuchs*, Paul-Joachim *Heinig* und Jörg *Schwarz* (Forschungen zur Kaiser- und Papstgeschichte des Mittelalters. Beihefte zu J. F. Böhmer, Regesta Imperii 29). Köln/Weimar/Wien 2009. S. 307–317.

81 Nur exemplarisch Klaus *Graf*: Nachruhm – Überlegungen zur fürstlichen Erinnerungskultur im deutschen Spätmittelalter. In: Principes. Dynastien und Höfe im späten Mittelalter. Interdisziplinäre Tagung des Lehrstuhls für allgemeine Geschichte des Mittelalters und Historische Hilfswissenschaftlichen in Greifswald in Verbindung mit der Residenzen-Kommission der Akademie der Wissenschaften zu Göttingen vom 15.–18. Juni 2000. Hg. von Cordula *Nolte*, Karl-Heinz *Spieß* und Ralf-Gunnar *Werlich* (Residenzenforschung 14). Stuttgart. S. 315–336, hier S. 315–317. – Klaus *Graf*: Die mediale Resonanz der Schlacht bei Seckenheim 1462. In: Archivalia. https://archivalia.hypotheses.org/58360 (aufgerufen am 07. 11. 2023). – Mit einer Zusammenstellung der einschlägigen Forschung: Benjamin *Müsegades*: Das Desaster verarbeiten. Deutungs- und Bewältigungsstrategien der Markgrafen von Baden und der Grafen von Württemberg nach der Schlacht von Seckenheim 1462. In: Geschichte wird von den Besiegten geschrieben. Darstellung und Deutung militärischer Niederlagen in Antike und Mittelalter. Hg. von Manuel *Kamenzin* und Simon *Lentzsch* (Krieg und Konflikt 19). Frankfurt/New York 2023. S. 261–278.

für die Verwaltung und den Hof musste akquiriert und möglichst auch gehalten werden, egal, ob dies nun Amtmänner, Räte, Büchsenmeister, Köche, Falkner oder Knechte waren. Die Finanzen des Fürstentums durften dabei nicht überspannt werden, wofür wiederum Personen mit entsprechender Expertise verpflichtet werden mussten. Ohnehin die Menschen, die einen Hof ausmachten und die Landesherrschaft erst zum Laufen brachten bzw. am Laufen hielten: das komplexe Geflecht aus Dienstverträgen, Lehnsbindungen, Schenkungen und anderen Praktiken ist für die Regierungszeit Friedrichs noch nicht einmal ansatzweise erforscht worden. Grundlegend ist für die Pfalzgrafschaft im gesamten 15. Jahrhundert bis heute bezeichnenderweise eine Studie aus der Mitte der 1960er Jahre, die aufgrund ihres breiten Zuschnitts im Detail aber vielfach der Vertiefung bedarf. Dass diese Arbeit fast ein halbes Jahrhundert nach ihrem Erscheinen ins Deutsche übersetzt wurde, sagt einiges über den Stand der Forschungen zur Pfalzgrafschaft im letzten mittelalterlichen Jahrhundert aus.[82]

Arbeiten zu Friedrichs Beziehungen zu geistlichen Institutionen und – in geringerem Maße – Städten im Südwesten und darüber hinaus sowie zu den meisten Reichsfürsten fehlen bisher.[83] Eine Studie zum Kanzleiwesen im 15. Jahrhundert, die auch die Pfalzgrafschaft behandelte, hat vor einigen Jahren Erträge und Potentiale entsprechender Ansätze vor Augen geführt.[84]

Es ist dabei in gewissem Maße bezeichnend, dass die eindrucksvollen Miniaturen mit der Belehnungsszene und dem knienden Kurfürsten vor der Mutter Gottes aus dem Lehnbuch Friedrichs von 1471 mehrfach ganz oder in Auszügen für Publikationen zur Pfalzgrafschaft herangezogen wurden, eine wissenschaftliche Untersuchung des Lehnswesens während Friedrichs Herrschaftszeit bisher aber nach wie vor aussteht und auch das prominente Lehnbuch mit Ausnahme einer wichtigen Studie von Konrad Krimm zu den Miniaturen selbst kaum behandelt wurde.[85]

---

82 Henry J. *Cohn*: The Government of the Rhine Palatinate in the Fifteenth Century. London u.a. 1965; übersetzt als: Die Herrschaft in der Pfalz am Rhein im 15. Jahrhundert (Stiftung zur Förderung der Pfälzischen Geschichtsforschung B 16). Neustadt an der Weinstraße 2013.

83 Ansätze finden sich allerdings zum Teil im Sammelband Friedrich der Siegreiche (1425–1476). Beiträge zur Erforschung eines spätmittelalterlichen Landesfürsten. Hg. von Franz *Fuchs* und Pirmin *Spieß* (Stiftung zur Förderung der pfälzischen Geschichtsforschung B 17). Neustadt an der Weinstraße 2016. Vgl. weiterhin als wichtige Beiträge: Christian *Reinhardt*: Fürstliche Autorität versus Autonomie. Die Pfalzgrafen bei Rhein und ihre Städte 1449 bis 1618. Amberg, Mosbach, Nabburg und Neustadt an der Haardt (Veröffentlichungen der Kommission für geschichtliche Landeskunde in Baden-Württemberg B 186). Stuttgart 2011. – Volker *Rödel*: Pfalzgraf Friedrich der Siegreiche und Klara Tott. Eine nicht ebenbürtige Ehe mit Nachwirkungen. In: Zeitschrift für die Geschichte des Oberrheins 152 (2004) S. 97–144. – Thorsten *Huthwelker*: Das Heidelberger Franziskanerkloster als Grablege der Pfalzgrafen bei Rhein und ihres Hofes. In: Zeitschrift für die Geschichte des Oberrheins 160 (2012) S. 165–182.

84 Ellen *Widder*: Kanzler und Kanzleien in Spätmittelalter. Eine Histoire croisée fürstlicher Administration im Südwesten des Reiches (Veröffentlichungen der Kommission für geschichtliche Landeskunde in Baden-Württemberg B 204). Stuttgart 2016.

85 LABW GLAK 67 Nr. 1057, fol. 40 v (Belehnungsszene), 41r (Friedrich kniend vor der Gottesmutter). Die Belehnungsszene ist abgebildet auf dem Titelbild von *Widder*, Kanzler, wie Anm. 84. – Karl-Heinz *Spieß*:

Abb. 2: Belehnungsszene im Lehnbuch Kurfürst Friedrichs I. von der Pfalz. Vorlage: LABW GLAK 67 Nr. 1057, fol. 40 v.

Während Friedrichs Herrschaftszeit aber immerhin in manchen Bereichen gut und in anderen zumindest ansatzweise erforscht ist, ist sein Adoptivsohn Philipp bisher weitestgehend vernachlässigt worden. Dies dürfte allerdings nur teilweise in der schlechten Editions- und Erschließungslage der Ende des 15. und zu Beginn des 16. Jahrhunderts in immer größerer Zahl vorliegenden Quellen begründet liegen. Während nämlich Friedrich als Sieger von Seckenheim untrennbar mit dem Aufstieg der Pfalzgrafschaft verbunden ist, riskierte Philipp im Landshuter Erbfolgekrieg von 1504/1505 viel und verlor einiges. Verdichtet abgebildet wird der dem Kurfürsten in der Forschung dadurch anhaftende Ruf in Meinrad Schaabs noch immer aktuellster Synthese zur Geschichte der Kurpfalz:

Unter ihm hatte das Land seine größte Ausdehnung, aber auch seine bisher furchtbarste Katastrophe erlebt. Alle territorialen Ausgriffe über den pfälzischen Kernraum am nördlichen Oberrhein hinaus nach Süden und Osten waren abgeschnitten. Das bedeutete das Ende einer schon unter Ruprecht I. einsetzenden Politik erweiterter Raumbeherrschung. Das Land steckte finanziell und darüber hinaus im Hinblick auf alle seine materiellen und geistigen Kräfte in schwerer Bedrängnis. Die Pfalz war aus der ersten Reihe der deutschen Fürstentümer gestürzt. Ein Gelingen des Landshuter Abenteuers hätte

---

Das Lehnswesen in Deutschland im hohen und späten Mittelalter. Stuttgart [3]2011. – Vor dem Inhaltsverzeichnis in: *Spieß*, Lehnsrecht, wie Anm. 50, o. S. – Die Darstellung des knienden Friedrich vollständig auf dem Umschlag des Bands Friedrich der Siegreiche, wie Anm. 83. – Der Ausschnitt des knienden Friedrich auf dem Cover von: Mittelalter. Der Griff nach der Krone. Die Pfalzgrafschaft bei Rhein im Mittelalter. Begleitpublikation zur Ausstellung der Staatlichen Schlösser und Gärten Baden-Württemberg und des Generallandesarchivs Karlsruhe (Schätze aus unseren Schlössern 4). Regensburg 2000. – Gekürzter Neudruck mit demselben Motiv auf dem Cover unter dem Titel: Mittelalter. Schloss Heidelberg und die Pfalzgrafschaft bei Rhein bis zur Reformationszeit. Begleitpublikation zur Dauerausstellung der Staatlichen Schlösser und Gärten Baden-Württemberg (Schätze aus unseren Schlössern 7). Regensburg 2002. – Grundlegend zu beiden Miniaturen vgl. Konrad *Krimm*: Ein königgleicher Lehenhof. Die Eingangsminiatur im pfälzischen Lehenbuch von 1471. In: Mittelalter. Der Griff nach der Krone, wie oben, S. 61 – 73.

ihre alten Ambitionen auf die Königskrone wieder möglich gemacht. Damit war es vorerst vorbei. Statt dessen hatte Bayern zur Einheit zurückgefunden und sollte damit für die Zukunft entscheidendes Gewicht erhalten. Der Gang der deutschen Reformationsgeschichte wäre ohne dieses Ergebnis des Landshuter Krieges anders gewesen.[86]

Deutlich werden hier die Maßstäbe, nach denen Philipp beurteilt wird: militärischer Erfolg, die Erweiterung der territorialen Basis des Fürstentums, die Machtmittel, um die römisch-deutsche Königskrone anzuvisieren und – recht unspezifisch – der Glaube, die Reformationsgeschichte wäre mit einer machtvolleren Kurpfalz anders verlaufen. Orientiert ist dieses Geschichtsbild primär an der Vorstellung einer Entwicklung spätmittelalterlicher Territorien zur Staatlichkeit hin sowie am Ideal *großer Männer*, die *große Politik* betreiben.[87]

In einem solchen Geschichtsbild war Philipp ein herausragender Verlierer, um den die Forschung zur Geschichte der Kurpfalz mit Ausnahme einiger meist kleinerer Spezialstudien einen weiten Bogen machte.[88] Die 32 Jahre, die der Kurfürst als einer der zentralen Akteure in der Reichspolitik im Allgemeinen sowie im deutschen Süden und Südwesten im Besonderen aktiv war, sind aktuell einer der größten weißen Flecken in der Forschung zum ausgehenden 15. und beginnenden 16. Jahrhundert.[89] Dabei liegen Themen zu seiner Herrschaftszeit geradezu auf der Straße und warten nur darauf, für Qualifikationsarbeiten oder Aufsätze aufgelesen zu werden.

In stärkerem Maße als bei Friedrich I. sind Funktion und Zusammensetzung von Philipps Hof praktisch nicht erforscht. Auch die Praxis von Landesherrschaft, landesherrlichem Kirchenregiment und Lehnswesen, Beziehungen zu anderen Fürsten sowie zu den Städten im Südwesten und darüber hinaus harren ebenso noch einer umfassenden Studie wie die Entwicklung der bäuer-

---

86 Meinrad *Schaab*: Geschichte der Kurpfalz. 2 Bde. Stuttgart/Berlin/Köln 1988–1992, hier Bd. 1: Mittelalter. Stuttgart/Berlin/Köln [2]1999. S. 217.

87 Zur Entwicklung und Vorformen von Staatlichkeit als teleologischer Fixpunkt der verschiedenen Landesgeschichten vgl. Christine *Reinle*: „Meistererzählungen“ und Erinnerungsorte zwischen Landes- und Nationalgeschichte. Überlegungen anhand ausgewählter Beispiele. In: Handbuch Landesgeschichte. Hg. von Werner *Freitag* u. a. Berlin/Boston 2018. S. 56–71, hier S. 61–64. – Zum Ideal des *großen Manns* vgl. Michael *Gamper*: Der große Mann. Geschichte eines politischen Phantasmas. Göttingen 2016.

88 Vgl. nur exemplarisch: Richard *Lossen*: Pfälzische Patronatspfründen vor der Reformation aus dem Geistlichen Lehenbuch des Kurfürsten Philipp von der Pfalz. In: Freiburger Diözesanarchiv 38 (1910) S. 176–258. – Benjamin *Müsegades*: Diplomatie und Repräsentation. Ludwig V. und die pfälzisch-französischen Beziehungen am Vorabend des Landshuter Erbfolgekriegs. In: Zeitschrift für die Geschichte des Oberrheins 163 (2015) S. 107–142. – Benjamin *Müsegades* u. a.: Normen für Kessel und Köche. Edition der Haushofmeisterordnung für das Heidelberger Schloss aus dem Jahr 1500. In: Zeitschrift für die Geschichte des Oberrheins 166 (2018) S. 139–167. – Gabriel *Zeilinger*: Herrenspeise und Hofversorgung – Der Heidelberger Hof um 1500 als Haushaltsbetrieb. In: Hofwirtschaft. Ein ökonomischer Blick auf Hof und Residenz in Spätmittelalter und Früher Neuzeit. Hg. von Gerhard *Fouquet*, Jan *Hirschbiegel* und Werner *Paravicini* (Residenzenforschung 21). Ostfildern 2008. S. 475–485.

89 Vgl. auch *Müsegades*, wie Anm. 73, S. 487–489.

lichen Gemeinden, die Entwicklung der Wirtschaft oder eine umfassende Studie zur Leibeigenschaft in der Kurpfalz.[90]

Gerade für die Heidelberger Stadtgeschichte des ausgehenden Mittelalters, die aufgrund des Verlusts des Stadtarchivs Ende des 17. Jahrhunderts praktisch nur aus der Perspektive von Universität und Hof erforscht werden kann, verspricht die Aufarbeitung der urkundlichen Überlieferung wichtige neue Perspektiven auf Bürger, Rat und geistliche Institutionen vor Ort.[91] Auch dürfte für die Geschichte der Universität Heidelberg im ausgehenden Mittelalter eine Auswertung der im Projekt erschlossenen Urkunden gemeinsam mit den mittlerweile online einsehbaren Scans der Amtsbücher und den ebenfalls vor einigen Jahren digitalisierten Urkunden aus dem Universitätsarchiv samt neuen Regesten noch manch neuen Befund zu Strukturen und Akteuren im Mit- und Gegeneinander von Landesherr und Hoher Schule bieten.[92]

Für Philipp wie Friedrich ist zudem ihre Beziehung zu den pfälzischen Nebenlinien Zweibrücken, Simmern und Mosbach nach wie vor nicht umfassend aufgearbeitet.[93] Und ganz generell: zu keinem der pfälzischen Kurfürsten des 15. Jahrhunderts liegt bisher eine wissenschaftliche Biographie vor.[94] Zudem verspricht die Erschließung der urkundlichen Überlieferung auch, dass die Dynamiken und Rollenzuweisungen innerhalb der pfalzgräflichen Familie intensiver erforscht werden können; nicht zuletzt die Rolle der Fürstinnen und anderen Frauen am Heidelberger Hof sowie darüber hinaus deutlicher akzentuiert werden kann.[95] All diese Themen fügen sich zudem in die äußerst umtriebige vergleichende Forschung zum spätmittelalterlichen Hochadel und seinen Höfen ein und bieten entsprechend einiges an Potential für komparatistische Studien.[96]

---

90 Vgl. zu den bisherigen Forschungen zu diesen Themenfeldern die Ausführungen *Müsegades*, wie Anm. 73, S. 476 f.

91 Vgl. hierzu auch *Müsegades*, wie Anm. 73, S. 492 f.

92 Vgl. zu den beiden Erschließungsprojekten am Universitätsarchiv Heidelberg Ingo *Runde*: Digitalisierung, Erschließung und Onlinestellung der Urkunden des Universitätsarchivs Heidelberg. In: Heidelberg. Jahrbuch zur Geschichte der Stadt 24 (2020) S. 241–246. – Ingo *Runde* und Florian *Schreiber*: Amtsbücher im Universitätsarchiv Heidelberg. Bestand, Überlieferung, Digitalisierung. In: Heidelberg. Jahrbuch zur Geschichte der Stadt 27 (2023) S. 245–252. – Der Forschungsstand zur Universität Heidelberg im späten Mittelalter ist skizziert bei *Müsegades*, wie Anm. 73, S. 495–500.

93 Vgl. zur Forschung zu diesen Linien *Müsegades*, wie Anm. 73, S. 500–504 sowie die Beiträge im Tagungsband Im Schatten der Großen? Fürstlichen Nebenlinien im spätmittelalterlichen Südwesten. Hg. von Stefan *Holz*, Thorsten *Huthwelker* und Benjamin *Müsegades* (Heidelberger Veröffentlichungen zur Landesgeschichte und Landeskunde 20). Heidelberg 2024.

94 *Müsegades*, wie Anm. 73, S. 484.

95 Zum bisherigen Forschungsstand für die Pfalzgrafschaft vgl. *Müsegades*, wie Anm. 73, S. 489 f.

96 Vgl. als Zugang zu der umfangreichen Forschung nur die Forschungsüberblicke Benjamin *Müsegades*: Raum – Gruppe – Quelle. Neue Forschungen zu weltlichen Fürsten und Höfen im spätmittelalterlichen Reich (ca. 1250–1530). In: Zeitschrift für historische Forschung 43 (2016) S. 473–500. – Karl-Heinz *Spieß*: Research on the Secular Princes of the Holy Roman Empire: State-of-the-Art and Perspectives. In: Princely Rank in Late Medieval Europe. Trodden Paths and Promising Avenues. Hg. von Thorsten

Natürlich ist eine Erfüllung all dieser Desiderate von einer Vielzahl von Faktoren und Entwicklungen abhängig. Das Erschließen der Masse urkundlicher Überlieferung und das Zurverfügungstellen von Digitalisaten und Regesten ist das eine, das Interesse an der Forschung zur Pfalzgrafschaft oder allgemein an der Geschichte des ausgehenden Mittelalters im Südwesten zu wecken, einschlägige Arbeiten selbst durchzuführen, gar anzuregen und zu begleiten, ist dann schon wieder etwas anderes.

III. Fazit

Alexander Cartellieri, der gegen Ende seiner Karlsruher Tätigkeit 1897 noch einmal für die Regesten der Konstanzer Bischöfe eine Dienstreise ins Vatikanische Archiv unternehmen durfte und dort vorerst vor der Masse der kurialen Überlieferung kapitulieren musste, konstatierte in seinem Bericht: *Das Material erwies sich aber als viel zu umfangreich, um etwa bis zum Schluss der Konstanzer Regesten (1496) erledigt zu werden, so dass ich mich begnügen musste, es kennen gelernt zu haben.*[97]

Dem Projekt zu den Urkunden der Pfalzgrafen bei Rhein von 1449 bis 1508 wird es anders ergehen. Seine Bearbeiterinnen und Bearbeiter werden in absehbarer Zeit ein umfangreiches Quellenkorpus erschlossen haben und damit ganz neue Perspektiven eröffnen. Anders als die unter aktuellen Bedingungen nur noch schwer realisierbaren territorialen Urkundenbücher oder weitere aufgrund ihres Zuschnitts nur schwierig durchführbaren Unternehmungen bietet das Projekt die Möglichkeit, die Quellenmasse des 15. und beginnenden 16. Jahrhunderts nutzerfreundlich und leicht zugänglich für die Forschung aufzubereiten.

Erst durch Unternehmungen wie dieses ist es überhaupt möglich, ein differenziertes Bild von den ausgehenden Jahrzehnten des Mittelalters zu gewinnen. Gerade der durch Regesten und Digitalisate geordnete Blick auf die Masse der Urkunden wird helfen, Regelhaftigkeiten und Nuancen zu erkennen sowie alte Gewissheiten zu hinterfragen. Die Bedeutung des DFG-Projekts zu den Urkunden der Pfalzgrafen bei Rhein von 1449 bis 1508 für die Geschichtswissenschaft und ihre Nachbardisziplinen kann entsprechend gar nicht hoch genug eingeschätzt werden.

Huthwelker, Jörg *Peltzer* und Maximilian *Wemhöner* (RANK 1). Ostfildern 2011. S. 27–47. – Oliver *Auge*: Unfaßliche Erscheinungen? Mittelalterliche und frühneuzeitliche Höfe als Forschungsthema. In: Hofkultur um 1600. Die Hofmusik Herzog Friedrichs I. von Württemberg und ihr höfisches Umfeld/ Culture de cour vers 1600. La musique à la cour du duc Frédéric Ier de Wurtemberg et son contexte culturel. Beiträge zur wissenschaftlichen Tagung am 23. und 24. Oktober 2008 im Hauptstaatsarchiv Stuttgart. Hg. von Sönke *Lorenz*, Volker *Schäfer* und Wilfried *Selzer* (Tübinger Bausteine zur Landesgeschichte 15). Ostfildern 2010. S. 25–59. – Andreas *Bihrer*: Curia non sufficit. Vergangene, aktuelle und zukünftige Wege der Erforschung von Höfen im Mittelalter und in der Frühen Neuzeit. In: Zeitschrift für historische Forschung 35 (2008) S. 237–272.

97 Alexander *Cartellieri*: Bericht über eine Reise nach Rom (April bis Juni 1897). In: Zeitschrift für die Geschichte des Oberrheins 52 (1898) S. 11–22, hier S. 21.

Urkunden der Pfalzgrafen bei Rhein 1449–1508. Ein länderübergreifendes Projekt zwischen normierten Daten und Einzelbefunden

Von Benjamin Torn

Einleitung

Seit gut sieben Jahrzehnten klagt die Forschung zu den mittelalterlichen Pfalzgrafen bei Rhein über zwei zentrale Probleme. Zum einen erweist sich die Pfalzgrafschaft als ein vielfach fragmentiertes Gebiet, das sich heute vor allem über fünf Bundesländer erstreckt: Rheinland-Pfalz, das Saarland, Baden-Württemberg, Hessen und Bayern. Weiterer Besitz befand sich in den heutigen französischen Departements Bas-Rhin, Haut-Rhin und Moselle.[1] Entsprechend verteilt liegt das zugehörige Archivgut vor. Um eine vernünftige Forschungsgrundlage zu schaffen, beantragte daher Eduard Winkelmann am 20. April 1883 bereits auf der ersten Sitzung der neugegründeten Badischen Historischen Kommission, dass für die Pfalzgrafen bis König Ruprecht († 1410) Regesten erstellt werden sollten.[2] Nach elf Jahren konnte 1894 ein erster, bis ins Jahr 1400 reichender Band fertiggestellt werden, auf den 1912 ein zweiter folgte, der die zehnjährige Regierungszeit König Ruprechts umfasst. Über zwanzig Jahre später gab Manfred Krebs einen Band mit Nachträgen, Korrekturen und Register heraus und zeigte sich optimistisch, dass eine Weiterführung der Regesten zu den Pfalzgrafen des 15. Jahrhunderts sichergestellt sei und ein dritter Band erscheinen

---

1 Vgl. für einen allgemeinen Überblick die von Meinrad Schaab und Peter Moraw bearbeitete Karte *Die territoriale Entwicklung der Kurpfalz von 1156 bis 1792* im Historischen Atlas von Baden-Württemberg sowie die dazugehörigen Erläuterungen von Meinrad Schaab, welche jedoch die heute in Bayern liegenden Besitzungen außen vor lässt: Historischer Atlas von Baden-Württemberg, Karte VI, 3. Hg. von der Kommission für geschichtliche Landeskunde in Baden-Württemberg, Stuttgart 1972. Beides ist im Portal leo-bw online verfügbar, https://www.leo-bw.de/en/web/guest/detail/-/Detail/details/DOKUMENT/kgl_atlas/HABW_06_03/Territoriale+Entwicklung+der+Kurpfalz+von+1156+bis+1792 (aufgerufen am 29.07.24). – Für einen detaillierteren Blick auf die dahinterstehenden Prozesse vgl. Kurt *Andermann* und Dieter J. *Weiß*: Territoriale Herrschaftsbildung und ihre Grenzen: Kurpfalz / Bayern. In: Handbuch Landesgeschichte. Hg. von Werner *Freitag* u. a. Berlin/Boston 2018. S. 201–235, hier S. 202–214. – Einen genaueren Überblick über die mittelalterliche Entwicklung bietet Meinrad *Schaab*: Geschichte der Kurpfalz, Bd. 1: Mittelalter. Stuttgart/Berlin/Köln ²1999, S. 11–14 mit den Karten 20 (S. 105), 26 (S. 147), 33 (S. 188) und 37 (S. 218) sowie die teilweise auf diesen aufbauenden Karten in: Die Wittelsbacher und die Kurpfalz im Mittelalter: Eine Erfolgsgeschichte? Hg. von Jörg *Peltzer* u. a. Regensburg 2013. S. 124, 209 und 229.

2 Mittheilungen der badischen historischen Commission 1 (1883) S. 1–30, hier S. 19f.

könne.[3] Auch bei der Kommission teilte man 1940 und 1942 diesen Optimismus.[4] Dass ein solches Vorhaben über unzählige Zettel[5] nicht hinaus und schließlich gänzlich zum Erliegen kam, stellt das zweite Problem dar, sodass die Quellen des 15. Jahrhunderts zur Kurpfalz und den Pfalzgrafen bislang nur unzureichend erfasst und aufbereitet waren.

Ausgehend von dieser Erschließungslage ist es kein Wunder, dass die Forschung zu den Pfalzgrafen des ausgehenden Mittelalters bislang eher singuläre Impulse setzte. Diese galten beispielsweise der Hofhistoriographie,[6] dem literarischen Leben am Hof,[7] der Person Friedrichs des Siegreichen[8] oder dem Landshuter Erbfolgekrieg.[9] Derartigen, *gut erschlossene[n] Themeninsel[n]*, wie es Benjamin Müsegades jüngst in einem Forschungsüberblick bezeichnete, stehen zahlreiche Desiderate gegenüber. Dabei sind vor allem fehlende Synthesen und breiter angelegte Studien zur

---

3 Regesten der Pfalzgrafen am Rhein 1214–1508. Hg. von der Badischen Historischen Kommission. 2 Bde. Innsbruck 1894–1939. Bd. 1: 1214–1400. Bearb. von Adolf *Koch* und Jakob *Wille* (1894). Bd. 2: 1400–1410. Bearb. von Lambert Graf von *Oberndorff* und Manfred *Krebs* (1912/1939). In seinen Vorbemerkungen hielt Krebs fest, dass zwar die *Vorarbeiten für die Fortsetzung der Regesten* bis 1508 *in Angriff genommen* sind, diese aber noch einiger Bearbeitung bedürfen, bis eine weitere Lieferung in Aussicht gestellt werden könne. Dennoch ging er fest vom Erscheinen eines dritten Bands aus.

4 Bericht der Badischen Historischen Kommission. In: Zeitschrift für die Geschichte des Oberrheins 92 NF 53 (1940) S. 240. – Mitteilungen der Oberrheinischen Historischen Kommission 1 (1942). In: Zeitschrift für die Geschichte des Oberrheins 94 NF 55 (1942) S. m3.

5 LABW GLAK N Krebs. – Vgl. Die Bestände des Generallandesarchivs Karlsruhe. Teil 1: Selekte, Nachlässe und Sammlungen (A–U). Hg. von Marie *Salaba* und Hansmartin *Schwarzmaier* (Veröffentlichungen der staatlichen Archivverwaltung Baden-Württemberg 39/1). Stuttgart 1988. S. 99 f.

6 Sascha *Köhl*: Der Heidelberger Hof zur Zeit Friedrichs des Siegreichen. In: Heidelberg. Jahrbuch zur Geschichte der Stadt 10 (2005) S. 9–38. – Birgit *Studt*: Fürstenhof und Geschichte. Legitimation durch Überlieferung (Norm und Struktur 2). Köln/Weimar/Wien 1992.

7 Martina *Backes*: Das literarische Leben am kurpfälzischen Hof zu Heidelberg im 15. Jahrhundert. Ein Beitrag zur Gönnerforschung des Spätmittelalters (Hermaea. Germanistische Forschungen NF 68). Tübingen 1992.

8 Franz *Fuchs*: Friedrich der Siegreiche – „Der Marc Aurel des Mittelalters"? In: Die Wittelsbacher und die Kurpfalz im Mittelalter: Eine Erfolgsgeschichte? Hg. von Jörg *Peltzer* u. a. Regensburg 2013. S. 191–205. – Friedrich der Siegreiche (1425–1476). Beiträge zur Erforschung eines spätmittelalterlichen Landesfürsten. Hg. von Franz *Fuchs* und Pirmin *Spieß* (Stiftung zur Förderung der Pfälzischen Geschichtsforschung. Reihe B Abhandlungen zur Geschichte der Pfalz 17). Neustadt an der Weinstraße 2016. – Bernhard *Rolf*: Kurpfalz, Südwestdeutschland und das Reich 1449–1476. Die Politik des Pfalzgrafen und Kurfürsten Friedrich des Siegreichen. Heidelberg 1981.

9 Der Landshuter Erbfolgekrieg: an der Wende vom Mittelalter zur Neuzeit. Hg. von Rudolf *Ebneth* und Peter *Schmid*. Regensburg 2004. – Alois *Schmid*: Der Landshuter Erbfolgekrieg. In: Die Wittelsbacher am Rhein: die Kurpfalz und Europa. Bd. 1: Mittelalter. Hg. von Alfried *Wieczorek* u. a. (Publikationen der Reiss-Engelhorn-Museen 60). Regensburg 2013. S. 384–387. – Reinhard *Stauber*: Der Landshuter Erbfolgekrieg – Selbstzerstörung des Hauses Wittelsbach? In: Die Wittelsbacher, wie Anm. 8. S. 207–230.

Burgen-, Städte-, Münz- oder Zollpolitik der Pfalzgrafen zu nennen. Dies gilt außerdem für die Rolle von Frauen im Umfeld der Pfalzgrafen und die für den geistlichen Stand bestimmten Söhne sowie generell für die Herrschaftszeit Philipps des Aufrichtigen (1476–1508).[10]

Um für derartige und weitere Forschungsvorhaben eine solide Quellengrundlage bereitzustellen, begann im Mai 2022 ein von der Deutschen Forschungsgemeinschaft (DFG) gefördertes Projekt, in dem einschlägige Bestände tiefergehend erschlossen werden und an dem sich mehrere Landesarchive aus verschiedenen Bundesländern beteiligen. Dabei gilt es den Spagat zu schaffen zwischen der vor Ort stattfindenden Erschließung einerseits und einer möglichst homogenen Ergebnispräsentation andererseits. Während die Erschließung an die Bestimmungen, Regeln und technischen Voraussetzungen gebunden ist, die in dem jeweiligen Archiv, der Archivverwaltung und dem Bundesland vorherrschen,[11] sollte die Präsentation möglichst einheitlich und zugleich anschlussfähig für zukünftige Ergänzungen und weitere Projekte sein. Wie dieser Spagat im Rahmen des Projekts gelöst wird und wie übergreifend normierte Daten und abstrakte Ziffernfolgen mit Einzelbefunden – bis hin zu konkreten Details wie mittelalterlichen Maulwürfen – zusammengebracht werden können, wird der nachfolgende Beitrag aufzeigen. Ein erster Abschnitt behandelt die Rahmenbedingungen des Projekts im Allgemeinen, ein zweiter wird drei wesentliche Aspekte des Projekts tiefergehend aufgreifen. Dabei steht vor allem die technisch-organisatorische Seite des Projekts im Vordergrund, während die inhaltlichen Potentiale in den weiteren Beiträgen des vorliegenden Sammelbands exemplarisch vorgestellt werden.

1. Organisatorisch-technische Rahmenbedingungen des Projekts

1.1 Kontext und Zahlen

In napoleonischer Zeit verschwand das Kurfürstentum der Pfalz von der Landkarte und sein Territorium ging in mehreren Fürstentümern und neuen Herrschaften – allen voran den Großherzogtümern Baden und Hessen sowie dem Königreich Bayern – auf. Entsprechend erfolgte eine Verteilung des Archivguts.[12] Einschlägige Bestände kurpfälzischer Provenienz oder mit Bezug zu

---

10 Benjamin *Müsegades*: Erreichtes und Erstrebenswertes. Forschungen zur Pfalzgrafschaft bei Rhein im Mittelalter. In: Blätter für deutsche Landesgeschichte 157 (2021) S. 455–505, hier S. 474–491, Zitat S. 505.

11 In Baden-Württemberg gelten beispielsweise die *Richtlinien für die Verwendung von Orts-, Personen-Körperschafts- und Sachdeskriptoren in scopeArchiv* in der Fassung vom 19. 05 .2021; für Bayern die *Richtlinien zur Verzeichnung von Archivgut der Staatlichen Archive Bayerns*, in der Fassung von 2020. Hinzu kommt die Verwendung unterschiedlicher Software: ACTApro (Bayern), Arcinsys (Hessen), Dr.Doc (Rheinland-Pfalz) und Scope (Baden-Württemberg).

12 Auf die Details der Verteilungen und Umverteilungen, kann hier nicht eingegangen werden, vgl. Volker *Rödel*: Zerstreut und auch verloren. Wege und Irrwege rheinpfälzischer Archivalien. In: Das Landesarchiv Speyer. Festschrift zur Übergabe des Neubaues. Hg. von Karl Heinz *Debus* (Veröffentlichungen der Landesarchivverwaltung Rheinland-Pfalz. Große Reihe 40). Koblenz 1987. S. 123–128, v. a. S. 125 f. –

den Pfalzgrafen finden sich heute unter anderem im Landeshauptarchiv Koblenz, im Landesarchiv Speyer, im Staatsarchiv Darmstadt, im Generallandesarchiv Karlsruhe, im Bayerischen Hauptstaatsarchiv und Geheimen Hausarchiv in München sowie im Staatsarchiv Amberg, die allesamt Teil des Projekts sind. Als weiterer Projektpartner kommt für die technische Umsetzung das Fachinformationszentrum (FIZ) Karlsruhe hinzu. Gemeinsam wurde im Mai 2022 das dreijährige DFG-Projekt *Urkunden der Pfalzgrafen bei Rhein. Erschließung, Digitalisierung und virtuelle Zusammenführung zwischen 1449 und 1508 entstandener Dokumente aus Baden-Württemberg, Bayern, Hessen und Rheinland-Pfalz als Themenportal im Archivportal-D* gestartet.[13] Dieses Projekt zielt darauf, einen wesentlichen Teil der kurpfälzischen Urkundenüberlieferung zu erfassen und ihn zentral zu präsentieren, um so den Zugang zu den digitalisierten Quellen zu erleichtern. Die Zusammenführung, Darstellung sowie nachhaltige und dauerhafte Erreichbarkeit geschieht über ein online abrufbares Themenportal zu den Pfalzgrafen,[14] welches im Rahmen des allgemeinen Portals Archivportal-D[15] erstellt wird.

Dabei können keineswegs alle mittelalterlichen Urkunden nach 1410 erfasst werden, die die Pfalzgrafschaft bei Rhein betreffen. Dies wäre ein utopisches Unterfangen, weshalb verschiedene Eingrenzungen zu treffen sind. Den zeitlichen Rahmen 1449–1508 bildet die Herrschaft zweier

---

Unter der älteren Literatur sind besonders die umfangreicheren Darstellungen von Glasschröder und Neudegger zu erwähnen. Franz Xaver *Glasschröder*: Über die Schicksale rheinpfälzischer Archive. In: Archivalische Zeitschrift 38 (1929) S. 4–22. – Max Josef *Neudegger*: Geschichte der Pfalz-bayerischen Archive der Wittelsbacher. Bd. 4: Das Kur-Archiv der Pfalz zu Heidelberg und Mannheim. München 1894. – Manches Material war allerdings bereits Ende des 18. Jahrhunderts im Rahmen von Flüchtungsaktionen aus der Pfalz nach München gelangt. Die Pfälzer Urkunden bis 1400, die im 19. Jahrhundert im Rahmen von Zentralisierungsbemühungen nach München abgeben wurden, spielen für das Projekt keine Rolle. Vgl. Walter *Jaroschka*: Die Neuorganisation des bayerischen Archivwesens in den ersten Jahrzehnten des 19. Jahrhunderts und die Einbeziehung der Pfalz: der Antagonismus von Zentralisation und Regionalisierung. Mit einem Ausblick bis zur Gegenwart. In: Umbruch und Aufbruch: das Archivwesen nach 1800 in Süddeutschland und im Rheinland. Hg. von Volker *Rödel* (Werkhefte der Staatlichen Archivverwaltung Baden-Württemberg A 20). Stuttgart 2005. S. 199–214, hier S. 203 u. 213 f. – Zur Verteilung rheinland-pfälzischer und saarländischer Archivalien und möglicher Rückführungen vgl. die auf dem 56. Archivtag 1983 geführte Diskussion, zusammengefasst bei Hans-Walter *Herrmann*: Die Auswirkungen jüngerer Staats- und Landesgrenzen auf die Archivarbeit, aufgezeigt an den Ländern Rheinland-Pfalz und Saarland. In: Der Archivar. Mitteilungsblatt für deutsches Archivwesen 37 (1984) Sp. 19–30. – Walter *Jaroschka*: Das Problem der pfälzischen Bestände. In: Der Archivar. Mitteilungsblatt für deutsches Archivwesen 37 (1984) Sp. 31–34.

13 Das Projekt läuft unter der Nummer 496853375, vgl. den Eintrag in der Datenbank der DFG GEPRIS unter https://gepris.dfg.de/gepris/projekt/496853375 (aufgerufen am 29. 07. 2024).

14 Themenportal *Urkunden der Pfalzgrafen. Mittelalterliche Quellen zur Kurpfalz 1149–1508.* https://www.archivportal-d.de/themenportale/urkunden-pfalzgrafen (verfügbar ab April 2025).

15 Archivportal-D, https://www.archivportal-d.de/ (aufgerufen am 29. 07. 2024).

Abb. 1: Die Kurfürsten Friedrich I. und Philipp von der Pfalz. Vorlage: München, Bayerische Staatsbibliothek, Cgm 1604, fol. 62 r und 63 r.

Kurfürsten, diejenige Friedrichs I. genannt *der Siegreiche* (1425–1476) und diejenige seines Neffen und Adoptivsohns Philipp genannt *der Aufrichtige* (1448–1508). Beide Herrschaftszeiten zeichnen sich durch eine enge und reichsrechtlich besondere Verflechtung aus, denn als Kurfürst Ludwig IV. von der Pfalz 1449 starb, war Philipp als dessen einziger Sohn gerade einmal ein Jahr alt, sodass Ludwigs Bruder und Philipps Onkel, der genannte Friedrich, die Vormundschaftsregierung übernahm. Letzterer sicherte sich die Herrschaft über die Zeit der Minderjährigkeit seines Mündels hinaus, indem er sich auf das rechtliche Mittel der Arrogation berief. Dazu adoptierte er nicht nur seinen Neffen und setzte ihn als Sohn zum Alleinerben ein, sondern verzichtete gleichzeitig auf jegliche Eheschließung und damit auf anderweitige, legitime Nachkommenschaft.[16] Um zu wissen, wie sich dieses Prinzip in der Regierungspraxis niederschlug, ist es unabdingbar, die Urkunden der beiden Herrscher zu erschließen und aufzuarbeiten. Außerdem fallen in die Zeit beider Kurfürsten bedeutsame territoriale Veränderungen. Friedrich konnte infolge einiger erfolgreicher Schlachten, Feldzüge und Eroberungen den Herrschaftsbereich ausdehnen, was Philipp mittels weiterer Erwerbungen ergänzte, sodass das Territorium der kurfürstlichen Pfalzgrafen seine größte Ausdehnung erreichte, bevor eine Niederlage im Landshuter Erbfolgekrieg dieses wieder deutlich schmälerte.[17] Darüber hinaus lassen sich in den Urkunden exemplarisch allgemeine Tendenzen der Zeit wie kirchliche Reformbemühungen, fürstliche Zugriffe auf Bergwerke und Städte oder die Bedeutung von Schießpulverwaffen erfassen.

---

16 Vgl. Henry J. *Cohn*: The Government of the Rhine Palatinate in the 15th Century. Oxford 1965, S. 27–36. – *Schaab*, Geschichte, wie Anm. 1, S. 175 f. – Volker *Rödel*: Friedrichs des Siegreichen Stellung im Reich. In: Friedrich der Siegreiche (1425–1476). Beiträge zur Erforschung eines spätmittelalterlichen Landesfürsten. Hg. von Franz *Fuchs* und Pirmin *Spieß* (Stiftung zur Förderung der Pfälzischen Geschichtsforschung. Reihe B Abhandlungen zur Geschichte der Pfalz 17). Neustadt an der Weinstraße 2016. S. 49–72, hier S. 49–60. – Die wichtigsten Dokumente zur Arrogation bei Ausgewählte Urkunden zur Territorialgeschichte der Kurpfalz 1156–1505. Hg. von Meinrad *Schaab* und Rüdiger *Lenz* (Veröffentlichungen der Kommission für geschichtliche Landeskunde in Baden-Württemberg. Reihe A Quellen 41). Stuttgart 1998. Nr. 113–116, S. 229–237.

17 Vgl. zu den Erwerbungen unter den beiden Kurfürsten *Schaab*, Geschichte, wie Anm. 1, S. 177–189. – *Cohn*, wie Anm. 16, S. 47–74.

Mit dem Fokus auf die beiden genannten Kurfürsten geht auch eine Beschränkung auf die Kurlinie einher. Die andere Linien Pfalz-Simmern-Zweibrücken, Pfalz-Mosbach und Pfalz-Neumarkt spielen nur insofern eine Rolle, wie sie mit den Kurfürsten interagierten oder in deren Überlieferung vorkommen.[18] Hier wird also auch zukünftig ein größerer Forschungs- und Erschließungsbedarf bestehen.

Zusätzliche Erschließung wird außerdem in allen nicht berücksichtigen Archiven und langfristig auch bezüglich der pfalzgräflichen Vorgänger Ludwig III. und Ludwig IV. notwendig sein. Indem das Projekt mit der maximalen geographischen Ausdehnung unter Friedrich und Philipp begonnen hat, wird der Boden für derartige Ergänzungen bereitet. Diese können die nun vorhandenen Indizes und Identifizierungen – insbesondere bei Ortschaften – verwenden und nachnutzen. Wenn beispielsweise Friedrich oder Philipp Urkunden ihrer Vorgänger bestätigen, sind auch die Normdaten zu diesen Vorgängern bereits erhoben. Dass bei Erweiterungen nicht allzu viele neue Einträge angelegt werden müssen, sollte die Bereitschaft, zusätzliche Urkunden in das Projekt einzuspeisen, erheblich erhöhen.

Selbst unter diesen Einschränkungen ist das zu bearbeitende Mengengerüst beachtlich. Insgesamt umfasst das Projekt ca. 7.000 Urkunden, über deren Verteilung auf die unterschiedlichen Archive Tabelle 1 informiert. Berücksichtigt werden in erster Linie die Ausfertigungen der beiden Kurfürsten. Ergänzt werden sie durch Reverse von Lehensnehmern, die des Öfteren die kurfürstlichen Urkunden anreißen oder sogar gänzlich aufnehmen. Etwa ein Drittel der Ausfertigungen liegt im Generallandesarchiv Karlsruhe,[19] wobei es sich dabei etwa zur Hälfte um die erwähnten Reversurkunden handelt.[20] Die anderen zwei Drittel verteilen sich ungleichmäßig über die weiteren Archive. Hierbei sind die Urkunden der Abteilungen I und III (Geheimes Hausarchiv) des Bayerischen Hauptstaatsarchivs in München, die insbesondere Einungen und Verträge betreffen,[21] ebenso hervorzuheben, wie eine Reihe böhmische Lehen thematisierende Urkunden in

18 Vgl. zu den Nebenlinien den jüngst erschienenen Sammelband Im Schatten der Großen? Fürstliche Nebenlinien im spätmittelalterlichen Südwesten. Hg. von Stefan G. *Holz*, Thorsten *Huthwelker* und Benjamin *Müsegades* (Heidelberger Veröffentlichungen zur Landesgeschichte und Landeskunde 20). Heidelberg 2024.

19 Berücksichtigt wurden die Ausfertigungen der beiden Kurfürsten aus den Beständen 1–49. Als besonders ergiebig erwiesen sich die Bestände 44 (Lehens- und Adelsarchiv), 43 (Pfalz), 30 (Gengenbach-Offenburg-Zell), 42 (Bruchsal-Odenheim (Hochstift Speyer, Stift Odenheim)), 46 (Haus- und Staatsarchiv Baden, I. Personalia), 36 (Baden Generalia) und 27 (Lahr-Mahlberg(-Geroldseck)). Keine Berücksichtigung fanden die bislang in unterschiedlichem Maße erschlossenen Archivalien einzelner Adelsfamilien im Bestand 69 und die Archivalien der Aktenbestände. Eine detaillierte Aufschlüsselung aller berücksichtigten Bestände wird zum Projektende im Rahmen des Themenportals erfolgen.

20 Diese Reversurkunden stammen vor allem aus dem Bestand 44 (Lehens- und Adelsarchiv).

21 Die Urkunden aus dem Bayerischen Hauptstaatsarchiv stammen zum einen aus Abteilung I, mit den Teilbeständen Kurpfalz, Pfalz-Zweibrücken, Grafschaft Sponheim und Rheinpfälzer Urkunden sowie zum anderen aus Abteilung III (Geheimes Hausarchiv) mit den Teilbeständen Hausurkunden und Mannheimer Urkunden.

Amberg,[22] Zollverträge mit den rheinischen Kurfürsten in Koblenz und Speyer[23] oder Lehensbriefe und Verträge in Darmstadt.[24]

Die weitaus größere Masse stellt die kopiale Überlieferung dar. In der Regel gilt auch hier das bereits genannte Auswahlprinzip mit der Einschränkung auf Ausfertigungen der Kurfürsten Friedrich und Philipp. Davon wird im Fall von 13 Kopialbüchern des Generallandesarchivs abgewichen.[25] Diese wurden von der kurfürstlichen Kanzlei zeitgenössisch angelegt und mehr oder weniger fortlaufend geführt, sodass sie eine essentielle Quelle für das Verwaltungshandeln im unmittelbaren Umfeld der Kurfürsten darstellen und die ausgefertigten Urkunden des Öfteren mit weiteren Dokumenten wie Vorgängerurkunden oder eingeholten Kundschaften kontextualisieren. Daher werden diese Kopialbücher in ihrem vollen Umfang erfasst und präsentiert. Auf ca. 6.200 Blatt wird dabei mit etwa 5.300 Urkunden zu rechnen sein. Mit dem Liber Perpetuum Friedrichs I., der Urkunden über Rechtsgeschäfte mit zeitlich unbegrenzter Gültigkeit verzeichnet, konnte im Oktober 2023 ein erstes Kopialbuch bereits vollständig – mit Regesten, Digitalisat und Verschlagwortung zu jeder einzelnen Urkunde – online gestellt werden.[26]

---

22 Die Urkunden aus Amberg stammen aus den Beständen Fürstentum Obere Pfalz (mit unterschiedlichen Teilbeständen zu Klöstern, Regierung und Lehenpropstamt), Staatseigene Urkunden, Landgrafschaft Leuchtenberg und Ganerbschaft Rothenberg.

23 Die Urkunden aus Speyer und Koblenz (inklusive der kopialen Überlieferung) stammen aus 68 Beständen. Eine detaillierte Aufschlüsselung aller berücksichtigten Bestände wird zum Projektende im Rahmen des Themenportals erfolgen.

24 Die Ausfertigungen aus Darmstadt stammen aus 14 Beständen (A 1, A 2, A 3, A 5, A 6, A 13, B 2, B 5, B 8, B 9, B 11, B 13, B 15, B 20). Hinzu kommt Kopialüberlieferung aus den Beständen C 1 A, C 1 B und C 1 C.

25 Diese sind die Perpetua der beiden Kurfürsten (LABW GLAK 67 Nr. 812, 67 Nr. 1662, 67 Nr. 820 und 67 Nr. 821), die Libri ad vitam der beiden (LABW GLAK 67 Nr. 813, 67 Nr. 814, 67 Nr. 816, 67 Nr. 818 und 67 Nr. 819) sowie Kopialbücher zu Entscheiden, Anlässen, Verträgen und Einungen (LABW GLAK 67 Nr. 824, 67 Nr. 825, 67 Nr. 826 und 67 Nr. 829). Hinzu kommt ein weiteres Buch (LABW GLAK 67 Nr. 822), das für die zuvor Genannten Auszüge in Form von knappen Regesten bietet. Die entsprechenden Seiten (fol. 141 r–147 v) dienen als Ersatz für einen anderweitig nicht überliefertes Liber ad vitam IV Kurfürst Philipps.

26 LABW GLAK 67 Nr. 812. Online unter http://www.landesarchiv-bw.de/plink/?f=4-3629070 sowie http://www.archivportal-d.de/item/LXYL4QAN6QD3LS4IH5GEOF252DQXLX6I (jeweils aufgerufen am 29. 07. 2024).

Archiv	Ausfertigungen	kopial überlieferte Stücke
GLA Karlsruhe	>650	ca. 5.300
LHA Koblenz	129	216
LA Speyer	105	28
HStA Darmstadt	128	54
BayHStA München	344	–
StA Amberg	74	ca. 80
Gesamt	ca. 1430	ca. 5680

Tabelle 1: Verteilung der ins Projekt aufgenommenen Urkunden auf die beteiligten Archive.

An dieser Stelle wird nicht nur der Umfang des Projekts deutlich, sondern auch das damit einhergehende Problem, an dem frühere Versuche gescheitert sind, die versucht hatten, die Urkunden der spätmittelalterlichen Pfalzgrafen zu erfassen. Dass längst nicht alles berücksichtigt werden konnte, was theoretisch denkbar gewesen wäre, wird bei einem Blick in die Bestände des Generallandesarchivs Karlsruhe deutlich. Allein im Teilbestand der Kurpfälzischen Kopialbücher befinden sich 80 zeitgenössische oder zumindest teilweise zeitgenössische Kopialbücher, die für das Projekt in Frage gekommen wären.[27] Deren Umfang von 25.000 Blatt durchzusehen und zu bearbeiten wäre eine deutlich längerfristige Aufgabe – und selbst dann wären für ein auch nur annähernd in Richtung Vollständigkeit strebendes Projekt noch all die anderen Kopialbücher beispielsweise der Markgrafen von Baden, verschiedener Domstifte, Klöster, Stifte und Ordensniederlassungen zu beachten, die mit den Kurfürsten in Verbindung standen. Es gibt also auch zukünftig noch genug Potential für weitere Arbeiten. Mit dem hiesigen Projekt wird mit einem ca. 7.000 Stücke umfassenden Nukleus ein Startpunkt gesetzt sowie ein erster Zugang zur Themenvielfalt präsentiert, um weitere Forschungen anzuregen.

1.2 Projektpräsentation

Die Ergebnisse des Projekts werden am Ende sowohl in den archiveigenen Online-Findmitteln und Archivinformationssystemen als auch einem Themenportal zu den Pfalzgrafen, das im Rahmen des allgemeinen Archivportals-D aufgebaut wird, als zentraler Plattform zur Verfügung stehen. Den Bearbeitungsablauf, die Anreicherung der Urkunden mit zusätzlichen Daten sowie die Präsentation der Ergebnisse veranschaulicht Abbildung 2.

---

[27] Vgl. Gesamtübersicht der Bestände des Generallandesarchivs Karlsruhe. Bearbeitet von Manfred *Krebs*. Stuttgart 1954. S. 200–218. – Inventare des Grossherzoglich Badischen General-Landesarchivs. Hg. von der Grossherzoglichen Archivdirektion. Bd. 1. Karlsruhe 1901. S. 141–160.

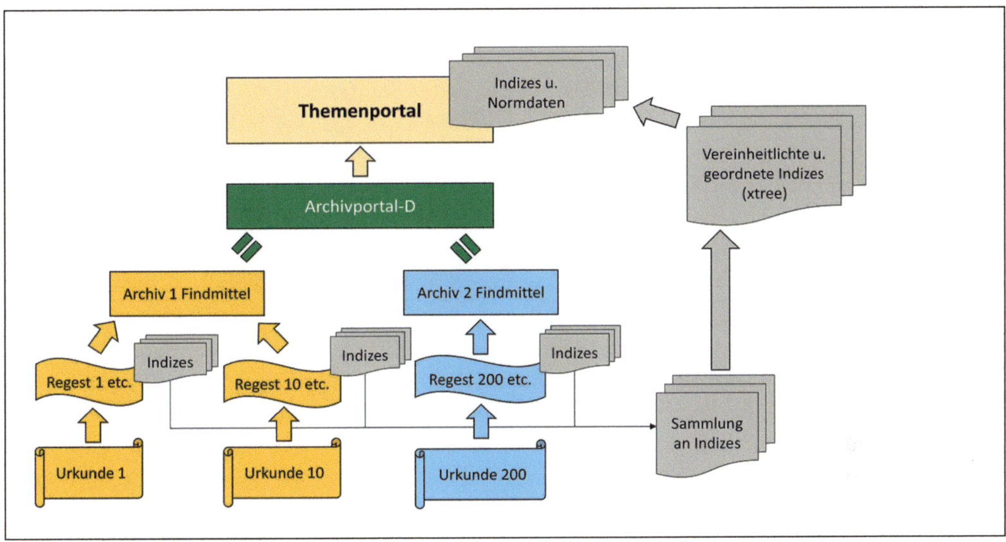

Abb. 2: Bearbeitungsverlauf, Anreicherung und Ergebnispräsentation. Vorlage: Benjamin Torn.

Da in jedem Bundesland Archivgut nach eigenen Richtlinien und mit unterschiedlicher Software erschlossen wird,[28] sind die erhobenen Daten zunächst weder homogen noch miteinander kompatibel. Indem ein und dieselbe Person unterschiedlich bezeichnet wird oder Ortschaften nach unterschiedlichen Richtlinien und Schemata aufgenommen werden, ergeben sich Abweichungen auf einer inhaltlichen Ebene. Aber auch Differenzen auf technischer Ebene sind möglich, wenn beispielsweise das Ausstellungsdatum in unterschiedlichen Formaten vorliegt. Eine Angleichung wäre zwar in einigen Fällen – vor allem auf der inhaltlichen Ebene – möglich, ginge aber zu Lasten traditioneller Archivnutzer*innen, die dann innerhalb der von ihnen aufgesuchten Archive mit nichtkongruenten Daten konfrontiert werden würden.

Daher fand die Erschließung in jedem Archiv separat unter gemeinsam abgesprochenen Rahmenlinien statt. Diese regelten vor allem die Erschließungstiefe, sodass für jede Urkunde ein Regest erstellt wurde, das sich zwischen Kurz- und Vollregest bewegt. Neben den wesentlichen relevanten Sachverhalten wurden vor allem die beteiligten und vorkommenden Personen und Orte erfasst. Einzelne Details wie Vertragsbestimmungen, Auflistungen von Anrainern, Zugehör oder einzelnen Flurstücken wurden gegebenenfalls pauschal zusammengefasst und lassen sich über das beigefügte Digitalisat bei Bedarf erforschen. In jedem Fall sind Datierung, Signatur und Angaben zur Besiegelung Teil der Datensätze. Darüber hinaus identifizierte jeder Bearbeiter und jede Bearbeiterin die Personen, Orte und zentralen Sachthemen der eigenen Urkunden in zusätzlichen Indizes. Derartig aufbereitet wurden und werden die einzelnen Urkunden in die Findmittel

[28] Siehe oben Anm. 11.

der jeweiligen Archive eingespeist und stehen dort auch schon vor Ende des Projekts online zur Verfügung.[29]

In einem weiteren Schritt erfolgt ein Export aus den jeweiligen Online-Findmitteln in das gemeinsame Archivportal-D, wo sich die einzelnen Datensätze – sprich Urkunden – in einer vergleichbaren Struktur wiederfinden. Dafür wird auf das Encoded Archival Description (EAD)-Format zurückgegriffen, bei dem es sich um ein standardisiertes Austauschformat handelt.[30] Dies löst vor allem technische Hürden, indem verschiedene Formatierungen und Bezeichnungen zusammengebracht werden. So wird nun nicht nur für menschliche Nutzer*innen, sondern auch für computergestützte Abfragen erkennbar, dass sich hinter einem Karlsruher *Titel* das Gleiche verbirgt wie hinter dem Darmstädter *(Voll-)Regest*, einem bayerischen *Betreff* oder einem rheinland-pfälzischen *Regest*.[31] Da das Archivportal über eine umfängliche Oberfläche verfügt, kann es vorkommen, dass hier im Vergleich zu den lokalen Findbüchern deutlich mehr Angaben zu einem Datensatz vorliegen.[32] Die Nutzer*innen können bereits hier archivübergreifend recherchieren und eine Merkliste anlegen, sie werden aber rasch feststellen, dass dies noch immer recht mühsam sein kann. Dadurch, dass es sich beim Archivportal lediglich um eine Spiegelung der einzelnen Findmittel handelt, bleibt die Heterogenität der Daten – sprich Orts- und Personennamen – bestehen.

---

29 Dies gilt Stand 20.11.2023 u.a. für das Perpetuum Friedrichs I. (LABW GLAK 67 Nr. 812; siehe oben Anm. 26) oder für die bayerischen Urkunden der Kurpfalz. Für Beispiele aus Rheinland-Pfalz vgl. den Beitrag von Martin Armgart in diesem Band. Aus technischen Gründen sind nicht in allen Findmitteln die Indizes vorhanden.

30 Für das Archivportal-D wurde 2012 mit dem EAD(DDB) ein eigenständiges Datenprofil erstellt, das für einen datenkompatiblen Austausch unter den Archiven sorgt. Derzeit liegt dieses Profil in der dritten Version 1.2. vor. Eine Version 2.0 ist in Anlehnung an den internationalen Standard EAD3 in Planung. https://wiki.deutsche-digitale-bibliothek.de/pages/viewpage.action?pageId=19010182 (aufgerufen am 29.07.2024).

31 In Apertus von Rheinland-Pfalz ist für den normalen Benutzer keine Feldbezeichnung ersichtlich, intern lautet die Bezeichnung *Regest*.

32 Dies gilt beispielsweise für baden-württembergische Angaben zu Körperschaften und Organisationen, für die im Onlinefindmittel des Landesarchivs Baden-Württemberg Stichworte angelegt und mit den Datensätzen verknüpft sind, sodass sie auch in den Stichwortlisten auftauchen und zu den gewünschten Urkunden führen. Bei der Ansicht der einzelnen Datensätze werden diese Indexbegriffe im Gegensatz zu jenen von Orten und Personen jedoch nicht aufgeführt. Beim Archivportal besteht dieses technische Problem nicht. Ebenso gilt es derzeit (Stand 20.11.2023) für die bayerischen Urkunden, wie im Fall von BayHStA, Kurpfalz Urkunden 61 ersichtlich wird: Die Findmitteldatenbank (urn:nbn:de:stab-027b3b90-724f-419c-ba1b-4976fd7d196e7) ist auf die notwendigen Angaben beschränkt, das Archivportal (http://www.archivportal-d.de/item/WAUNTQS6ZGVGJGNZKQQRXF66ABYVMZQV) liefert noch zusätzliche Angaben zu Siegeln und Sieglern, zur Datierung und zu vorkommenden Personen. Als nützlich erweist sich außerdem der Hinweis auf die letzte Aktualisierung der Angaben.

Um diesen Problemen Abhilfe zu schaffen, kommt eine weitere Ebene ins Spiel: das Themenportal (Abbildung 3), das auf dem Archivportal aufbaut. Dieses erfüllt verschiedene Funktionen. Zunächst ermöglicht es einen gezielten Suchzugriff über alle im Projekt vorkommenden Urkunden unabhängig von ihrer Archivherkunft, wobei eine Filterung nach einzelnen Archiven und Beständen möglich bleibt. Dafür steht als schneller Einstieg eine Volltextsuche zur Verfügung. Diese wird um eine gezielte Orts- und Personensuche auf Basis der erstellten Indizes ergänzt. Zusätzlich gibt es einen entdeckungsorientierten Bereich, in dem über die Sachindizes, die mit übergeordneten Themen verbunden werden, systematisch Urkunden erkundet werden können. Drittens werden weitere Informationen zum Projekt und zur mittelalterlichen Kurpfalz bereitgestellt. Da sich das Themenportal nicht nur an ein ausgewiesenes Fachpublikum, sondern auch an eine breitere Öffentlichkeit richten wird, finden sich hier zum Beispiel genauere Erläuterungen zum Umgang mit dem Themenportal, Verlinkungen zu online verfügbaren Nachschlagewerken sowie ein Glossar häufig vorkommender und spezifisch mittelalterlicher Begriffe. Kurzum, das Themenportal soll den Zugriff und Zugang zu den entsprechenden Urkunden mit ihren Regesten und Digitalisaten so niederschwellig wie möglich bieten.

Abb. 3: Vorläufige Startseite des Themenportals *Urkunden der Pfalzgrafen* (Stand: Juli 2024).

Als Schlüsselelement für derartige übergreifende Zugriffe erweisen sich die Indizes zu den jeweiligen Urkunden. Im Themenportal erfolgt dabei die Zusammenführung der Indizes aus den einzelnen Archiven mithilfe der Software xtree.[33] Dabei werden die Indizes um fehlende Einträge ergänzt und mit Normdaten angereichert, sofern dies nicht zuvor geschehen ist. Dazu werden zu einem im Vordergrund sichtbaren Eintrag weitere synonyme oder alternative Bezeichnungen hinterlegt, die über die Suche ebenfalls erfasst werden. Zusätzlich wird der jeweilige Eintrag mit Normdaten verknüpft, wie sie beispielsweise von der Deutschen Nationalbibliothek im Rahmen der Gemeinsamen Normdatei (GND) vergeben werden.[34] Darin wird jeder als relevant erachteten Person, jedem Ort sowie jeder Organisation und Körperschaft von hinreichender Bedeutung eine eindeutige Nummer zur Identifikation zugewiesen. Über eine derartige Nummer lassen sich insbesondere gleichnamige Orte wie das bei Leiningen liegende Tiefenthal und das 35 km nördlich gelegene Tiefenthal bei Bad Kreuznach zweifelsfrei unterscheiden.[35] Auf weitere Vorteile dieser GND-Nummern wird in Abschnitt 2.2 zurückzukommen sein.

Im Fall des Personenindex steht eine nützliche Sonderfunktion zur Verfügung. Über eine eigene Suchleiste lassen sich die Indexbegriffe gezielt durchsuchen. Beispielsweise gelangt man über die Eingabe eines Vornamens wie *Albrecht* auf den unter dem Buchstaben E eingeordneten Eintrag eines Abts von Ellwangen. Zu dem gleichen Eintrag würde man auch unter Eingabe des Familiennamens *Rechberg* gelangen. Diese zusätzliche Suchleiste beugt somit Unklarheiten vor und erspart die Verwendung von Querverweisen, wenn eine Person wie in diesem Beispiel potentiell an mehreren Stellen in der alphabetischen Sortierung vermutet werden kann.

Außerdem lassen sich die Indizes in eine hierarchische und systematische Ordnung bringen. Im Fall der Geographika wird eine Gliederung und Zuweisung nach modernen politischen Verwaltungseinheiten erfolgen. Auch wenn nur die einzelnen Orte selbst als Indexbegriffe angelegt sind, ist somit eine regionale Suche über Landkreise oder Bundesländer möglich.[36] Noch gewinnbringender wird eine solche systematische Ordnung im Bereich der Sachindizes sein, wie es beim bereits existierenden Themenportal zur Weimarer Republik erfolgreich angewandt wird.[37] Im

---

33 Dieser Dienst wird von digiCULT-Verbund eG bereitgestellt. http://xtree-public.digicult-verbund.de/vocnet/ (aufgerufen am 29.07.2024).

34 Gemeinsam Normdatei (GND). https://www.dnb.de/gnd (aufgerufen am 29.07.2024).

35 Tiefenthal DÜW | 116069804X und Tiefenthal KH | 7615914-0. Eine solche Unterscheidung wäre zwar auch über die Landkreise Bad Dürkheim und Bad Kreuznach denkbar, stieße aber spätestens bei einer Kreisreform an seine Grenzen. Auch davor blieben Unklarheiten, wenn die zusätzliche Erläuterung an einem Ort anhand des Landkreisnamens und andernorts mittels zugehörigem Kraftfahrzeug-Kennzeichen erfolgt.

36 Diese moderne Systematik soll als heuristisches Hilfsmittel verstanden werden und bietet den Vorteil, offen für regionale und zeitliche Ergänzungen zu sein. Die Alternative, nach spätmittelalterlichen Ämtern zu gliedern, würde dazu zwingen, sich auf eine Zeitschicht festzulegen, Dynamiken des 15./16. Jahrhunderts zu verwischen, und bedürfte noch umfangreicherer Forschungsvorarbeiten.

37 Siehe das Themenportal *Weimarer Republik. Dokumente aus deutschen Archiven 1918–1933.* https://www.archivportal-d.de/themenportale/weimarer-republik (aufgerufen am 29.07.2024).

Themenfeld *Kirche und Religion*, wird beispielsweise sowohl eine Suche nach einzelnen Klöstern als auch eine übergreifende Suche nach einzelnen Orden möglich sein. Wer sich für einzelne Aspekte wie Kloster- und Ordensreformen oder Jahrzeitstiftungen interessiert, kann unter solchen Sachbegriffen ebenfalls fündig werden. Wer sich wiederum allgemein mit den Beziehungen der Kurfürsten von der Pfalz zu religiösen Einrichtungen beschäftigten möchte, kann über das Oberthema darauf zugreifen.

2. Zentrale Aspekte des Projekts

Nachdem der erste Abschnitt einen allgemeinen Überblick über das Projekt, seine Rahmenbedingungen und die Vorgehensweise geboten hat, gilt es im Folgenden drei zentrale Aspekte anhand konkreter Beispiele näher auszuführen. Sowohl der archivübergreifende Zugriff, die Verknüpfung mit Normdaten und der bereits angedeutete vielfältige Sucheinstieg tragen dazu bei, dass nicht nur wichtige Quellen zu den Kurfürsten von der Pfalz des ausgehenden 15. und beginnenden 16. Jahrhunderts bereitgestellt werden, sondern diese auch für die Nutzung aufbereitet sind.

2.1 Archivübergreifender Zugriff

Wie der niederschwellige Zugriff auf sich an diversen Orten befindliches und geringfügig unterschiedlich aufbereitetes Archivgut erfolgen kann, lässt sich anhand eines kleinen Themenkomplexes skizzieren. Dabei geht es nicht darum, alle Besitzentwicklungen im Einzelnen nachzuvollziehen. Im Vordergrund steht vielmehr die Auffindbarkeit der dazugehörigen Urkunden.

Am 2. August 1481 verschrieb Kurfürst Philipp von der Pfalz dem Grafen Reinhard zu Leiningen, Herrn zu Westerburg und Schaumburg, eine jährliche Gülte von 400 Rheinischen Gulden. Damit bezahlte er Reinhards Anteil an der Grafschaft Leiningen, den der Kurfürst für 8.000 Gulden gekauft hatte. Diese Urkunde, die noch weitere Details zu Bürgen, Selbstschuldnern und der Ablösung enthält, liegt heute in der Abteilung des Geheimen Hausarchivs im Bayerischen Hauptstaatsarchiv in München.[38] Eine Abschrift davon befindet sich im Liber Perpetuum Kurfürst Philipps im Generallandesarchiv Karlsruhe.[39] Über den Personenindex zu Graf Reinhard stößt man auf weitere Urkunden in demselben Kopialbuch, die dieses Geschäft näher beleuchten, wie jene, in der Reinhard seinen Anteil verkauft. Diese enthält nicht nur zahlreiche Details wie vom Verkauf ausgenommene Besitzungen oder den Umgang mit Verschreibungen, Schulden und Lehen, sie informiert auch knapp über die Besitzgeschichte. So geht daraus hervor, dass die Grafschaft ursprünglich von Landgraf Hesso von Leiningen an seine Schwester Margarethe gegangen war. Diese hatte am 2. Juni 1467 die Hälfte an Kurfürst Friedrich I. von der Pfalz verkauft und später die verbleibende Hälfte an ihren Enkel Reinhard vererbt. Nach der Feststellung, dass die Graf-

38 BayHStA, GHA, Hausurkunden Nr. 2849.

39 LABW GLAK 67 Nr. 1662, fol. 284 r–287 v (Nr. 312).

schaft Leiningen zu weit von Westerburg entfernt liege, erachtete er es als nützlicher, eine jährliche Gülte zu erhalten.[40] In zwei ähnlich lautenden Gegenurkunden quittierte Philipp den Verkauf und bekannte sich zu seinen daraus ergebenden Verpflichtungen.[41] In weiteren Urkunden vom 2. August begünstigte der Kurfürst den Verkäufer. So versicherte er Reinhard, dass der früher gewährte pfalzgräfliche Schirm vorerst weiter bestehen bleibe[42] und dass er sich bei Johann I. von Pfalz-Simmern für die Auslösung eines aktuell verpfändeten Anteils an Altleiningen einsetzen werde.[43] Eine Woche später erlaubte Philipp, dass Reinhard eine begrenzte Menge an Wein temporär zollfrei an den Zöllen Oppenheim, Bacharach und Kaub vorbeiführen dürfe.[44]

Mit diesen Urkunden im unmittelbarem Umfeld des Geschäfts ist es aber nicht getan. Dass ein Teil der Grafschaft Leiningen von Philipp gekauft wurde, spielte mehrfach und in unterschiedlichen Kontexten eine Rolle. So ergibt sich aus einer heute im Hessischen Staatsarchiv Darmstadt liegenden Urkunde, dass der Kurfürst ein halbes Jahr später, am 28. Februar 1482, Philipp Kämmerer von Worms genannt von Dalberg und dessen Neffen mit dem Forstzehnten zu Kropsburg, einem Teil des Frucht- und Weinzehnten zu Heßloch und dem dortigen Hubhof belehnte.[45]

---

40 LABW GLAK 67 Nr. 1662, fol. 277 br – 281 v (Nr. 310). Zur Übereinkunft vom 2. Juni 1467 zwischen Margarethe und Friedrich I. vgl. auch LABW GLAK 67 Nr. 812 fol. 121 r – 124 v (Nr. 134). http://www.landesarchiv-bw.de/plink/?f=4-5389048 (aufgerufen am 29. 07. 2024). Damit wird die konfliktträchtige Situation 1467 allerdings nur in knappen Zügen angerissen. Nach dem kinderlosen Tod Hessos von Leiningen hatten sowohl seine Schwester Margarethe als auch sein Vetter im dritten bzw. vierten Grad, Emich VII. von Leiningen-Hardenburg, Erbansprüche gestellt. Margarethe hatte sich daraufhin an Bischof Reinhard von Worms und Kurfürst Friedrich gewandt und erfolgreich um Unterstützung ersucht. Letztendlich profitierte vor allem der Kurfürst, da dessen Hofgericht einige Lehen für heimgefallen erklärte. Vgl. *Cohn*, wie Anm. 16, S. 50 – 53. – Johann Georg *Lehmann*: Urkundliche Geschichte des gräflichen Hauses Leiningen-Hartenburg und Westerburg in dem ehemaligen Wormsgaue (Urkundliche Geschichte der Burgen und Bergschlösser in den ehemaligen Gauen, Graffschaften und Herrschaften der bayerischen Pfalz 3). Kaiserslautern 1860. S. 171 – 181. – Zu den Verwandtschaftsbeziehungen vgl. die Tafeln bei Ingo *Toussaint*: Die Grafschaften Leiningen im Mittelalter (1237 – 1467). In: Pfalzatlas Textband 27. Hg. von Willi *Alter*. Speyer 1977. S. 1056 – 1080, hier S. 1069 – 1071.

41 LABW GLAK 67 Nr. 1662, fol. 281 v – 284 r (Nr. 311) und LABW GLAK 67 Nr. 1662, fol. 287 v – 290 v (Nr. 313). Philipp bescheinigte darin den Verkauf und dazugehörige Regelungen. Beide Urkunden stammen vom 2. August 1481 und sind im Kern gleich, allerdings ist die zweite Urkunde etwas umfangreicher und in den Details ausführlicher.

42 LABW GLAK 67 Nr. 1662, fol. 290 v – 291 r (Nr. 314).

43 LABW GLAK 67 Nr. 1662, fol. 291 r – 292 r (Nr. 315). Philipp versprach 400 Gulden zur Auslösung bereitzustellen. Sollte dies nicht bis zum 22. Februar geschehen, würde er die 400 Gulden Reinhard gegen Quittung zukommen lassen.

44 LABW GLAK 67 Nr. 1662, fol. 292 v (Nr. 316). Dies sollte gelten, bis die 8.000 Gulden Kaufsumme gänzlich ausgerichtet sein würde.

45 HStAD B 15, Nr. 409. – Vgl. zu Heßloch, heute Dittelsheim-Heßloch, *Toussaint*, wie Anm. 40, S. 1085. – Die Kropsburg selbst gehörte seit 1439 ausschließlich den Kämmerern von Dalberg, vgl. Kurt *Ander-*

Dieses Mannlehen war gemäß der Urkunde ein Teil jener halben Grafschaft Leiningen, die der Kurfürst Reinhard abgekauft hatte. Gleichermaßen erfolgte 1508 die Belehnung an Hans Kämmerer von Worms genannt von Dalberg.[46] Die Sachlage erweist sich allerdings als komplexer, denn bereits am 14. August 1477 – also vier Jahre vor Reinhards Verkauf – hatte Kurfürst Philipp dieselben Güter an Philipp Kämmerer von Worms genannt von Dalberg verliehen, wobei Besitzanteile von dessen Vettern vermerkt sind. Bei dieser Verleihung wurde allerdings darauf Bezug genommen, dass das Mannlehen durch einen Vertrag mit Kurfürst Friedrich I. an die Pfalz gekommen sei.[47] Vermutlich spielte hier eine frühere Aufteilung eine Rolle, denn 1468 gab es sowohl Allodialgüter im Ort, die zu Lehen aufgetragen waren, als auch Güter, die bereits seit 1443 durch die Grafen von Leiningen-Hardenburg an die Kämmerer von Worms vergeben worden waren.[48]

Solche Bezugnahmen auf Reinhards Verkauf der Leininger Grafschaft finden sich aber nicht nur in heute in Darmstadt aufbewahrten Urkunden. Auch in München, Speyer und Karlsruhe liegen ähnlich gelagerte Urkundenausfertigungen aus den 1480er-Jahren, in denen Belehnungen darauf zurückgeführt werden, dass Kurfürst Philipp von der Pfalz sie von Reinhard von Leiningen-Westerburg erworben hatte.[49] Bisher hätte es einiges an Recherche und Zeit gebraucht, um diesen Bezügen auf die Spur zu kommen. Über das Themenportal werden es zukünftig lediglich wenige Minuten sein.[50]

---

mann: Der Aufstieg der Kämmerer von Worms im späten Mittelalter. In: Ritteradel im Alten Reich. Die Kämmerer von Worms genannt von Dalberg. Hg. von *dems.* (Arbeiten der Hessischen Historischen Kommission NF 31). Darmstadt 2009. S. 13–34, hier S. 22.

46 HStAD B 15 Nr. 506.

47 HStAD B 15 Nr. 392. Der Vetter Friedrich Kämmerer von Dalberg wird in der Urkunde namentlich erwähnt, dessen Bruder – wohl Dieter – bleibt anonym. Beide waren Söhne von Wolfgang (II.) Kämmerer von Dalberg, der mit denselben Zehnten im Lehnsbuch Friedrichs I. vorkommt und 1476 verstirbt, LABW GLAK 67 Nr. 1057, fol. 298 r (alt fol. 265 r), Nr. 600. – Zu den verwandtschaftlichen Beziehungen vgl. Franz Stephan *Pelgen* und Jana *Bisová*: Die einzigartige Würde der Kämmerer von Worms genannt von Dalberg als erste Erbritter des Heiligen Römischen Reiches und ihre sichtbaren Abzeichen. Mit Stammtafeln (Der Wormsgau. Beiheft 43). Worms 2022, Tafel VI.

48 Vgl. *Toussaint*, wie Anm. 40, S. 1085. – Vgl. *Andermann*, wie Anm. 45, S. 22.

49 LABW GLAK 44 Nr. 7558 vom 12. April 1482. – BayHStA, GHA, Hausurkunden Nr. 2833 vom 26. Juni 1488. – LA Speyer F8 Nr. 164 u. Nr. 307 vom 15. Dezember 1487 und 12. Februar 1482. – Dazu kommen noch weitere kopial überlieferte Urkunden: LABW GLAK 67 Nr. 1662, fol. 320 r–320 v (Nr. 351) vom 12. November 1481. – LABW GLAK 67 Nr. 1662, fol. 354 v–358 r (Nr. 400) vom 11. Juni 1482. – LABW GLAK 67 Nr. 1662, fol. 301 r–302 v u. 304 r (Nr. 327) vom 14. August 1482. – Später werden die Erwähnungen seltener, kommen aber noch vor wie zum Beispiel am 24. Januar 1500, LABW GLAK 44 Nr. 7568.

50 Gleichermaßen ließen sich Urkunden zusammenstellen, die sich auf eine frühere Übereinkunft mit Margarethe von Leiningen beziehen: LABW GLAK 67 Nr. 813, fol. 266 r–267 r (Nr. 404) vom 3. Oktober 1468. – LABW GLAK 67 Nr. 813, fol. 276 r (Nr. 427) vom 10. Juli 1469. – LABW GLAK 67 Nr. 1662, fol. 41 v–42 v (Nr. 62) vom 1. März 1477.

2.2 Verknüpfung mit Normdaten

Anhand des Leininger Beispiels lässt sich auch ein zweiter Aspekt thematisieren. Dieser betrifft das Problem der Gleichnamigkeit, welches sich durch die Verknüpfung mit Normdaten lösen lässt. Margarete von Leiningen war seit 1422 mit Reinhard von Westerburg verheiratet, der 1449 verstarb und von der Forschung als Reinhard III. von Westerburg gezählt wird.[51] Dementsprechend wird beider 1453 geborener und 1522 gestorbener Enkel als Reinhard IV. von Westerburg betitelt.[52] Als Graf von Leiningen-Westerburg wird er aber als Reinhard I. gezählt.[53] Die GND-Nummer (136611427)[54] sorgt dafür, dass er unabhängig von der zugewiesenen Ordnungszahl und Eingliederung in entsprechende Herrschafts- und Familienverbände eindeutig zugeordnet und identifiziert werden kann.

Die GND-Nummer erlaubt zugleich die Verknüpfung mit weiteren Datenbanken, in denen sich potentiell weitere Angaben zur Person finden lassen. Dadurch, dass diese zumindest teilweise untereinander vernetzt sind, ergibt sich innerhalb kürzerer Zeit ein dichtes Netz an Zusatzinformationen. Ein Eintrag in der Deutschen Biographie ist für Reinhard zwar vorhanden, aber hinsichtlich des Informationsgehalts mehr als dürftig. Eine Erwähnung für das Jahr 1475 hilft nicht weiter, die Angabe, dass er im 15. Jahrhundert gestorben sei, ist schlichtweg eine falsche Vermutung, denn richtig ist das Todesjahr 1522.[55] Größeren Nutzen bietet der Eintrag insofern, als dass er auf Personeneinträge zu Reinhard verlinkt, die aus anderen Projekten stammen. Die Personendatenbank der Germania Sacra ist ein derartiges Beispiel. Sie führt zu einem Kontakt Reinhards mit der Zisterzienserabtei Marienstatt.[56] Auch die im Rahmen des Projekts *Kaiser und Höfe* entstehende Personendatenbank zu den Höflingen der österreichischen Habsburger in der Frühen Neuzeit arbeitet mit GND-Nummern und enthält einen Eintrag zu Reinhard.[57] Als besonders nützlich erweist sich hier zunächst die Verknüpfung mit allerlei möglicher Verwandtschaft. Zugleich wird – Stand Dezember 2023 – auf eine gute Handvoll Archivalien verwiesen, die mit

---

51 Vgl. *Toussaint*, wie Anm.40, S.1071 Stammtafel IV. – *Lehmann*, wie Anm. 40, S.266f. – Eduard *Brinckmeier*: Genealogische Geschichte des uradeligen, reichsgräflichen und reichsfürstlichen, standesherrlichen, erlauchten Hauses Leiningen und Leiningen-Westerburg. Bd.2. Braunschweig 1891. S.102–113.

52 Vgl. *Lehmann*, wie Anm. 40, S.267. – *Brinckmeier*, wie Anm. 51, S.117 f.

53 Vgl. *Toussaint*, wie Anm.40, S.1073 Stammtafel VII a. – Siehe auch unten Anm.56. – *Lehmann*, wie Anm.40, S.267 f. – *Brinckmeier*, wie Anm. 51, S.117–135.

54 https://d-nb.info/gnd/136611427 (aufgerufen am 29.07.2024).

55 Reinhard, Indexeintrag: Deutsche Biographie. https://www.deutsche-biographie.de/pnd136611427.html (aufgerufen am 29.07.2024). – Vgl. zum Todesjahr *Toussaint*, wie Anm. 40, S.1073, Stammtafel VII a oder die nachstehenden Datenbanken.

56 Reinhard I. Herr von Leiningen-Westerburg (GSN: 078-01719-001). In: Germania Sacra. http://personendatenbank.germania-sacra.de/index/gsn/078-01719-001 (aufgerufen am 29.07.2024).

57 Leiningen, Reinhard, in: Kaiser und Höfe. Personendatenbank der Höflinge der österreichischen Habsburger. Hg. von Mark *Hengerer* und Gerhard *Schön*, Version 1.86. 26.09.2023. https://kaiserhof.geschichte.lmu.de/19137 (aufgerufen am 29.07.2024).

Reinhard über die GND-Nummer verknüpft sind, darunter auch schon eine Urkunde aus dem Projektkontext.[58]

Über mehrere Datenbanken hinweg lässt sich auf diese Weise recht rasch ein Profil zu einer Person gewinnen, wobei die automatische Verknüpfung und der Mehrwert immer von der jeweils zugrundeliegenden Datenqualität abhängt.[59] Für entsprechend technisch versierte Personen sind solche Vernetzungen auch automatisch möglich. Wenn zukünftig immer mehr Projekte ihre Daten mit derartig genormten Kennzahlen versehen, wird der Informationsgewinn weiter ansteigen.

Der große Nachteil der gerade geschilderten Verknüpfungen besteht darin, dass er nur für solche Orte und Personen funktioniert, für die eine GND-Nummer vorliegt. Während dies bei deutschen Ortschaften in aller Regel und in elsässischen Ortschaften überwiegend der Fall ist, sieht dies bei Personen des ausgehenden Mittelalters anders aus, da für eine Aufnahme hinreichend genaue Angaben zur individuellen Identifizierung vorliegen müssen. Hierzu gehören zwingend zumindest ungefähre Lebensdaten, Angaben zum Beruf beziehungsweise alternativ zu einer Funktion oder zu einem Adelstitel und die Zuordnung zu einem Land.[60] Dementsprechend wird über die GND vor allem die Oberschicht in Gestalt von Königen, deren Familienmitgliedern, Fürsten, Fürstinnen, Bischöfen oder kulturell bedeutsamen Personen erfasst. Um diesem Mangel zu begegnen, kommt einmal mehr das Themenportal ins Spiel.

---

58 Dabei handelt es sich um eine gerade einmal erst einen Monat zuvor online gestellte Urkunde aus dem Liber Perpetuum Friedrichs I. LABW GLAK 67 Nr. 812 fol. 121 r–124 v (Nr. 134). http://www.landesarchiv-bw.de/plink/?f=4-5389048 (aufgerufen am 29.07.2024).

59 Als weitere Datenbanken käme auch das Consortium of European Research Libraries (CERL) in Frage: Reinhard, von Westerburg. In: CERL Thesaurus. https://data.cerl.org/thesaurus/cnp01156208 (aufgerufen am 29.07.2024). Dieses geht aber über den Eintrag in der Deutschen Biographie kaum hinaus. – Eine Suche in den Registern zu den Regesten Kaiser Friedrichs III. anhand der GND-Nummer funktioniert derzeit (Stand: Juli 2024) (noch) nicht, obwohl der entsprechende Personeneintrag zu Reinhard die Nummer bereits enthält: http://www.regesta-imperii.de/regesten/register/ri-xiii-register.html?tx_hisodat_registers%5Bfilters%5D%5Balphabet%5D%5BletterRange%5D=W&tx_hisodat_registers%5Baction%5D=show&tx_hisodat_registers%5Bcontroller%5D=Keywords&tx_hisodat_registers%5Bkeyword%5D=109105&cHash=6b5088800b03f1e2d6573c22507a1701#maincontent (aufgerufen am 29.07.2024).

60 Vgl. für die Kriterien Jens M. *Lill*: GND-Webformular zur Erfassung von Personen und Körperschaften in der GND (MusIS-Handreichungen 14). Stand Februar 2022, Kap. 5 und Kap. 7, S. 5 u. 8–21 sowie für Organisationen Kap. 12, S. 25–29. https://swop.bsz-bw.de/2526 (aufgerufen am 29.07.2024). – Vgl. für detailliertere Regelungen die Regeln für die Schlagwortkatalogisierung (RSWK). Bearb. von Esther *Scheven* und Julijana *Nadj-Guttandin*. Leipzig/Frankfurt [4]2017. urn:nbn:de:101-2017011305 (aufgerufen am 29.07.2024).

2.3 Intuitiver und vielfältiger Themenzugriff

Wie bereits erläutert, bietet das Themenportal *Urkunden der Pfalzgrafen* einen mehrfachen Sucheinstieg. Über die zugrundeliegenden Indizes lassen sich auch Personen und Personengruppen jenseits der mit Normdaten versehenen Oberschicht greifen. Dies kann entweder über die Personensuche geschehen oder über thematische Zugriffe. So ließe sich beispielsweise unter dem Schlagwort *Bastard* gezielt in den Urkunden nach als unehelich geborenen Personen suchen. Gleiches gilt auch für klassisch rechts- und besitzgeschichtliche Bereiche wie Burgfrieden, Verpfändungen oder Abgabefreiheiten. Hinzu kommen Themenfelder, die Spuren zu modernen Fragestellungen legen sollen und in traditionellen Archivtektoniken eher versteckt sind oder gar nicht abgedeckt werden, wie die Umweltgeschichte. Hochwasser und vorbeugende Maßnahmen sind beispielsweise mehrfach in den Urkunden zu finden, sie werden zukünftig im Themenportal einfach aufzufinden und bequem mit wenigen Mausklicks recherchierbar sein.[61]

Diese thematischen Zugriffe werden sich im Themenportal mit der geographischen und/oder personellen Auswahl kombinieren lassen. In den Ergebnissen wird zusätzlich nach einer beliebigen Zeitspanne gefiltert werden können. Auf diese Weise können die Nutzer bereits die für sie passenden Eingrenzungen vornehmen. Gleichzeitig soll das Themenportal auch neugierig machen und zu Fragestellungen anregen.

Wenn man sich für das Phänomen der Gefangenschaft interessiert, könnte man über den entsprechenden Sachbegriff zu folgender Urkunde aus dem Jahr 1503 gelangen: In dieser quittiert Agnes, die Tochter des Veit Trompeter von Brackenheim, eine Geldzahlung des Kurfürsten, die dieser ihr durch seinen Amtmann, den Junker Heinrich Caplan, hatte zukommen lassen, als sie aus dem Gefängnis zu Steinsberg entlassen worden war.[62] Bei diesem Amtmann Heinrich handelt es sich um ein Mitglied der Familie Capler von Oedheim genannt Bautz. Diese entstammte der weinsbergischen Ministerialität und gelangte mit ihrer Heimatburg Oedheim beim Übergang von Weinsberg an die Kurpfalz 1449 unter die Herrschaft der Kurfürsten.[63]

Urkunden, in denen Heinrich Capler und sein Bruder Ulrich vorkommen, illustrieren die

---

61 In Auswahl: LABW GLAK 67 Nr. 820, fol. 292 r–292 v (Nr. 254) die Rheindeiche bei Friesenheim und den Hemshof im Jahr 1299 betreffend. – 67 Nr. 814, fol. 96 v–97 v (alt fol. 79 v–80 v) (Nr. 135) ebenfalls die Rheindeiche bei Friesenheim und den Hemshof betreffend, nun aber fast zwei Jahrhunderte später, nämlich 1471. – 67 Nr. 1662, fol. 424 r–426 v (Nr. 461) die Schutter 1478 betreffend. – 67 Nr. 820, fol. 194 r–195 r (Nr. 159) den Wörth bei Kreuznach 1489 betreffend. – 67 Nr. 820, fol. 231 v–232 r (Nr. 196) den Rhein bei Kirschgartshausen betreffend. Die Liste ließe sich fortsetzen.

62 LABW GLAK 43 Nr. 5254.

63 Vgl. zur Familie vor allem Norbert *Hofmann*: Repertorien des Staatsarchivs Ludwigsburg. Bestand B 81 a, Capler von Oedheim gen. Bautz 1459–1814. Ludwigsburg 1990. Einleitung. – Anton *Henkel*: Oedheim. Beiträge zur Heimatgeschichte. Oedheim 1975. S. 33 f. – Sehr knapp auch der Abschnitt zu Oedheim in Das Land Baden-Württemberg. Amtliche Beschreibung nach Kreisen und Gemeinden. Bd. IV: Regierungsbezirk Stuttgart, Regionalverbände Franken und Ostwürttemberg. Hg. von der Landesarchivdirektion Baden-Württemberg. Stuttgart 1980. S. 49.

Bandbreite an Themen, die von dem Projekt abgedeckt werden. Am 11. Oktober 1485 ließ Kurfürst Philipp von der Pfalz durch seine Räte einen Erbstreit schlichten. Der Text informiert genauer darüber, wie die 250 Gulden, die Heinrich und seine Geschwister ihrem Schwager als Heiratsgut noch schuldig sind, in eine sofortige Summe und zukünftige Gültzahlungen aufgeteilt werden.[64] Im April 1500 waren beide Brüder als Teil einer größeren Gruppe anwesend, als der Amtmann zu Weinsberg den Harthäuser Wald gegenüber den umliegenden Gemarkungen abgrenzte. Das Notariatsinstrument geht dabei detailliert auf die mehrtägige Steinsetzung ein und bietet Hinweise auf die örtliche Infrastruktur wie Trinkstuben, Brunnen oder Straßen.[65] Als ebenfalls auskunftsfreudig erweist sich eine Urkunde vom 7. März 1491. Hierin erhielten die Brüder vom Kurfürsten dessen Teil am Hof zu Brambach – heute ein zu Kochertürn gehörender Weiler – zur Erbpacht verliehen. Dabei werden die beiden Lehnsnehmer zur Instandhaltung verpflichtet, wobei sich die Detailfülle, mit der dies festgelegt wird, als außergewöhnlich erweist. Die Brüder mussten dafür sorgen, dass die Äcker gepflügt und gedüngt, die Wiesen gewässert und die Güter umfriedet, verzäunt und geschützt werden. Schließlich waren sie auch dafür verantwortlich, Maulwurfhaufen zu entfernen (*mulwelff huffen sleiffen*).[66] Diese Beispiele verdeutlichen noch einmal die Spannbreite von kleinen Einzelbefunden und größeren Vernetzungen, wie sie in den Urkunden der Pfälzer Kurfürsten aus der zweiten Hälfte des 15. Jahrhunderts zu finden sind.

Fazit

Das von der DFG geförderte Projekt führt ca. 7.000 Urkunden aus sechs verschiedenen Archiven und vier Bundesländern zusammen. Diese Urkunden aus der Zeit der beiden Kurfürsten Friedrich I. und Philipp wurden und werden gründlich erschlossen und in die Findmittel der jeweiligen Archive eingepflegt. Das Archivportal-D greift diese Daten der jeweiligen Archive ab und vernetzt sie in einem ersten Schritt unverändert. In einem zweiten Schritt werden sie durch das im Entstehen begriffene Themenportal *Urkunden der Pfalzgrafen* weiter angereichert und mit vielfältigen Zugriffsmöglichkeiten versehen. Dabei sind drei Aspekte von zentraler Bedeutung.

Erstens kann ausgehend vom Themenportal sowohl eine gezielte Suche als auch ein Erkunden und Entdecken auf Basis der homogenisierten Indizes erfolgen. Diese niederschwellige Zugangsmöglichkeit soll sowohl den ausgewiesenen Experten als auch Heimatforschern und einer breiteren Öffentlichkeit zugutekommen. Die Umgangsmöglichkeiten sind entsprechend vielfältig angelegt. In erster Linie geht es darum, auf die für ein entsprechendes Forschungsthema einschlägigen Urkunden aus dem Projektkontext aufmerksam zu machen und zu diesen hinzuführen. In den meisten Fällen können die Regesten die zentrale Anlaufstelle sein, sie ersetzen für weitere Detailfragen aber nicht den Blick in das damit verbundene Digitalisat. Außerdem soll das Projekt eine generelle Neugier auf einen bunten Strauß an Themen wecken. Gerade die kopiale Überlieferung

---

64 LA Speyer A1 Nr. 105.

65 LABW GLAK 67 Nr. 821, fol. 21 v–30 v (Nr. 14).

66 LABW GLAK 67 Nr. 820, fol. 256 v–257 v (Nr. 223).

zeichnet sich durch die ein oder andere Detailfreudigkeit aus, die in einzelnen Urkunden zu Tage treten – bis hin zu mittelalterlichen Maulwürfen. Mit dem Themenportal wird ein bequem zu durchschreitendes Tor zu dieser thematischen Vielfalt geschaffen.

Einen zweiten zentralen Aspekt stellt der archivübergreifende Zugang dar. Mit den beteiligten Archiven ist ein Anfang gemacht, das Projekt bleibt aber offen für weitere Ergänzungen. Diese sind ausdrücklich erwünscht und erhöhen den Mehrwert ungemein. Wenn auf Basis der bereits angelegten, mehrere Tausend Einträge umfassenden Indizes sich auch weitere Archive mit womöglich nur jeweils einem knappen Dutzend weiterer Urkunden beteiligen, verdichtet sich das Bild von der spätmittelalterlichen Kurpfalz. Sowohl dadurch als auch durch die zeitlichen und finanziellen Einsparungen, die aus der zentralen Recherche und Verfügbarkeit gewonnen werden, sollte es zukünftig erheblich leichter werden, Forschungsdesiderate wie die eingangs skizzierten anzugehen.

Mit dem dritten Aspekt der Normdaten weitet sich der Horizont noch einmal über das Projekt hinaus. Hierdurch wird bereits intern über die einzelnen Beteiligten hinweg eine Einheitlichkeit und Zusammenführung erzielt. Zusätzlich lassen sich die entsprechenden Personen und Orte – oder auch Organisationen und Institutionen, auf die hier nicht näher eingegangen wurde – mit weiteren Projekten vernetzen. Damit ist nicht nur eine nachhaltige, sondern auch eine – insbesondere für Zugriffe im Rahmen der Digital Humanities – vielfach verknüpfte Nutzung der Projektergebnisse gewährt, um diese für die weitere Forschung fruchtbar zu machen.

Oberdeutsche Landfriedenseinungen unter Einschluss pfälzischer und bayerischer Wittelsbacher zur Zeit der Kurfürsten Friedrich I. und Philipp

Von Gerhard Immler

Die zweite Hälfte des 15. Jahrhunderts, die Zeit des *Herbsts des Mittelalters,*[1] hat in Bayern zwei bedeutende Fürstenpersönlichkeiten hervorgebracht, Herzog Ludwig IX. den Reichen von Bayern-Landshut (reg. 1450–1479) und Herzog Albrecht IV. von Bayern-München (reg. 1465–1508),[2] gleichzeitig in der Pfalz den profiliertesten Vertreter der alten Kurlinie, Friedrich I. den Siegreichen.[3] Die Kurpfalz und Bayern-Landshut gehörten zu den mächtigsten und reichsten Fürstentümern in Süddeutschland.[4] In einer Zeit langanhaltender Schwächephasen der königlichen Autorität durch die reichspolitische Zurückhaltung Kaiser Friedrichs III.[5] musste die Kooperation dieser kraftvollen Fürsten erhebliche Bedeutung für die Reichspolitik erlangen. Ins-

---

1 Zur Charakterisierung des 15. Jahrhunderts als Herbst des Mittelalters vgl. Jan *Huizinga*: Herbst des Mittelalters: Studien über Lebens- und Geistesformen des 14. und 15. *Jahrhundert* in Frankreich und in den Niederlanden. Nach der Ausgabe der letzten Hand von 1941. Hg. von Kurt *Köster*. Stuttgart 1987.

2 Zu Ludwig dem Reichen vgl. Beatrix *Ettelt-Schönewald*: Kanzlei, Rat und Regierung Herzog Ludwigs des Reichen von Bayern-Landshut (1450–1479). 2 Teilbde. (Schriftenreihe zur bayerischen Landesgeschichte 97). München. 1996–1999. – Irmgard *Lackner*: Herzog Ludwig IX. der Reiche von Bayern-Landshut (1450–1479). Reichsfürstliche Politik gegenüber Kaiser und Reichsständen (Regensburger Beiträge zur Regionalgeschichte 11). Regensburg 2011. – Zur Politik Albrechts IV. vgl. Christof *Paulus*: Machtfelder. Die Politik Herzog Albrechts IV. von Bayern (1447/1465–1508) zwischen Territorium, Dynastie und Reich (Beihefte zu J. F. Böhmer, Regesta Imperii 39). Köln/Weimar/Wien 2015.

3 Friedrich der Siegreiche (1425–1476). Beiträge zur Erforschung eines spätmittelalterlichen Landesfürsten. Hg. von Franz *Fuchs* und Pirmin *Spieß* (Abhandlungen zur Geschichte der Pfalz 17). Neustadt an der Weinstraße 2016.

4 Die Einkünfte von jährlich 80.000 bis 100.000 Gulden in der Kurpfalz und etwa 64.000 Gulden in Bayern-Landshut wurden nur von Tirol (117.000 fl.), dem Erzstift Salzburg (90.000 fl.) und dem Erzherzogtum Österreich (89.000 fl.) übertroffen. Zahlen bei: Andreas *Kraus*: Sammlung der Kräfte und Aufschwung (1450–1508). In: Handbuch der bayerischen Geschichte. Bd. 2: Das alte Bayern. Der Territorialstaat vom Ausgang des 12. Jahrhunderts bis zum Ausgang des 18. Jahrhunderts. Begründet von Max *Spindler*, hg. von Andreas *Kraus*. München ²1988. S. 288–321, hier S. 294 f.

5 Alphons *Lhotsky*: Friedrich III. In: Neue Deutsche Biographie 5. Berlin 1961. S. 484–487. Diese Zurückhaltung war auch bedingt durch die Bedrohung der Herrschaft Friedrichs in den eigenen Erblanden durch einen innerhabsburgischen Familienstreit und den Konflikt mit Ungarn.

besondere zeigt sich dies auch auf dem Gebiet der Wahrung des öffentlichen Friedens, die im Spätmittelalter wegen des weit verbreiteten Missbrauchs der Fehde sowie vielfältiger Konflikte zwischen den Fürsten, dem niederen Adel und den Städten wie auch der Fürsten untereinander stets schwierig war. Ein probates Mittel, den Frieden zu sichern, waren Landfriedensbünde, insbesondere, wenn diese in größeren Teilgebieten des Reiches mächtige Fürsten einschlossen. Häufig waren diese aber gleichzeitig Bündnisse zum Kampf gegen gemeinsame Gegner.

In Bayern hatten die Zwistigkeiten zwischen den verschiedenen Zweigen der altbayerischen Linie der Wittelsbacher, insbesondere Herzog Ludwigs VII. von Bayern-Ingolstadt mit seinen Vettern in München und Landshut einer Wahrung des inneren Friedens lange Zeit entgegengestanden.[6] Die Einigung zwischen Ludwig IX. von Bayern-Landshut und Albrecht III. von Bayern-München über das Ingolstädter Erbe im Erdinger Vertrag vom 16. Dezember 1450 machte den Weg frei für ein umfassendes Landfriedensbündnis beider wittelsbachischer Linien, den Lauinger Vertrag vom 17. Dezember 1451, in dem neben den beiden Herzögen auch Friedrich der Siegreiche von der Pfalz, damals noch Kuradministrator für seinen Neffen Philipp, sich auf fünf Jahre verbündeten. Formal präsentiert die Urkunde sich als Landfriedenseinung, denn als Zweck des Bunds wird eingangs aufgeführt: [...] *wann wir mit ganczer begird genaigt sein zu friden und zu gemainem nucz der lannde.* Darum verpflichteten die drei Wittelsbacher sich selbst und alle, *der wir mächtig sein*, zu friedlicher Streitschlichtung, für die detaillierte Vorkehrungen getroffen wurden, und zur Beistandsleistung für den Fall, dass einer von ihnen tätlich angegriffen oder in seinen Rechten und Freiheiten geschädigt würde. Dabei wurde differenziert zwischen einer Befehdung, bei der der Beistand sich auf 32 Reisige beschränkte, und einem voll ausgebildeten Krieg, bei dem Land und Leute in Gefahr standen; in letzterem Falle mussten die Partner sich mit ihrer gesamten Macht zur Seite stehen.[7] Den bayerischen Herzögen verlieh das Bündnis, um das es sich also im Kern handelte, einen Rückhalt für weitere Landfriedens- und Schlichtungsverträge in ihrer Nachbarschaft, nämlich im östlichen Schwaben sowie mit Tirol und Österreich. Friedrich gewährte es Sicherheit für die kurz darauf von ihm vollzogene, rechtlich umstrittene Arrogation.[8]

Eine Vertiefung der Zusammenarbeit zwischen der Pfalz und Bayern-Landshut brachte die Einung vom 6. Februar 1458, an der allerdings der Münchner Herzog nicht mehr teilnahm. Auch hier ist zunächst noch vom gegenseitigen Halten des Friedens durch die Vertragspartner und ihre Untertanen die Rede, doch die Worte *verbinden* und *verbuntnisse* schlagen gleich zu Eingang den Ton an, auf den es eigentlich ankommt: Friedrich der Siegreiche und Ludwig der Reiche verbündeten sich auf Lebenszeit und verpflichteten sich, nach Fehlschlagen eines Versuchs gütlicher

---

[6] Theodor *Straub*: Bayern im Zeichen der Teilungen und der Teilherzogtümer. In: Handbuch der bayerischen Geschichte. Bd. 2, wie Anm. 4, S. 196–287, hier S. 159–266, 274–283.

[7] BayHStA, GHA, Hausurkunden 597. Die Urkunde ist außer von den Ausstellern auch von jeweils zwei Räten derselben besiegelt.

[8] *Kraus*, wie Anm. 4, S. 295 f.

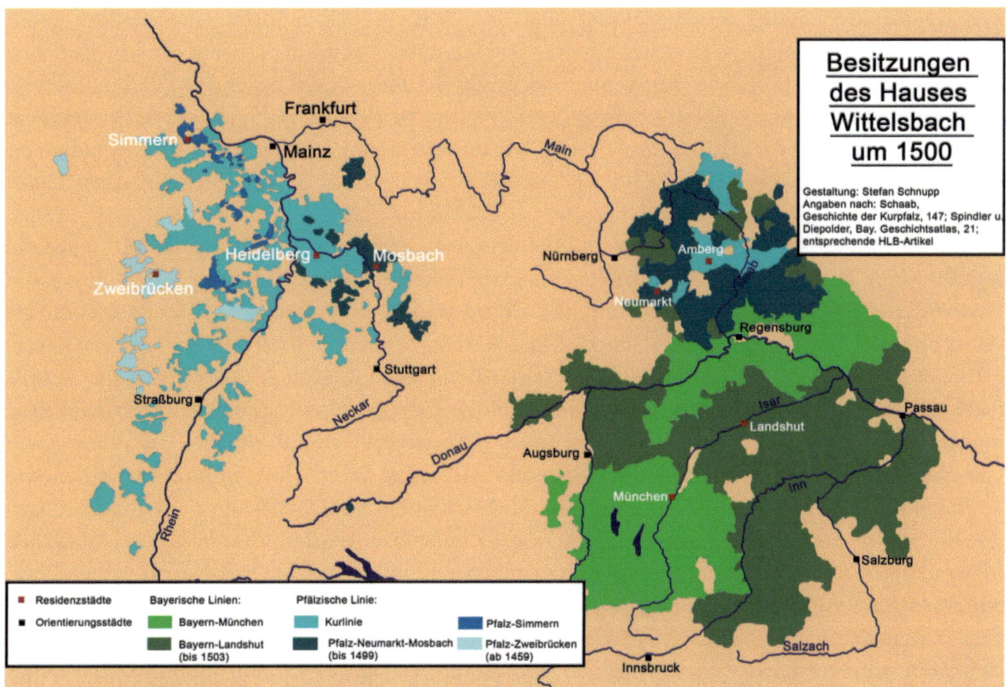

Abb. 1: Besitzungen des Hauses Wittelsbach um 1500, Vorlage: Historisches Lexikon Bayerns (Gestaltung: Stefan Schnupp). CC BY-NC-SA 4.0.

Streitbeilegung, dem Gegner des jeweils anderen einen Fehdebrief zu schicken.[9] Der nicht namentlich genannte potentielle Gegner war Markgraf Albrecht Achilles von Brandenburg-Ansbach, dessen Ansprüche auf eine sich über ganz Süddeutschland erstreckende Kompetenz seines Landgerichts Nürnberg die Pfalz wie Bayern bedrohte. Unglücklicherweise ließ sich aber Ludwig der Reiche im September 1458 durch eine Hilfszusage des Markgrafen zu einem Angriff auf die Reichsstadt Donauwörth verleiten; dass der Markgraf den mit ihm bisher in guten Beziehungen stehenden Landshuter Herzog geradezu dazu angestiftet hat, um das pfälzisch-bayerische Bündnis zu sprengen, wurde schon von Zeitgenossen vermutet, ist jedoch nicht klar zu belegen. Jedenfalls wandte sich Albrecht Achilles anschließend gegen Ludwig und erwirkte bei Kaiser Fried-

9 BayHStA, Pfalz-Neuburg Urkunden, Landesteilungen und Einungen 689. Von den Siegeln ist nur das Herzog Ludwigs IX. erhalten. Eine Einbeziehung des Bestandes Pfalz-Neuburg Urkunden, der auch Teile des nach 1505 aufgelösten Landshuter Urkundenarchivs enthält, in das Themenportal *Urkunden der Pfalzgrafen. Mittelalterliche Quellen zur Kurpfalz* bietet sich in einer weiteren Ausbaustufe an. Zum Archiv der Herzöge von Bayern-Landshut siehe *Ettelt-Schönewald*, wie Anm. 2, S. 184–192.

rich III. die Verhängung der Reichsacht über den Herzog, weil er durch seine Aktion gegen Donauwörth den Landfrieden verletzt hatte. Ludwig musste seine expansiven Ambitionen aufgeben und der Markgraf, der Hauptgegner Friedrichs des Siegreichen unter den Fürsten, sah sich gestärkt.[10] Friedrich und Ludwig konnten der von Albrecht Achilles zustande gebrachten Allianz mit Pfalz-Zweibrücken-Veldenz, Baden und Württemberg jedoch Widerstand leisten, indem sie zum einen König Georg von Böhmen auf ihre Seite zogen,[11] zum anderen sich auf einen Landfriedensbund mit den Bischöfen von Bamberg und Würzburg stützten.

Bemerkenswert ist die hier die rasche Abfolge zweier Verträge: Am 9. April 1460 wurde in Bamberg eine Einung zwischen Kurfürst Friedrich, dem Bischof von Bamberg und Ludwig von Bayern-Landshut geschlossen, in dem diese sich gegenseitig die Wahrung des Friedens durch sie selbst und ihre Vasallen und Untertanen (*grafen, herren, rittere, knechte, burgere oder gebawren, geistlich oder werentlich, der wir ungeverlich mechtig sind*) zusagten, den Leuten der jeweils anderen in ihren Landen Schutz versprachen und detaillierte Vorkehrungen trafen, Streitigkeiten untereinander durch ein Schiedsverfahren, die ihrer Untertanen aber durch ihre landesherrlichen Gerichte nach genau bestimmtem Gerichtstand beilegen zu lassen. Ausgenommen wurden von der Einung der Bischof von Würzburg und die Markgrafen von Brandenburg, das heißt gegen dieselben wollten die Teilnehmer sich nicht verpflichten. Dies erfolgte aber mit der zusätzlichen Maßgabe, sich mit den Genannten zukünftig in keine Einung einzulassen, ohne dass eben darin ein Ausnahme zugunsten der Kurpfalz und Bayern-Landshuts enthalten wäre.[12] Hinsichtlich einer möglichen kriegerischen Auseinandersetzung mit Markgraf Albrecht Achilles handelt es sich hiermit, modern gesprochen, um einen Neutralitätsvertrag, gekleidet in die Form eines Landfriedensbundes. Aber schon sechs Wochen später erfolgte ein weiterer Vertragsschluss, der zunächst nur wie eine Erweiterung dieses Bundes um den Bischof von Würzburg wirkt; auch darin sicherten sich die Partner zunächst gegenseitig den Frieden zu und geboten ihren Vasallen und Untertanen, ihn zu halten. Doch nun wurde ein Defensivbündnis geschlossen, das eine ganz klare Vorstellung von seinem potentiellen Gegner hatte: Markgraf Albrecht Achilles. Darauf deutet indirekt schon die Festlegung der Sammelplätze, zu denen die Partner je zweihundert Reisige schicken sollten, wenn einer von ihnen angegriffen würde: Weinsberg, Forchheim, Iphofen und Lauf bei Nürnberg – allesamt Grenzorte des jeweiligen Territoriums in Richtung auf die Burggrafschaft Nürnberg zu. Ganz deutlich aber wird die Zielrichtung des Bündnisses, wenn die Vertragspartner sich abschließend zusicherten, keinesfalls ohne Wissen und Willen der anderen sich in irgendein Übereinkommen mit dem Markgrafen einzulassen. Bemerkenswert ist ferner,

---

10 *Kraus*, wie Anm. 4, S. 298–300. – *Ettelt-Schönewald*, wie Anm. 2, S. 26–31. – *Lackner*, wie Anm. 2, S. 191–198.

11 *Kraus*, wie Anm. 4, S. 301, 304. – *Ettelt-Schönewald*, wie Anm. 2, S. 31. – *Lackner*, wie Anm. 2, S. 199–207.

12 BayHStA, GHA, Mannheimer Urk., Auswärtige Verhältnisse 19. Die Einung wurde durch Austausch von Urkunden geschlossen, die durch je einen Vertragspartner ausgestellt wurden. Bei dem hier zitierten Exemplar handelt es sich um die Ausfertigung des Bischofs von Bamberg für Kurfürst Friedrich (Rückvermerk: *Eynung zwischen mynem gnedigen herren pfaltzgrafen und dem bischoff von Babenberg*).

dass zwar Kurfürst Friedrich drei Exemplare des Einungsbriefs ausstellte, seine drei Partner aber nur zusammen eines für ihn; dem Pfälzer kam demnach vertragstechnisch eine herausgehobene Stellung in dem Bunde zu.[13]

Zwei Jahre lang zog sich, unterbrochen von längeren Verhandlungsphasen, der Krieg im bayerisch-fränkisch-schwäbischen Grenzgebiet hin, während am Rhein Friedrich der Siegreiche gegen die mit Albrecht Achilles verbündeten Fürsten kämpfte. Nach den Siegen Friedrichs bei Seckenheim und Ludwigs bei Giengen im Sommer 1462 und einem bald darauf geschlossenen Waffenstillstand machte der vom Böhmenkönig vermittelte Prager Friede vom 22. August 1463 dem Krieg ein Ende: Ludwig der Reiche musste auf Donauwörth verzichten, konnte aber erreichen, dass Bayern von den Ansprüchen des Nürnberger Landgerichts verschont blieb, Friedrich der Siegreiche konnte mehrere badische und württembergische Ämter der Pfalz eingliedern.[14]

Gestützt auf die enge Kooperation mit der Pfalz konnte Ludwig der Reiche in den folgenden Jahren darangehen, durch Einungen und Landfriedensbünde mit Württemberg und Tirol, dem Erzbischof von Salzburg, dem Bischof von Augsburg und mehreren schwäbischen Reichsstädten sich in dieser Landschaft eine hegemoniale Stellung aufzubauen; problematisch blieb die Beteiligung Albrechts IV. von Bayern-München, der in seiner am 9. Dezember 1461 in Lauingen geschlossenen Einung mit Ludwig IX. es ausdrücklich vermieden hatte, sich gegen Albrecht Achilles verpflichten zu lassen. Nicht direkt beteiligt an diesen Verträgen war Kurfürst Friedrich, aber sein bekannt enges Verhältnis zum Landshuter Herzog stärkte diesem den Rücken.[15]

Bekräftigt wurde dies, als am 8. Juli 1469 Friedrich der Siegreiche, Kurfürst Ernst von Sachsen und die Herzöge Ludwig IX. von Bayern-Landshut, Albrecht IV. von Bayern-München und Albrecht von Sachsen auf vier Jahre eine Einung schlossen. Die Hinzuziehung des Pfalzgrafen Otto von Mosbach und der Bischöfe von Würzburg und Eichstätt war vorgesehen. Hinsichtlich der Landfriedensbestimmungen folgt die Urkunde dem Beispiel von 1460, aber bezüglich der militärischen Beistandsverpflichtung manifestiert sich darin ein Wandel im Militärwesen der Zeit. Nur mehr je hundert Reiter, dafür aber auch je vierhundert *werlicher mannen zuo fuoeß* sollten die Partner einem Angegriffenen zu Hilfe schicken. Offenkundig auf Betreiben der beiden Wettiner war die Einung allerdings durch Ausnahmen von der Beistandsverpflichtung gegenüber dem Hohenzollern seitens Sachsens nur eine Art Neutralitätsversprechen; immerhin verzichtete wenigstens Albrecht IV. jetzt auf einen entsprechenden Vorbehalt. Der Einigungsbrief wurde von

13 BayHStA, Kurpfalz Urkunden 592: Es handelt sich um die Ausfertigung des Kurfürsten Friedrich I. von der Pfalz für einen der Partner, de dato Nürnberg, 21. Mai 1460, vermutlich Herzog Ludwig. Die Zuweisung zum Bestand Kurpfalz Urkunden ist also im Sinne des Provenienzprinzips falsch. Laut dem Eschatokoll der Urkunde wurde die Gegenurkunde von allen drei Bündnispartnern gemeinsam ausgestellt.

14 *Kraus*, wie Anm. 4, S. 302–305. – Meinrad *Schaab*: Geschichte der Kurpfalz. Bd. 1: Mittelalter. Stuttgart u. a. 1988, S. 178–181. – *Ettelt-Schönewald*, wie Anm. 2, S. 32–35. – *Lackner*, wie Anm. 2, S. 207–235.

15 Zur in Richtung Schwaben gerichteten Expansions- und Hegemonialpolitik Ludwigs IX. vgl. *Kraus*, wie Anm. 4, S. 305–307 und ausführlich *Lackner*, wie Anm. 2, S. 235–270 und 285–310.

Abb. 2: Einung vom 8. Juli 1469. Vorlage: BayHStA, Kurpfalz, Urkunden 606.

allen fünf Teilnehmern in fünf gleichlautenden Exemplaren besiegelt.[16] Die Beteiligung zweier Kurfürsten erzwang Gleichrangigkeit.

Einen besonderen Charakter hat die Einung zwischen Kurfürst Philipp, Pfalzgraf Otto von Mosbach und Neumarkt und Herzog Albrecht IV. von Bayern-München vom 24. Juni 1486.

16 BayHStA, Kurpfalz, Urkunden 606. Der Rückvermerk *Eynunge zuschen* [!] *meys gnedigen herrn herczog Friderich, dem pfalczgrafen und kurfursten* weist das Exemplar als das kurpfälzischer Provenienz aus. Zum politischen Hintergrund (Abkühlung der bayerisch-böhmischen Beziehungen, Lösung Sachsens aus der habsburgisch-hohenzollerischen Partei) siehe *Ettelt-Schönewald*, wie Anm. 2, S. 36 und *Lackner*, wie Anm. 2, S. 347 f.

Sie war nämlich veranlasst durch Feindseligkeiten, die *von ettlichen Beheimen* seit einigen Jahren gegen sie ausgeübt wurden. Konkret stand dahinter eine Fehde, die schon 1475 von dem Adeligen Racek von Koczow an Herzog Albrecht IV. erklärt worden war und der sich weitere böhmische Adelige angeschlossen hatten.[17] Trotz der dadurch gegebenen Zuspitzung auf einen bestimmten Gegner fehlen auch in dieser Einung die üblichen Bestimmungen zur Wahrung des Landfriedens untereinander nicht. Bezüglich der feindseligen Böhmen im Grenzgebiet wurde vereinbart, dass bei deren Einfällen der Betroffene befugt sein sollte, Amtleute seiner Vertragspartner direkt um Hilfe anzugehen. Sollte es zu einem regelrechten Krieg kommen, so sollten Kurfürst Philipp und Pfalzgraf Otto mit aller ihrer Mannschaft in der Oberpfalz, Herzog Albrecht mit seinen Leuten aus Niederbayern und dem Nordgau dem Angegriffenen zu Hilfe eilen. Für den Fall eines gemeinsamen Kriegszuges nach Böhmen hinein wurden vorherige Konsultationen vereinbart. Die Vertragspartner waren sich einig, dass ihr Bündnis gegen Herzog Georg von Bayern-Landshut nicht wirken solle.[18] Angesichts der gerade im Jahr 1485 auf mehreren Politikfeldern erreichten engen Kooperation der beiden bayerischen Herzöge[19] muss das Fernbleiben Bayern-Landshuts wohl dadurch erklärt werden, dass dessen Territorium von den Fehdeführern nichts zu befürchten hatte.

In einer weiteren Einung vom 16. Juni 1487 zu Ingolstadt trat auch Herzog Georg als Partner hinzu, dagegen fehlte jetzt Pfalzgraf Otto. Die üblichen Vorkehrungen zur Wahrung des Friedens unter den Hintersassen der Partner wurden auch hier sehr knapp abgehandelt. Deutlich ausführlicher sind die Vereinbarungen über gegenseitige Hilfe bei Befehdung, die nicht zahlenmäßig beschränkt war, sondern auf einem *gemeynen uffbott* beruhen und so geleistet werden sollte, als gehe es um die eigenen Güter und Rechte des Beiständers. Außerdem sollte jeder der Partner im Falle eines Aufruhrs eine binnen vierzehn Tagen abzuhaltende Konsultation von Räten einberufen können.[20] Ein potentieller Feind, gegen den die Einung sich richtete, wird nicht namhaft gemacht; die Verbindung aus unbeschränkter Beistandsklausel und politischem Konsultationsmechanismus erinnert an moderne Verteidigungspakte.

Herzog Albrecht IV. von Bayern-München sah sich ab dem Herbst 1488 einer Herausforderung gegenüber, die ihm die Unterstützung durch seine wittelsbachischen Vettern höchst

---

17 *Paulus*, wie Anm. 2, S. 184.

18 BayHStA, GHA, Hausurkunden 780 A. Der Rückvermerk stammt von derselben Hand wie bei Hausurkunde Nr. 776 (vgl. Anm. 20), so dass kurbayerische Provenienz und näherhin eine Herkunft aus dem Archiv der Münchner Herzöge anzunehmen ist, zumal Landshut ausscheidet, da der dortige Herzog nicht Vertragspartner war.

19 Vgl. Reinhard *Stauber*: Herzog Georg der Reiche von Bayern-Landshut und seine Reichspolitik. Möglichkeiten und Grenzen reichsfürstlicher Politik im wittelsbachisch-habsburgischen Spannungsfeld zwischen 1470 und 1505 (Münchner Historische Studien. Abteilung Bayerische Geschichte 15). Kallmünz 1993. S. 289–295.

20 BayHStA, GHA, Hausurkunden 776. Es handelt sich um eine von allen drei Partnern besiegelte Urkunde. Auf einem beiliegenden Zettel aus dem frühen 19. Jahrhundert ist die Archivsignatur (*N. Zech. 11728*) aus dem kurbayerischen Inneren Archiv vermerkt, woraus sich die Provenienz ergibt.

erwünscht erscheinen lassen musste: Im Widerstand gegen landesherrliche Steuerforderungen, die aufgrund ihrer neuartigen juristischen Rechtfertigung durch römisch-rechtliche Begriffe einen grundsätzlichen Angriff auf die landständischen Privilegien darstellten, schlossen sich große Teile des Adels des niederbayerischen Landesteils um Straubing am 14. Juli 1489 in der Gesellschaft zum Löwen zusammen. Noch am Gründungstag trat auch Pfalzgraf Otto von Mosbach und Neumarkt bei, wenig später folgten auch Albrechts Brüder Christoph und Wolfgang, die dabei ihre alten Ansprüche auf eine Landesteilung geltend machten. Kaiser Friedrich III. sympathisierte mit den aufsässigen Rittern, um Albrechts expansive, auf den Erwerb von Tirol und der Reichsstadt Regensburg gerichtete auswärtige Politik[21] zu unterminieren, konnte dies wegen des Reichsrechts, das derartige Einungen des niederen Adels untersagte, aber nicht offen zeigen. So beauftragte er Kurfürst Philipp mit einer Vermittlung, der die Kontrahenten dafür auf einen Tag nach Amberg berief.[22]

Die Ablehnung eines Kompromissvorschlags Philipps durch den Löwlerbund führte dann sogleich am 19. März 1490 zu Amberg zu einer Erneuerung der Einung der Wittelsbacher, jetzt auch unter Einbeziehung des Pfalzgrafen Otto von Mosbach und Neumarkt. Auffällig ist hier schon die feierliche Arenga, in der die Aussteller sich darauf beriefen, es sei von Blutsverwandtschaft wegen ihre Pflicht, das Haus Bayern in *eren und wirden unzertrennt zu haltten*. Nach den wiederum verhältnismäßig kurz gefassten allgemeinen Bestimmungen zur Wahrung des Friedens untereinander und unter den Leuten der Vertragspartner folgt ein gegenüber der Ingolstädter Einung neu gefasster Passus, dessen Wortlaut aber angelehnt ist an eine Bestimmung des Bündnisses von 1486, nämlich, dass bei Raub der betroffene Landesherr befugt sein solle, lokale Amtleute seiner Partner direkt zur Nacheile aufzufordern. Die Beistandspflicht wurde jetzt einerseits noch erweitert auf Fälle, in denen ein Partner oder dessen Untertanen *wider unnser und der unnsern freyhait* vor fremde Gerichte gezogen würde, andererseits aber quantitativ genauer bestimmt. Bei Fehden war sie beschränkt auf hundert Mann oder *sovil der maner* [d. h. derjenige, der die Hilfe anfordert] [...] *begert zue schickhen* unter der Voraussetzung, dass der Angegriffene selbst zumindest dieselbe Zahl mobilisiere. Handelte es sich aber um einen Krieg, bei dem es um den Bestand des Fürstentums eines Partners ging, so galt die unbeschränkte Beistandsklausel *alls ob es sein eigen sach were und antreffe* nach dem Vorbild der Ingolstädter Einung. Übernommen wurde auch die Konsultationsklausel, allerdings mit einer Verlängerung der Frist für den Zusammentritt der abgeordneten Räte auf einen Monat. Ausdrücklich ausgeschlossen wurde jede Verpflichtung für einen Krieg, den einer der Vertragspartner ohne Zustimmung der anderen selbst angezettelt hatte. Gültig sein sollte der Vertrag bis zum Ableben des Längstlebenden der Partner und solange auch die Nachkommen und Erben binden. In einem der beiden Exemplare, die im Geheimen Hausarchiv in München überliefert sind, findet sich aber abschließend ein Zusatz, dass der Papst, der Kaiser, der römische König und seitens Pfalzgraf Ottos auch die Könige von Ungarn und Böhmen sowie die Rittergesellschaft zum Löwen ausgenommen sein sollten, also gegen diese die

21 Vgl. dazu *Kraus*, wie Anm. 4, S. 311–314.

22 Sigmund *Riezler*: Geschichte Bayerns. Bd. 3. Gotha 1889, S. 533–539. – *Paulus*, wie Anm. 2, S. 279.

Beistandspflicht nicht gelten solle.[23] Für Herzog Albrecht war dieser Vertrag damit allerdings, was Pfalzgraf Otto betrifft, auf den ersten Blick weitgehend entwertet dadurch, dass er gegen die Rittergesellschaft zum Löwen nicht wirksam sein solle. Ein in einer eigenen Urkunde vom 20. März 1490 festgehaltener Zusatzartikel bestimmte jedoch, dass diese Ausnahme wegfallen solle, wenn die Gesellschaft einen Schiedsspruch des Pfalzgrafen und Herzog Georgs annehme,[24] doch brachte dies keine wirkliche Abhilfe, denn für Albrecht IV. wäre es ja entscheidend gewesen, dass Pfalzgraf Otto, dessen oberpfälzischer Landesteil um Neumarkt und Neunburg vorm Wald nördlich an das zu Bayern-München gehörige Rentamt Straubing grenzte, sich gerade für den Fall als Bündnispartner in die Pflicht nehmen lasse, dass die Ritter sich dem Schiedsspruch verweigerten. Hier kam dann eine weitere Urkunde vom selben Tage den Interessen Albrechts IV. nach, in der die vier Wittelsbacher sämtliche Ausnahmebestimmungen vom Vortage aufhoben und sich verpflichteten, einander gegen alle Feinde zu helfen, *als ob solich unnser ausnemen nit beschehen were*.[25] Es ist also anzunehmen, dass Pfalzgraf Otto gegenüber den Rittern des Löwlerbundes durch eine ostentative Ausnahmebestimmung im Hauptvertrag sein Gesicht wahren wollte, dabei aber eben diese Klausel quasi durch ein streng geheimes Zusatzprotokoll, um in den Kategorien moderner Vertragstechnik zu sprechen, wieder einkassierte. Letztlich führte die Beteiligung Pfalzgraf Ottos an der Einung zu seinem Austritt aus der Gesellschaft zum Löwen.[26]

Die politische Wirksamkeit der Einung blieb freilich beschränkt. Herzog Georg von Bayern-Landshut ließ sich von Kaiser Friedrich III. durch Verhandlungen über eine künftige Vermählung von dessen ältestem Enkel Erzherzog Philipp mit Georgs Tochter Elisabeth blenden.[27] Er blieb neutral, als Albrecht von den Habsburgern und dem Schwäbischen Bund am Lech im Frühjahr 1492 mit Übermacht angegriffen wurde. Der Münchner Herzog musste seine über Jahre hinweg

---

23 Beide Exemplare unter BayHStA, GHA, Hausurkunden 778. Sie stammen höchstwahrscheinlich aus der Überlieferung von Bayern-München. Bei dem einen findet sich ein Rückvermerk von derselben Hand wie bei Hausurkunde Nr. 776 (vgl. Anm. 20), bei dem zweiten Exemplar spricht die textliche Fassung des Rückvermerks für Münchner Provenienz. Ein beiliegender Zettel verweist auf *N. Zech. 11735* im Repertorium des kurbayerischen Inneren Archivs aus dem 18. Jahrhundert. Das Exemplar mit dem Zusatz dürfte das von Pfalzgraf Otto ausgestellte sein.

24 BayHStA, GHA, Mannheimer Urk., Abschiede und Verträge 44.

25 BayHStA, GHA, Mannheimer Urk., Abschiede und Verträge 45 und Haussachen 18 sowie BayHStA, GHA, Hausurkunden 780 B (drei gleichlautende Exemplare). Die Provenienz der drei Exemplare lässt sich jetzt möglicherweise durch den Vergleich archivischer Rückvermerke ermitteln. Dass Pfalzgraf Otto die im Hauptvertrag enthaltene Ausnahmebestimmung zugunsten des Löwlerbundes in seinem Zusatzrevers wieder aufhob, wurde von *Riezler*, wie Anm. 22, S. 540 übersehen.

26 *Riezler*, wie Anm. 22, S. 541.

27 Zu den Heiratsplänen, die im März 1488 erstmals erwähnt werden und am 12. Juni 1491 bis zur Vereinbarung eines Heiratsvertrags gediehen, vgl. *Riezler*, wie Anm. 22, S. 548 f. und *Stauber*, wie Anm. 19, S. 443–447. Während Stauber annimmt, König Maximilian habe Herzog Georg mit diesen Heiratsverhandlungen von vornherein nur einen *Köder* hinhalten wollen, um ihn von Albrecht IV. zu trennen, nimmt Riezler an, die Heiratsverhandlungen seien von Seiten der Habsburger zunächst durchaus ernst

verfolgten Pläne bezüglich Tirols und der Reichsstadt Regensburg daraufhin aufgeben.[28] Der einzige Ertrag der so feierlich formulierten Amberger Einung für Albrecht war, dass er ohne weitere habsburgische Einmischung und mit dem Beistand pfälzischer Truppen im Sommer des Jahres den Löwlerbund niederwerfen konnte.[29]

Einen ganz besonderen Typ stellt eine Einung zwischen Kurfürst Philipp und seinem Vetter zweiten Grades Pfalzgraf Alexander zu Zweibrücken-Veldenz vom 11. Februar 1507 dar. Der letztere hatte sich im Landshuter Erbfolgekrieg auf die Seite König Maximilians I. und Herzog Albrechts IV. von Bayern-München geschlagen und den Kurfürsten bekriegt. Am selben Tage wie die Einung wurden zwei Verträge geschlossen, die den Austausch während des Kriegs eroberter fester Plätze sowie die Neubelehnung des Pfalzgrafen mit seinen kurpfälzischen Lehen regelten.[30] Der Einungsbrief nahm zunächst in einer für eine Urkunde des 16. Jahrhunderts ungewöhnlichen ausführlichen Arenga auf die Gottwohlgefälligkeit des Friedens sowie auf den auf dem Reichstag zu Worms verkündeten Ewigen Landfrieden Bezug. Vereinbart wurde ein gemeinsames Vorgehen gegen Friedensstörer, insbesondere das Verfahren und die Fristen bei der Aufkündigung eines dem Fehdegegner eines Vertragspartners gewährten Geleits, sowie, dass bisherige Kriegshelfer, die wegen persönlicher Schadensersatzansprüche weiter Fehde führen wollten, nicht unterstützt werden sollten. Pfalzgraf Alexander nahm zwar von der Friedenspflicht gegen Kurfürst Philipp den Fall aus, dass seine bestehenden Bundespflichten gegenüber dem Schwäbischen Bund und dem Landgrafen von Hessen damit kollidierten, versprach aber, bei künftigen Erneuerungen dieser Bündnisse sich nicht mehr gegen die Kurpfalz zu verpflichten. Ferner finden sich in der Urkunde Regelungen über den freien Handel der beiderseitigen Untertanen sowie über den Gerichtsstand bei Rechtsfällen derselben, abschließend die Festlegung eines Schiedsgerichtsverfahrens bei neu auftauchenden Streitfällen.[31] Die von den Landfriedenseinungen Friedrichs des Siegreichen stark abweichende Struktur des Regelungsinhalts ist offenkundig: Irgendwelche Vereinbarungen über militärische Beistandspflichten gegen Feinde und Fehdegegner eines Vertragspartners gibt es nicht. Im Prinzip wurde davon ausgegangen, dass die Fürsten im Reich sich an den von ihnen selbst beschlossenen Ewigen Landfrieden hielten. Als mögliche Störer erschienen nurmehr Dienstnehmer der bisherigen Kriegsparteien, die die Feindseligkeiten auf eigene Faust fortsetzen wollten. Mögliche neue Konflikte zwischen Kurpfalz und Pfalz-Zweibrücken wurden präventiv

---

gemeint gewesen, dann aber zur bloßen Täuschung Georgs weiter fortgeführt worden, als Ende 1491 der sehr viel lukrativere Plan einer Verheiratung Philipps [des Schönen] mit Johanna [der Wahnsinnigen] von Kastilien und Aragón aufgetaucht war.

28 *Riezler*, wie Anm. 22, S. 550–552. – *Kraus*, wie Anm. 4, S. 316. – *Paulus*, wie Anm. 2, S. 283.

29 *Riezler*, wie Anm. 22, S. 554 f.

30 BayHStA, Pfalz-Zweibrücken Urkunden 2374 und 2375.

31 Zwei Exemplare: BayHStA, Pfalz-Zweibrücken Urkunden 2376 und BayHStA, GHA, Hausurkunden 3702. Laut einem Eintrag im Repertorium der Hausurkunden, Bd. 4, von 1817 stammt das Exemplar des Hausarchivs aus dem kurpfälzischen Archiv. Die andere Ausfertigung wäre also tatsächlich der jetzigen archivischen Zuordnung entsprechend die für Pfalzgraf Alexander.

durch vertragliche Regelung von Rechtsmaterien bezüglich Handel und Justizwesen sowie die Vereinbarung eines Schiedsverfahrens ausgeschaltet.

Einungen waren somit, wie die vorgelegten Beispiele zeigen, sehr flexible Instrumente, bei denen die stets wiederkehrenden Formeln über die Wahrung und Förderung des Landfriedens den eigentlichen politischen Zweck oft mehr verdecken als beschreiben. Es konnte sich dabei um Vorkehrungen gegen Bedrohungen der Territorien der Partner durch fehdelustige Adelige handeln, aber auch um eher unverbindliche und damit durch zahlreiche Ausnahmen zugunsten bestimmter politischer Freunde eines des Partner gekennzeichnete längerfristige Vereinbarungen politischer Kooperation wie auch, wie etwa im Falle der zu Nürnberg geschlossenen zweiten Einung des Jahres 1460, um die sehr konkrete Festlegung von Vorbereitungen der Bündnispartner für eine bereits einkalkulierte kriegerische Auseinandersetzung.

Der dank des Projekts des Kurpfälzischen Urkundenbuchs online künftig sehr viel leichtere Vergleich verschiedener Ausfertigungen kann zu neuen Erkenntnissen sowohl hinsichtlich der äußeren Merkmale der Einungsbriefe wie auch der Vertragstechnik führen. Erinnert sei hier an die Textvarianten in den verschiedenen Ausfertigungen, die das Taktieren Pfalzgraf Ottos im Jahr 1490 zwischen seinen Vertragspartnern und dem Löwlerbund nach sich zog.

Kurfürst Philipp und das Neumarkter Erbe Pfalzgraf Ottos II.

Von Maria Rita Sagstetter

Für das DFG-Projekt *Urkunden der Pfalzgrafen bei Rhein. Erschließung, Digitalisierung und virtuelle Zusammenführung zwischen 1449 und 1508 entstandener Dokumente aus Baden-Württemberg, Bayern, Hessen und Rheinland-Pfalz als Themenportal im Archivportal-D* meldete das Staatsarchiv Amberg 74 Urkundenausfertigungen der Kurfürsten Friedrich I. und Philipp an, die im Vorfeld der Antragstellung insbesondere in der Überlieferung der Regierung und des Lehenpropstamtes des Fürstentums der Oberen Pfalz, daneben auch in Beständen klösterlicher Provenienz ermittelt werden konnten. Im Laufe der Projektbearbeitung wurden inzwischen rund nochmal so viele weitere einschlägige Urkunden entdeckt – sowohl in originaler Überlieferung in einer Abgabe des Bayerischen Hauptstaatsarchivs aus dem ehemaligen Mischbestand *Gerichtsurkunden* als auch in kopialer Form in zeitgenössischen Lehenregistern und in den Registraturbüchern der Amberger Regierung aus dem 16. Jahrhundert. Rund die Hälfte der in der ersten Projektcharge bearbeiteten 74 Urkunden betreffen den Übergang des Fürstentums Pfalz-Neumarkt an Kurfürst Philipp, weshalb es nahelag, diesen Quellenbestand im Rahmen der Tagung *Ein neuer Frühling für die Pfalz* mit neuen Ergebnissen und Perspektiven für weitere Forschungspotentiale zu präsentieren. Gewisse Doppelungen zu dem Aufsatz *Vom Ende einer Nebenlinie. Der Übergang des Herzogtums Pfalz-Mosbach-Neumarkt an die Kurpfalz im ausgehenden 15. Jahrhundert* von Stefan G. Holz[1] – er basiert auf einem Vortrag, den der Autor 2022 bei der Heidelberger Tagung *Im Schatten der Großen* gehalten hat – ließen sich dabei nicht vermeiden. Holz hat viele der im Folgenden zu benennenden Quellen bereits nachgewiesen und ausgewertet; er hat dabei nicht nur die Grundlagen und die Etappen der Umsetzung des Herrschaftsübergangs von Pfalzgraf Otto II. auf Kurfürst Philipp aufgezeigt, sondern diese vor allem in den Kontext territorial- und dynastiegeschichtlicher Ereignisse eingeordnet und die familiären, politischen und wirtschaftlichen Beweggründe der Übertragung erläutert. Der vorliegende Aufsatz will auf diesen Erkenntnissen aufbauend den Inhalt des Vertragswerks von 1490 näher beleuchten und davon ausgehend die einzelnen Schritte der Herrschaftsübernahme und -sicherung durch Kurfürst Philipp im Verhältnis zu den Städten, Märkten und Klöstern sowie im Gefüge der Aktiv- und Passivlehen schwerpunktmäßig anhand der Überlieferung im Staatsarchiv Amberg nachvoll-

[1] Stefan G. *Holz*: Vom Ende einer Nebenlinie. Der Übergang des Herzogtums Pfalz-Mosbach-Neumarkt an die Kurpfalz im ausgehenden 15. Jahrhundert. In: Im Schatten der Großen? Fürstliche Nebenlinien im spätmittelalterlichen Südwesten. Hg. von Stefan G. *Holz*, Benjamin *Müsegades* und Thorsten *Huthwelker* (Heidelberger Veröffentlichungen zur Landesgeschichte und Landeskunde 20). Heidelberg 2024. S. 55–137. Für die freundliche Überlassung der Entwurfsfassung sei meinem Kollegen Dr. Holz herzlich gedankt.

ziehen. Gerade in Bezug auf die Lehen lohnt der Ausblick auf die Überlieferung der Amtsbücher, die das Geschichtsbild abrunden helfen und die Grundlage für weitergehende regional- und lokalgeschichtliche Forschungen liefern kann.

In einem ersten Abschnitt soll der Territorialbestand des Neumarkter Fürstentums mit den zugehörigen Städten, Märkten und Klöstern vorgestellt werden, um den Herrschaftsbesitz, den Otto II. 1499 seinem kurfürstlichen Vetter als Erbe hinterließ, zu veranschaulichen. Danach sollen das Vertragswerk von Germersheim, das 1490 den Grund für die Übertragung zu Lebzeiten und die spätere Erbfolge legte, sowie die verschiedenen Maßnahmen der Übernahme und Sicherung der Herrschaft beleuchtet werden. Der Herrschaftsübergang von einem Landesherrn auf seinen Nachfolger war in seinem Ablauf nichts Ungewöhnliches. Mit dem Wechsel waren regelmäßig bestimmte Vorgänge verbunden, die auch für den vorliegenden Fall bezeugt sind. Das Besondere in diesem Fall besteht darin, dass sich der Wechsel in zwei Etappen vollzog: Pfalzgraf Otto II. übertrug Kurfürst Philipp noch zu Lebzeiten das Eigentum an seinem Fürstentum, nach seinem Tod trat Philipp zusätzlich in dessen Besitz ein.

Das Territorium

Das Fürstentum Pfalz-Neumarkt-Neunburg war durch die pfälzische Landesteilung von 1410 grundgelegt worden. König Ruprecht hatte per Testament die Aufteilung der Pfalz auf seine vier Söhne verfügt und mit der Durchführung sieben Räte beauftragt. Aus der Landesteilung, wie sie mit Urkunde vom 3. Oktober 1410[2] fixiert wurde, gingen im Ergebnis vier voneinander unabhängige Fürstentümer hervor: die Kurpfalz als Territorium der Hauptlinie sowie Pfalz-Neumarkt-

[2] Von der Teilungsurkunde sind fünf Ausfertigungen erhalten. Davon befindet sich ein Exemplar (die für Pfalzgraf Johann bestimmte Ausfertigung) im Urkundenbestand der ehemaligen Amberger Regierung: Staatsarchiv Amberg, Fürstentum Obere Pfalz, Regierung Urkunden 358. – Karl-Otto *Ambronn*: Das Territorium des Fürstentums der Oberen Pfalz von seinen Anfängen bis zum Ende des Alten Reiches. In: Das Fürstentum der Oberen Pfalz. Ein wittelsbachisches Territorium im Alten Reich. Hg. von Karl-Otto *Ambronn* und Maria Rita *Sagstetter* (Ausstellungskataloge der Staatlichen Archive Bayerns 46). München 2004. S. 29–69, hier S. 48. – Christa *Fischer*: Die Urkunde über die Pfälzer Teilung vom 3. Oktober 1410. In: Wittelsbacher Hausverträge des späten Mittelalters. Die haus- und staatsrechtlichen Urkunden der Wittelsbacher von 1310, 1329, 1392/93, 1410 und 1472. Hg. von Hans *Rall* (Schriftenreihe zur bayerischen Landesgeschichte 71). München 1987. S. 228–281. Edition (nach der Ausfertigung des kurpfälzischen Archivs im Bayerischen Hauptstaatsarchiv, Abt. III Geheimes Hausarchiv): S. 242–263. – Meinrad *Schaab* und Rüdiger *Lenz*: Ausgewählte Urkunden zur Territorialgeschichte der Kurpfalz 1156–1505 (Veröffentlichungen der Kommission für Geschichtliche Landeskunde in Baden-Württemberg, Reihe A, Quellen 41). Stuttgart 1998. Nr. 109. S. 209–218. – Günther *Wüst*: Pfalz-Mosbach (1410–1499). Geschichte einer pfälzischen Seitenlinie des 15. Jahrhunderts unter besonderer Berücksichtigung der Territorialpolitik. Diss. phil. Heidelberg 1976. S. 24.

Neunburg, Pfalz-Mosbach und Pfalz-Simmern-Zweibrücken als Nebenlinien.[3] Die pfälzischen Gebiete auf dem bayerischen Nordgau waren fortan zweigeteilt. Ludwig III. erhielt als ältester überlebender Sohn Ruprechts – den Bestimmungen der Goldenen Bulle entsprechend – die Kurwürde mit dem Kurpräzipuum, also jenen pfälzischen Hausbesitz mit der Haupt- und Residenzstadt Heidelberg, der seit den Festlegungen von 1368 und 1378 für immer mit der Kur verbunden und unveräußerlich sein sollte. Als oberpfälzischer Anteil gehörten hierzu die Städte Amberg, Kemnath und Nabburg sowie die Festen Waldeck, Helfenberg, Heinzburg, Murach und Rieden mit den jeweils dazugehörigen Ämtern.[4] Dem zweitältesten Sohn Ruprechts, Pfalzgraf Johann, wurde der restliche Teil der pfälzischen Gebiete *in dem lande zu Beyern* zugesprochen. Ihn hatte sein Vater bereits 1404 als Statthalter in der Oberpfalz eingesetzt, und hier befand sich auch das 1407 bestellte Wittum seiner ersten Gemahlin Katharina von Pommern.[5] Zwar war mit der Teilung und dem Ende von Johanns Statthalterschaft dessen Einflussbereich stark beschnitten worden, jedoch war sein neues Fürstentum bedeutend größer als der kurpräzipuale Anteil seines älteren Bruders, Kurfürst Ludwigs III. Zu seiner Residenzstadt erwählte sich Johann Neumarkt, wo er sich als Regent – anstelle einer älteren Anlage – ein neues Schloss und die Hofkirche Mariä Himmelfahrt errichten ließ.[6] Residenzähnliche Funktion besaß auch das Schloss in seiner

3 *Ambronn*, wie Anm. 2, S. 33 f. – Benjamin *Müsegades*: Pfälzische Teilungen. Publiziert am 13.04.2016. In: Historisches Lexikon Bayerns. http://www.historisches-lexikon-bayerns.de/Lexikon/Pfälzische_Teilungen (aufgerufen am 15.06.2024). – Meinrad *Schaab*: Geschichte der Kurpfalz, Bd. 1: Mittelalter. Stuttgart/Berlin/Köln ²1999. S. 145–160. – Wilhelm *Volkert*: Pfälzische Zersplitterung. In: Handbuch der bayerischen Geschichte. Begr. von Max *Spindler*, neu hg. von Andreas *Kraus*. Bd. III/3: Geschichte der Oberpfalz und des bayerischen Reichskreises bis zum Ausgang des 18. Jahrhunderts. 3., neu bearb. Aufl. München 1995. S. 72–141, hier S. 72 f., 111–124.

4 *Ambronn*, wie Anm. 2, S. 33. – *Wüst*, wie Anm. 2, S. 25.

5 Regesten der Pfalzgrafen am Rhein 1214–1508. Hg. von der Badischen Historischen Kommission. 2. Bde. Innsbruck 1894–1939. Bd. 2. Bearb. von Lambert Graf von *Oberndorff* und Manfred *Krebs* (1912/1939). Nr. 3525. Mit Bestätigung des ein Jahr zuvor ausgehandelten Ehevertrags am 2. August 1407 wiesen König Ruprecht und Pfalzgraf Johann, damals noch Statthalter, dessen Braut Katharina von Pommern die in Bayern gelegenen pfälzischen Besitzungen Stadt und Hofmark Neumarkt, Stadt und Hofmark Altdorf, die Feste Haimburg, die Feste Pfaffenhofen, den Markt Lauterhofen, die Feste Heinzburg und das Dorf Berg als Leibgeding oder Wittum zu. Siehe ebd. Bd. 2. Nr. 4917. – *Wüst*, wie Anm. 2, S. 27 f.

6 Friedrich Hermann *Hofmann* und Felix *Mader*: Stadt und Bezirksamt Neumarkt (Die Kunstdenkmäler des Königreichs Bayern. Regierungsbezirk Oberpfalz und Regensburg XVII). München 1909. Nachdruck München/Wien 1982. S. 34, 53 f. – Die Neumarkter Residenz und ihre Regenten. Hg. im Wittelsbacher-Jahr 1980 von Kurt *Romstöck*. Regensburg 1980. S. 28–30, 34–36, 53. – Hubertus *Seibert*: Neumarkt i. d. OPf. In: Handbuch der Historischen Stätten. Bayern I: Altbayern und Schwaben. Hg. von Hans-Michael *Körner* und Alois *Schmid*. Stuttgart 2006. S. 561–563. Nicht zuletzt in Konkurrenz zur Bautätigkeit der Neumarkter Vettern war auch den pfälzischen Kurfürsten an einem repräsentativen architektonischen Erscheinungsbild ihrer Residenzstadt Amberg gelegen, auch wenn sie sich im 15. Jahrhundert nur selten in ihrem bayerischen Nebenland aufhielten, sondern dieses zumeist von Viztumen verwalten ließen. So ließ

Geburtsstadt Neunburg vorm Wald, das offenbar unter ihm umgebaut und erweitert wurde; unter dem Eindruck der Hussiteneinfälle brachte er die unter seinem Vater begonnene Verstärkung der Neunburger Befestigungsanlagen zum Abschluss.[7] Die Nachfolger Johanns residierten nur noch in Neumarkt, das als Sitz der pfalzgräflichen Hofhaltung bis 1499 (und später erneut unter Pfalzgraf Friedrich II. als Statthalter in der Oberpfalz von 1513 bis 1543) seine glanzvollste Epoche erlebte.[8]

Als Ergebnis der Landesteilung bestanden auf Oberpfälzer Boden von 1410 bis 1499 zwei getrennte, voneinander unabhängige Territorien, die unterschiedliche Entwicklungen durchliefen; [...] *während der kleinere kurfürstlich-kurpräzipuale Teil meist von adeligen Viztumen ohne landständische Beteiligung administriert wurde, etablierte sich im größeren Neumarkter Fürstentum ein adelsfreundlicher, pfalzgräflicher Hof, der erste Ansätze zu einer landständischen Verfassung eröffnete.*[9] Die landständische Bewegung in der Oberpfalz nahm ihren Anfang im Neumarkter Teilfürstentum, nicht im von Amberg aus regierten kurpfälzischen Landesteil: Die ersten beiden

---

Ludwig III. seit 1417 in Amberg das kurfürstliche Schloss (heute Landratsamt) errichten. Siehe Robert *Giersch*: Quellenforschung zur Baugeschichte des Kurfürstlichen Schlosses und Zeughauses in Amberg. 1992. Staatsarchiv Amberg, Manuskripte 329. – Karl-Otto *Ambronn*: Das Fürstentum der Oberen Pfalz unter kurpfälzischer Herrschaft. Der Landesherr. In: Das Fürstentum der Oberen Pfalz. Ein wittelsbachisches Territorium im Alten Reich. Hg. von Karl-Otto *Ambronn* und Maria Rita *Sagstetter* (Ausstellungskataloge der Staatlichen Archive Bayerns 46). München 2004. S. 71–107, hier S. 78.

7 Georg *Hager*: Bezirksamt Neunburg v.W. (Die Kunstdenkmäler des Königreichs Bayern. Regierungsbezirk Oberpfalz und Regensburg II), München 1906. Nachdruck München/Wien 1983. S. 51–57. – Auch wenn Pfalzgraf Johann Neumarkt als Residenz bevorzugte, hegte er offenbar zusätzlich eine besondere Affinität zu Neunburg vorm Wald, das unter ihm besondere Förderung erfuhr; er hatte dort 1383 das Licht der Welt erblickt und in seinem Testament vom 25. Juli 1431 (Staatsarchiv Amberg, Fürstentum Obere Pfalz, Regierung Urkunden 397) die Errichtung eines Augustinerchorherrenstifts in Neunburg mit Inkorporierung der aus der Schlosskapelle hervorgegangenen (späteren Pfarr-)Kirche St. Georg verfügt, in dem er nach seinem Tod zur *Memoria*-Pflege für ihn und seine Familie beigesetzt werden wollte (und nicht in dem durch ihn und seine erste Gemahlin Katharina 1426 gestifteten Birgittenkloster Gnadenberg). Zwar wurde die Gründung des Chorherrenstifts nach Johanns Tod (er starb am 14. März 1443 im Kloster Kastl) nicht verwirklicht, jedoch wurde sein Leichnam seinem Wunsch gemäß in der Kirche in Neunburg beigesetzt. Siehe *Ambronn*, wie Anm. 6, S. 76, 78, 87 f. – *Hager*, wie Anm. 7, S. 26–28, 34 f. – Theo *Männer*: Pfalzgraf Johann, in: 1000 Jahre Neunburg vorm Wald 1017–2017. Hg. von der Stadt Neunburg vorm Wald. Neunburg vorm Wald 2016. S. 42–56.

8 Volker *Press*: Die Grundlagen der kurpfälzischen Herrschaft in der Oberpfalz 1499–1621. In: Verhandlungen des Historischen Vereins für Oberpfalz und Regensburg 117 (1977). S. 31–67, hier S. 33, 36–38. – *Romstöck*, wie Anm. 6, S. 133–136. – Hubertus *Seibert*: Neumarkt i.d.OPf. In: Handbuch der Historischen Stätten. Bayern I: Altbayern und Schwaben. Hg. von Hans-Michael *Körner* und Alois *Schmid*. Stuttgart 2006. S. 562.

9 *Ambronn*, wie Anm. 6, S. 72, siehe auch S. 76. – *Press*, wie Anm. 8, S. 33, 37 f.

Abb. 1: Kurpräzipuum und Pfalz-Neumarkt 1499. Vorlage: Das Fürstentum der Oberen Pfalz. Ein wittelsbachisches Territorium im Alten Reich. Hg. von Karl-Otto Ambronn und Maria Rita Sagstetter (Ausstellungskataloge der Staatlichen Archive Bayerns 46). München 2004, S. 15.

Landtage, an denen bereits Vertreter aller drei Stände teilnahmen, fanden 1488 und 1499 in Neumarkt statt.[10]

Johanns Fürstentum Pfalz-Neumarkt-Neunburg[11] umfasste laut Teilungsurkunde die Städte Cham, Hemau, Neumarkt i.d.OPf., Altdorf, Eschenbach, die Burgen und Städte Neunburg vorm Wald, Velburg, Sulzbach, Hersbruck, Auerbach, Hirschau, Bärnau, die Burgen und Märkte Bruck i.d.OPf., Burglengenfeld, Kallmünz, die Märkte Nittenau, Roding, Neukirchen-Balbini, Schwandorf, Schmidmühlen, Stegenthumbach, Schnaittach, Kirchenthumbach, die Burg und Vorburg Rothenberg, die Festen Wetterfeld, Tännesberg, Stockenfels, Hohenfels, Haimburg, Pfaffenhofen, Rosenberg, Poppberg, Schauerstein, Grünsberg, Sengersberg, Siegenstein, Thurndorf, Hollenberg, Hartenstein und Wildenau sowie – als südlich der Donau gelegene Exklave – die Feste Eggmühl[12]. Die Feste Burgtreswitz war in der Teilungsurkunde vergessen worden und wurde Johann durch seine drei Brüder mit gesonderter Urkunde vom 5. Oktober 1410 zugeteilt.[13] Noch vor Beginn der Hussiteneinfälle, die seit den 1420er Jahren das Land bedrohten, konnte Johann sein Territorium erweitern und abrunden[14]: 1413 erwarb er durch Pfandauslösung die Burg Pleystein, 1417 und 1418 durch Kauf die Burgen Stierberg und Betzenstein. 1421/22 erbeutete

---

10 Franz *Mühlbauer*: Die oberpfälzischen Landstände und ihr Einfluss auf das Steuerwesen. In: Archivalische Zeitschrift. Neue Folge 12 (1905) S. 1–78, hier S. 2, 8. – Volker *Press*: Fürst und Landstände in der frühneuzeitlichen Oberpfalz (1488–1628, 1707–1715). In: Gesellschaftsgeschichte. Festschrift für Karl Bosl zum 80. Geburtstag. Hg. im Auftrag des Collegium Carolinum von Ferdinand *Seibt*. Bd. 1. München 1988. S. 439–457, hier S. 440. – Karl-Otto *Ambronn*: Amberg und die oberpfälzischen Landstände bis zu ihrer Auflösung 1628. In: Amberg 1034–1984. Aus tausend Jahren Geschichte. Ausstellung des Staatsarchivs Amberg und der Stadt Amberg in den Rathaussälen zu Amberg aus Anlaß der 950-Jahrfeier der Stadt Amberg (Ausstellungskataloge der Staatlichen Archive Bayerns 18). Amberg 1984. S. 75–90, hier S. 75. – Johannes *Laschinger*: Landstände der Oberpfalz. Publiziert am 18.04.2011. In: Historisches Lexikon Bayerns. http://www.historisches-lexikon-bayerns.de/Lexikon/Landstände_der_Oberpfalz (aufgerufen am 15.06.2024).

11 Dominik *Dorfner*: Pfalz-Neumarkt-Neunburg, Herzogtum. Publiziert am 04.10.2013. In: Historisches Lexikon Bayerns. https://www.historisches-lexikon-bayerns.de/Lexikon/Pfalz-Neumarkt-Neunburg,_Herzogtum (aufgerufen am 15.06.2024). – *Wüst*, wie Anm. 2, S. 190 f.

12 Eggmühl, später Sitz eines eigenen Pfleggerichts, gehörte damals noch zum Gericht Kelheim. Schloss und Markt waren um 1400 in die Hände Ruprechts von der Pfalz gelangt. 1475 verkaufte Pfalzgraf Otto II. das Schloss Eggmühl mit dem Markt und sonstigem Zubehör an Herzog Ludwig IX. den Reichen von Bayern-Landshut. Siehe Emma *Mages*: Kelheim. Pfleggericht und Kastenvogtgericht (Historischer Atlas von Bayern. Teil Altbayern 64). München 2010. S. 206. – Günther *Pölsterl*: Mallersdorf. Das Landgericht Kirchberg, die Pfleggerichte Eggmühl und Abbach (Historischer Atlas von Bayern. Teil Altbayern 53). München 1979. S. 72 f.

13 Staatsarchiv Amberg, Fürstentum Obere Pfalz, Regierung Urkunden 1937. – *Ambronn*, wie Anm. 2, S. 34. – *Wüst*, wie Anm. 2, S. 191, Anm. 3.

14 *Ambronn*, wie Anm. 2, S. 34 f. – *Volkert*, wie Anm. 3, S. 111. – *Wüst*, wie Anm. 2, S. 195 f.

Johann im Bayerischen Krieg gegen Herzog Ludwig VII. den Bärtigen von Bayern-Ingolstadt[15] die Stadt Freystadt, die Burg und Herrschaft Holnstein sowie gemeinsam mit Markgraf Friedrich von Brandenburg die Burgen und Städte Lauf, Floß, Parkstein und Weiden, die Johann und Friedrich dann gemäß einer 1427 getroffenen Abrede in Form eines Kondominiums (Gemeinschaftsamt Parkstein-Weiden[16]) gemeinschaftlich verwalteten. In späterer Zeit, 1438, gelang dem Pfalzgrafen noch der Erwerb des Amtes Zeitlarn nördlich von Regensburg von den Herren von Sattelbogen.

Als Johann 1443 starb, folgte auf ihn sein Sohn Christoph, der jedoch wegen seiner Landesabwesenheit als König der drei unierten nordischen Königreiche Dänemark, Schweden und Norwegen die Regentschaft in seinem Neumarkter Fürstentum nicht persönlich wahrnehmen konnte. Er ließ das Land zunächst durch einheimische Adelige, Hans Joachim von Parsberg und Martin von Wildenstein, verwalten; 1447 bestellte er seinen Onkel Pfalzgraf Otto I. von Mosbach für drei Jahre zu seinem Viztum in Bayern.[17] Christoph starb am 5. Januar 1448 kinderlos und wurde durch die Brüder seines Vaters, Pfalzgraf Otto I. von Mosbach und Pfalzgraf Stephan von Zweibrücken-Simmern, beerbt. Stephan jedoch veräußerte seinen Erbanteil noch im selben Jahr für 96.000 Gulden an seinen Bruder – wegen der entfernten Lage Bayerns gegenüber seinen rheinpfälzischen Landen –, so dass Otto das gesamte Erbe der mit Christoph erloschenen Neumarkt-Neunburger Linie in seiner Hand vereinigen konnte. In den Folgejahren überließ er die Regentschaft in Pfalz-Mosbach vermehrt seinem Sohn Otto II. und machte das Neumarkter Fürstentum mit seiner Haupt- und Residenzstadt, das sein im Westen gelegenes Territorium nicht nur flächenmäßig, sondern auch in der wirtschaftlichen Bedeutung seiner Montanindustrie und Fernhandelsbeziehungen übertraf, zu seinem neuen Herrschaftsmittelpunkt.[18]

Unter Otto I. erfuhr das Fürstentum eine empfindliche territoriale Einbuße im Raum um Sulzbach und im Bereich des Viztumamts Burglengenfeld: Der Pfalzgraf musste auf Grund eines Schiedsspruchs des Markgrafen Albrecht von Brandenburg vom 8. November 1451 alle ehemals

---

15 Bernhard *Glasauer*: Bayerischer Krieg, 1420–1422. Publiziert am 05.04.2017. In: Historisches Lexikon Bayerns. http://www.historisches-lexikon-bayerns.de/Lexikon/Bayerischer_Krieg,_1420–1422 (aufgerufen am 15.06.2024).

16 Jochen *Rösel*: Parkstein-Weiden, Gemeinschaftsamt. Publiziert am 19.04.2010. In: Historisches Lexikon Bayerns. http://www.historisches-lexikon-bayerns.de/Lexikon/Parkstein-Weiden,_Gemeinschaftsamt (aufgerufen am 15.06.2024).

17 Staatsarchiv Amberg, Fürstentum Obere Pfalz, Regierung Urkunden 399. – *Ambronn*, wie Anm. 6, S 96f. – Roman *Deutinger*: Der nordische Unionskönig Christoph von Bayern (1416–1448). Ein Forschungsbericht. In: Verhandlungen des Historischen Vereins für Oberpfalz und Regensburg 135 (1995). S. 25–41. – *Romstöck*, wie Anm. 6, S. 86f. – *Volkert*, wie Anm. 3, S. 114f. – *Wüst*, wie Anm. 2, S. 182.

18 *Wüst*, wie Anm. 2, S. 182–186, 190–193, 244f. – *Romstöck*, wie Anm. 6, S. 89, 93–96. – *Schaab*, wie Anm. 3, S. 156. – *Holz*, wie Anm. 1, S. 59–61. – Christian *Reinhardt*: Pfalz-Mosbach/Pfalz-Neumarkt-Mosbach, Herzogtum. Publiziert am 13.02.2017. In: Historisches Lexikon Bayerns, URL: https://www.historisches-lexikon-bayerns.de/Lexikon/Pfalz-Mosbach/Pfalz-Neumarkt-Mosbach,_Herzogtum (aufgerufen am 15.06.2024).

zum oberbayerischen Herzogtum gehörigen Orte, die sich als Pfandschaften in pfälzischem Besitz befanden, wegen Pfandauslösung zunächst an Herzog Ludwig IX. den Reichen von Bayern-Landshut abgeben, über den sie dann 1459 an Herzog Albrecht III. von Bayern-München gelangten. Es handelte sich um die Städte, Märkte und Burgen Sulzbach, Hemau, Burglengenfeld, Schwandorf, Velburg, Veldorf, Kallmünz, Schmidmühlen, Rosenberg und Poppberg.[19]

Pfalzgraf Otto I. von Pfalz-Mosbach-Neumarkt starb 1461 im Benediktinerkloster Reichenbach am Regen, in dessen Kirche noch heute sein Grabmal an ihn erinnert.[20] Sein Sohn und Nachfolger Pfalzgraf Otto II. übernahm ein schwieriges Erbe; er hatte sich mit der kritischen Finanzlage des Neumarkter Fürstentums auseinanderzusetzen und wurde von den machtpolitischen Ambitionen des neuen Böhmenkönigs, der Ansprüche auf alte, vernachlässigte lehensherrliche Rechte geltend machte, bedrängt. Bereits unter Pfalzgraf Johann hatten die Hussitenkriege[21] das Land wirtschaftlich stark belastet. Unter seinen Nachfolgern blieb die Situation angespannt. Um seinen Bruder Stephan für dessen Verzicht auf das Neumarkter Erbe entschädigen zu können, hatte Otto I. Darlehen aufnehmen und Verpfändungen vornehmen müssen. Die Finanzlage blieb trotz der Geldsummen aus den Pfandauslösungen durch Bayern-München eine große Herausforderung, der sich auch sein Sohn Otto II. stellen musste.[22] Unter ihm stiegen die Kreditschulden weiter an. In seiner Not musste Otto II. weiterhin Verpfändungen vornehmen; 1466 traf dies beispielsweise die böhmischen Lehen Betzenstein und Freystadt.[23] 1478 verkaufte der Pfalzgraf aus finanziellen und offenbar auch politischen Gründen die baufällig gewordene, vom Königreich Böhmen zu Lehen rührende Feste (*sloss vnd stat*) Rothenberg mit dem dortigen Kirchlehen, dem Markt Schnaittach, dem Kirchweihschutz, allen zugehörigen Besitzungen, Gerichten, Geleit- und sonstigen Rechten als pfalzgräfliches Lehen für 4.500 Gulden an 44 fränkische Adelige. Er behielt sich dabei die Landeshoheit und die Afterlehenshoheit nach dem böhmischen König vor, ebenso das Öffnungsrecht, das Geleit auf den Straßen durch das Gericht Rothenberg, die darin gelegenen Lehen, die er selbst von Hand lieh, den Wildbann (*genant an der Rote* und zwischen der Pegnitz

---

19 *Ambronn*, wie Anm. 2, S. 35. – *Schaab*, wie Anm. 3, S. 156–158. – *Volkert*, wie Anm. 3, S. 115 f. – *Wüst*, wie Anm. 2, S. 202 f.

20 Georg *Hager*: Bezirksamt Roding (Die Kunstdenkmäler des Königreichs Bayern. Regierungsbezirk Oberpfalz und Regensburg I). München 1905. Nachdruck München/Wien 1985. S. 122 f. – Am 12. Mai 1460 hatte Otto I. in Reichenbach für sich einen Jahrtag gestiftet (Staatsarchiv Amberg, Fürstentum Obere Pfalz, Regierung Urkunden 567). – *Wüst*, wie Anm. 2, S. 204 f., Anm. 14.

21 Michaela *Bleicher*: Hussitenkriege. Publiziert am 01.07.2015. In: Historisches Lexikon Bayerns, URL: http://www.historisches-lexikon-bayerns.de/Lexikon/Hussitenkriege (aufgerufen am 15.06.2024). – *Schaab*, wie Anm. 3, S. 150 f. – Theodor *Straub*: Bayern im Zeichen der Teilungen und der Teilherzogtümer (1347–1450). In: Handbuch der bayerischen Geschichte. Begr. von Max Spindler, hg. von Andreas *Kraus*. Bd. II: Das alte Bayern. Der Territorialstaat vom Ausgang des 12. Jahrhunderts bis zum Ausgang des 18. Jahrhunderts. 2., überarb. Aufl. München 1988. S. 196–287, hier S. 271–273. – *Volkert*, wie Anm. 3, S. 112–114.

22 *Schaab*, wie Anm. 3, S. 156–158. – *Wüst*, wie Anm. 2, S. 198–204.

23 *Wüst*, wie Anm. 2, S. 212, 215. – *Holz*, wie Anm. 1, S. 81–84.

und dem Kloster Engelthal) sowie die ihm vom Reich aufgetragene Vogtei über das Kloster Weißenohe.[24] Die Adeligen wurden mit dem Kauf und der anschließenden Belehnung durch den Pfalzgrafen Aftervasallen der Krone Böhmen. Sie bildeten fortan eine Ganerbschaft (Gemeinschaft zur gesamten Hand) und gaben sich für diese eine Burgfriedensordnung. Dem Kauf der Feste und dem Burgfrieden traten nachträglich weitere Ritter bei; 1503 lassen sich bereits 77 Ganerben nachweisen.[25]

Die hohe Verschuldung erlaubte Otto II. nur kleinere territoriale Neuerwerbungen wie 1465/66 den Kauf der in unmittelbarer Nähe der Stadt Neumarkt gelegenen Burg und Herrschaft Wolfstein; zudem konnte er Pfandschaften wie die Burgen Grünsberg (1480) und Stierberg (1483) und das Amt Tännesberg (1466) wieder auslösen. Durch Lehenauftragung seitens der Brüder Hans und Dietrich Hofer konnte sich Otto 1470 die Feste Lobenstein sichern.[26]

Politisch unter Druck geriet Otto durch den Böhmenkönig Georg von Podiebrad, der es sich zum Ziel gesetzt hatte, die in Bayern gelegenen Herrschaften und Stützpunkte, die Kaiser Karl IV. einst zum Aufbau seines *neuböhmischen* Territoriums genutzt hatte, für die böhmische Krone zurückzugewinnen, indem er die Anerkennung lehensherrlicher Rechte und die Herausgabe der von König Ruprecht gemachten Eroberungen forderte. Einen Teil der ehemals *neuböhmischen* Gebiete hatte Karl IV. 1373 im Vertrag von Fürstenwalde den bayerischen Wittelsbachern als Entschädigung für deren Verzicht auf die Mark Brandenburg überlassen, der Rest war (bis auf Neustadt a. d. Waldnaab und Störnstein) durch König Ruprecht von der Pfalz im Kriegszug gegen den Luxemburger Wenzel von Böhmen 1400/1401 erobert worden. Um 1460 befanden sich die einst böhmischen Gebiete zum größeren Teil als Erbe der Ingolstädter Herzöge im Besitz Herzog Ludwigs IX. des Reichen von Bayern-Landshut, zum kleineren Teil gehörten sie zum Münchner Teilherzogtum bzw. zum Neumarkter Territorium Pfalzgraf Ottos II. Der Lehencharakter der Besitzungen, auf die Georg von Podiebrad Ansprüche anmeldete, war zum Teil zweifelhaft beziehungsweise nicht nachvollziehbar. Dennoch musste Otto II. nach in Prag geführten Verhandlungen, an denen Räte des Landshuter Herzogs Ludwig des Reichen als Vermittler teilnahmen, am

---

24 Ausfertigung des Kaufvertrags vom 2. Februar 1478: Bayerisches Hauptstaatsarchiv, Pfalz-Neuburg Urkunden Varia Bavarica 1807. – Insert in Transsumpt Kurfürst Philipps vom 18. Juli 1499, Neumarkt: Staatsarchiv Amberg, Abgabe BayHStA GU Rothenberg 32. – Lehensherrliche Bestätigung des Kaufvertrags durch den böhmischen König Matthias vom 16. Juli 1478: Staatsarchiv Amberg, Fürstentum Obere Pfalz, Regierung Urkunden 315/1. – *Wüst*, wie Anm. 2, S. 215 f. – Zu der Belehnung der einzelnen Ganerben nach dem Kauf von 1478 siehe die Einträge im 1461 angelegten Lehenbuch Pfalzgraf Ottos II.: Staatsarchiv Amberg, Oberster Lehenhof 460, fol. 151–153'.

25 Beispiele aus den Jahren 1485 bis 1497: Staatsarchiv Amberg, Ganerbschaft Rothenberg Urkunden 10, 13–18. – *Wüst*, wie Anm. 2, S. 215. – Zur Ganerbschaft allgemein siehe Martin *Schütz*: Die Ganerbschaft vom Rothenberg. Diss. phil. Erlangen 1924. – Klaus *Rupprecht*: Das früheste Urbarbuch der Ganerbschaft Rothenberg (1478). Edition und Erläuterungen. In: Jahrbuch des Historischen Vereins für Mittelfranken 97 (1994/95) S. 51–76.

26 *Romstöck*, wie Anm. 6, S. 105–108. – *Wüst*, wie Anm. 2, S. 208–210, 213 f., 220. – *Ambronn*, wie Anm. 2, S. 35, 50, 52.

14. Juli 1465 die Lehenshoheit der böhmischen Krone über eine Reihe von Städten und Burgen anerkennen.[27] Es wurde vertraglich vereinbart, dass die Burgen Tännesberg, Hohenfels, Hartenstein, Stierberg, Betzenstein, Thurndorf, Hollenberg und Strahlenfels, die Otto als Lehen der Krone Böhmen innehatte, ihm und seinen *lehenserben* weiterhin so oft als nötig verliehen werden sollten. Zudem sollten die böhmischen *erbsloss* und Städte Auerbach, Eschenbach, Rothenberg und Bärnau – sie stehen für die durch König Ruprecht 1400/01 eroberten ehemals böhmischen Gebiete, für die Georg von Podiebrad das volle böhmische Eigentumsrecht in Anspruch nahm – Otto und seinen *lehenserben zu lehen verliehen* werden – unter der Bedingung, dass Otto im Gegenzug seine eigenen Schlösser und Städte Haimburg, Holnstein und Freystadt dem böhmischen König zu Lehen auftrug und von diesem ebenfalls als Lehen empfing. Für Auerbach, Eschenbach, Rothenberg und Bärnau musste Otto dem Böhmenkönig überdies das Öffnungsrecht einräumen, wovon jedoch militärische Auseinandersetzungen mit den derzeit lebenden *herren von Bayern* ausgenommen bleiben sollten. Noch am selben Tag ließ König Georg den Lehenbrief für Otto ausfertigen; dieser spricht summarisch von den Schlössern und Städten, die *in der betaidigung begriffen* sind, und führt diese nicht mehr einzeln auf.[28] Zwar blieb die Landeshoheit Pfalzgraf Ottos über die genannten Städte und Burgen unberührt weiter bestehen, jedoch *bedeutete die Anerkennung der böhmischen Lehenshoheit* [...] *eine gravierende Beeinträchtigung der Integrität des Territoriums.* Sie bildete einen Störfaktor für die Verfügungsgewalt und politische Machtposition des Landesherrn, da sie den böhmischen Königen Einflussmöglichkeiten auf oberpfälzische Belange eröffnete, von denen diese bis zur endgültigen Beseitigung dieser Lehen am Ende des Alten Reiches immer wieder Gebrauch machten.[29] Mit dem Tod König Georgs 1471 trat der Hauptlehenfall ein. Wegen der langjährigen Auseinandersetzung zwischen Matthias Corvinus und Wladislaus II. um den böhmischen Königsthron konnte Otto II. erst 1479 wieder – für sich und seine *lehenserben* – mit den der Krone Böhmen lehenbaren Städten und Schlössern belehnt werden. Der entsprechende Lehenbrief[30] nennt zusätzlich die Burg Wolfstein, mit der Otto II. 1465 gesondert belehnt worden war.[31]

---

27 Taidigungsbrief König Georg Podiebrads vom 14. Juli 1465, Prag: Staatsarchiv Amberg, Fürstentum Obere Pfalz, Regierung Urkunden 12/1. – *Ambronn*, wie Anm. 2, S. S. 35, 50–52. – *Holz*, wie Anm. 1, S. 60 f. – Franz Xaver *Lommer*: Die böhmischen Lehen in der Oberpfalz. Teil I (Programm des Humanistischen Gymnasiums in Amberg 1906/07). Amberg 1907. S. 50–52, 164–166. – *Schaab*, wie Anm. 3, S. 158 f. – Wilhelm *Volkert*: Die böhmischen Thronlehen in der Oberpfalz. In: Die Oberpfalz 48 (1960) S. 145–151. – *Volkert*, wie Anm. 3, S. 116. – *Wüst*, wie Anm. 2, S. 204–207.

28 Lehenbrief vom 14. Juli 1465, Prag: Staatsarchiv Amberg, Fürstentum Obere Pfalz, Regierung Urkunden 12/5.

29 *Ambronn*, wie Anm. 2, S. 34 f., 50. – *Romstöck*, wie Anm. 6, S. 102–104. – *Volkert*, wie Anm. 3, S. 116. – *Wüst*, wie Anm. 2, S. 204–207.

30 Lehenbrief König Matthias' Corvinus vom 28. Februar 1479, Ofen: Staatsarchiv Amberg, Fürstentum Obere Pfalz, Regierung Urkunden 9/1. – *Lommer*, wie Anm. 27, S. 53.

31 Staatsarchiv Amberg, Fürstentum Obere Pfalz, Regierung Urkunden 15/9.

Zum Fürstentum Pfalz-Neumarkt, wie es am Ende des 15. Jahrhunderts an die Kurpfalz fallen sollte, gehörten auch die Klöster. In der Teilungsurkunde von 1410 waren die Klöster oder die Vogteien über sie nicht erwähnt worden. Anders als in den ober- und niederbayerischen Teilherzogtümern, wo es den Wittelsbachern bis spätestens Kaiser Ludwig IV. gelungen war, die Klöster mittels Vogtei- und allgemeinen Schutzrechten sowie des Vorbehalts in Hochgerichtssachen ihrer Landesherrschaft unterzuordnen, und wo diese sich noch im Verlauf des 14. Jahrhunderts der landständischen Bewegung angeschlossen hatten,[32] war der Eingliederungsprozess für die Klöster in den pfälzischen Gebieten auf dem Nordgau im 15. Jahrhundert noch im Gange; im Falle von Waldsassen sollte er erst wenige Jahre vor der Reformation und Klosteraufhebung zum Abschluss kommen.[33]

Durch Ausübung der Schutzherrschaft konnte Pfalzgraf Johann von Pfalz-Neumarkt-Neunburg sukzessive Einfluss auf in seinem Territorium gelegene Klöster, die für sich den Status von Reichsklöstern in Anspruch nahmen, gewinnen, jedoch ist der genauere Zeitpunkt des Erwerbs der Reichsvogtei nur in wenigen Einzelfällen nachvollziehbar.[34] Johann hatte sich bereits in seiner Zeit als Statthalter seines Vaters etwa um die Sicherheit des Klosters Speinshart bemüht. Im Dezember 1410, nur wenige Wochen nach der Landesteilung, nahm er als Neumarkter Landesherr Speinshart offiziell in seinen *schutz vnd scherm* und befahl insbesondere seinem Pfleger und seinen Amtleuten zu Auerbach, Propst und Konvent und *alle ire armleut* zu schützen und bei ihrem alten Herkommen und ihren päpstlichen und kaiserlichen Rechten bleiben zu lassen.[35] 1417 nahm König Sigismund, als er den Speinsharter Prämonstratensern ihre Freiheiten und Privilegien bestätigte, den Klosterschutz wieder für das Reich in Anspruch.[36] Seinem Beispiel folgte König Friedrich III. 1444.[37] Das reichsunmittelbare Kloster Waldsassen, das seit 1147 kaiserlichen Schutz genoss, unterstellte sich 1411 per Vertrag dem pfalzgräflichen Schirm: Auf Bitten des Abtes Kon-

---

32 Wilhelm *Volkert*: Staat und Gesellschaft. Erster Teil: Bis 1500. In: Handbuch der bayerischen Geschichte. Begr. von Max *Spindler*, hg. von Andreas *Kraus*. Bd. II: Das alte Bayern. Der Territorialstaat vom Ausgang des 12. Jahrhunderts bis zum Ausgang des 18. Jahrhunderts. 2., überarb. Aufl. München 1988. S. 535–624, hier S. 561–563, 575. – Maria Rita *Sagstetter*: Hoch- und Niedergerichtsbarkeit im spätmittelalterlichen Herzogtum Bayern (Schriftenreihe zur bayerischen Landesgeschichte 120). München 2000.

33 *Ambronn*, wie Anm. 2, S. 34.

34 *Wüst*, wie Anm. 2, S. 197.

35 Staatsarchiv Amberg, Kloster Speinshart Urkunden 200 (15. Dezember 1410, Sulzbach). – Hermann *Lickleder*: Die Urkundenregesten des Prämonstratenserklosters Speinshart 1163–1557 (Speinshartensia 1). Pressath 1995. Nr. 264, S. 98. – Anja *Wiesner*: Michelfeld, Speinshart und Waldsassen. Die Beziehungen dreier oberpfälzischer Klöster zu weltlichen und geistlichen Gewalten im Mittelalter. Diss. Universität Passau 2001. S. 219.

36 Staatsarchiv Amberg, Kloster Speinshart Urkunden 211 (12. Mai 1417, Konstanz). – *Lickleder*, wie Anm. 35, Nr. 279, S. 102. – *Wiesner*, wie Anm. 35, S. 218, 222.

37 Staatsarchiv Amberg, Kloster Speinshart Urkunden 288 (18. September 1444, Nürnberg) – *Lickleder*, wie Anm. 35, Nr. 386, S. 142 f.

rad nahm Pfalzgraf Johann das Kloster mit seinen Besitzungen als *vogtherre* für sich und seine Erben in pfalzgräflichen Schutz und sicherte sich dabei das Öffnungsrecht für die stiftischen Burgen.[38] König Sigismund erteilte dem Schutzverhältnis erst drei Jahre später seine nachträgliche Zustimmung, nicht ohne dabei die Zugehörigkeit Waldsassens zum Reich und das der Zisterze seit Alters zustehende Recht der freien Vogtwahl in Erinnerung zu bringen.[39] Das Schirmrecht über das Augustinerkloster Schönthal hatte König Sigismund Pfalzgraf Johann 1417 übertragen, als er dem Kloster seine Privilegien bestätigte. Prior und Konvent hatten sich darüber beklagt, dass sie in ihren Rechten, Freiheiten und Privilegien so sehr *besweret vnd verderblich gemacht werden, das dorumb vil gotzdiensts in dem vorgenanten closter versumet werden* [...] *vnd niderligen* müsse. Den Schutz vertraute der König dem Pfalzgrafen mit der Begründung an, dass das Kloster *dir vnd dinen lannden also gelegen* sei, dass *du das vor gewalt vnd der vorgenanten beswärnusse wol behüten vnd beschirmen macht*.[40]

Unter dem Eindruck der Hussiteneinfälle, aber auch aus wirtschaftlichen Gründen mussten sich auch andere Klöster, die sich zunächst noch auf die Bevogtung durch den König beriefen, früher oder später der Schutzherrschaft der Pfalzgrafen fügen.[41] Ihr Bedürfnis an Schutz und Hilfe schuf günstige Voraussetzungen für Johanns Nachfolger, die seine Politik der Mediatisierung fortsetzten, indem sie ihre Schirmfunktion weiterhin geltend machten und den Erwerb neuer Vogteirechte anstrebten. Dahinter stand die Absicht, die reichsunmittelbaren Status beanspruchenden Klöster mittels der pfalzgräflichen Schirmrechte sukzessive in das Fürstentum einzugliedern und der pfälzischen Landeshoheit zu unterstellen. Unter König Christoph übernahm Burggraf Heinrich d. Ä. von Meißen 1444 für zwei Jahre den Schutz des Klosters Waldsassen, worum ihn der verstorbene Pfalzgraf Johann noch zu Lebzeiten gebeten habe; diesem sei die Schirmfunktion vom Reich und speziell von Kaiser Sigismund aufgetragen worden.[42] Pfalz-

---

38 Urkunden Pfalzgraf Johanns vom 8. März 1411 und 2. August 1411 (beide Sulzbach): Staatsarchiv Amberg, Kloster Waldsassen Urkunden 578 und 579. Vgl. die Urkunde des Abts Konrad und des Konvents vom 30. Juli 1411: Staatsarchiv Amberg, Fürstentum Obere Pfalz, Regierung Urkunden 581. – Maria Rita *Sagstetter*: Kloster Waldsassen und sein Stiftland – von der Reichsunmittelbarkeit zur Landsässigkeit. In: Die Zisterzienserinnen in Waldsassen. „Die auf den Herrn vertrauen, schöpfen neue Kraft". Hg. von Peter *Pfister*. Regensburg 2020, S. 37–59, hier S. 47 f. – *Wiesner*, wie Anm. 35, S. 255–257.

39 Staatsarchiv Amberg, Fürstentum Obere Pfalz, Regierung Urkunden 582 (30. Januar 1414). – *Sagstetter*, wie Anm. 38, S. 48. – *Wiesner*, wie Anm. 35, S. 257.

40 Privilegienbestätigung (2. April 1417, Konstanz): Staatsarchiv Amberg, Kloster Schönthal Urkunden 337. – Schirmauftrag (3. April 1417, Konstanz): Staatsarchiv Amberg, Fürstentum Obere Pfalz, Regierung Urkunden 1834. – *Wüst*, wie Anm. 2, S. 197.

41 Achim *Fuchs*: Das Fürstentum der Oberen Pfalz unter kurpfälzischer Herrschaft. Die Klöster. In: Das Fürstentum der Oberen Pfalz. Ein wittelsbachisches Territorium im Alten Reich. Hg. von Karl-Otto *Ambronn* und Maria Rita *Sagstetter* (Ausstellungskataloge der Staatlichen Archive Bayerns 46). München 2004. S. 181–217, hier S. 192 f.

42 Staatsarchiv Amberg, Kloster Waldsassen Urkunden 679 (15. September 1444).

graf Otto I. erneuerte die Schutzerklärung seines Bruders Johann für Speinshart von 1410 im Jahr 1458.[43]

Dem Ziel, die Schutzrechte über die Klöster auszuweiten und damit deren Landsässigwerdung zu befördern, kam Pfalzgraf Otto II. einen entscheidenden Schritt näher, als Kaiser Friedrich III. ihm am 19. Oktober 1465 in Wiener Neustadt den Schutz über die *in seinem lannde vnd gepitten* gelegenen Klöster Waldsassen, Walderbach, Reichenbach, Speinshart, Michelfeld, Weißenohe, Seligenporten, Engelthal, Pielenhofen, Schönthal, Gnadenberg und Sinsheim mit ihren Zugehörungen erneut übertrug. Otto habe ihm zu erkennen gegeben, dass er und seine Altvorderen bereits in der Vergangenheit durch Kaiser und Könige und auch durch ihn, Friedrich, mit der Ausübung der Schirmrechte betraut worden seien. Der kaiserliche Schirmauftrag wurde daher als Bestätigung bereits bestehenden und geübten Rechts formuliert, wobei Friedrich sich und dem Reich ausdrücklich *vnser oberkeit, gewaltsam vnd gerechtikeitt* vorbehielt.[44] König Maximilian I. erneuerte den an Otto II. gerichteten Schirmbefehl am 3. Juli 1495 zu Worms; die darüber ausgestellte Urkunde folgt dem Wortlaut der Urkunde seines Vaters von 1465 und nennt dieselben Klöster.[45] Diese lagen mit Ausnahme von Sinsheim alle im Neumarkter Fürstentum. Auffallenderweise wird dabei das von Pfalzgraf Johann und seiner ersten Frau Katharina von Pommern 1426 gestiftete Gnadenberg[46] ebenfalls in der Reihe der Reichsklöster genannt. Mit Urkunde vom 8. Mai 1434, ausgefertigt auf dem Konzil in Basel, hatte Kaiser Sigismund das Kloster Gnadenberg (dessen Gründung damals noch nicht abgeschlossen war) unter seinen Schutz genommen und mit

---

43 Staatsarchiv Amberg, Kloster Speinshart Urkunden 337 (4. Januar 1458). – *Lickleder*, wie Anm. 35, Nr. 446, S. 166. – *Wiesner*, wie Anm. 35, S. 319.

44 Staatsarchiv Amberg, Fürstentum Obere Pfalz, Regierung Urkunden 558. – *Ambronn*, wie Anm. 2, S. 36. – *Wiesner*, wie Anm. 35, S. 288 f., 318. – *Wüst*, wie Anm. 2, S. 197. – Zwei Tage später bestätigte Kaiser Friedrich III. dem Pfalzgrafen alle Freiheiten und Rechte sowie alle königlichen und kaiserlichen Urkunden über dessen Land und Hoheitsrechte sowie altes Herkommen und gute Gewohnheiten (Staatsarchiv Amberg, Fürstentum Obere Pfalz, Regierung Urkunden 367).

45 Staatsarchiv Amberg, Fürstentum Obere Pfalz, Regierung Urkunden 559. – Am 19. Oktober 1465, dem Tag, an dem Kaiser Friedrich III. Pfalzgraf Otto II. mit dem Klosterschutz beauftragte, verlieh er ihm auch den Schutz über die in seinem Land wohnenden Juden (Staatsarchiv Amberg, Fürstentum Obere Pfalz, Regierung Urkunden 370). Otto ließ sich diesen ebenso wie das klösterliche Schutzprivileg am 3. Juli 1495 durch Maximilian I. bestätigen (Staatsarchiv Amberg, Fürstentum Obere Pfalz, Regierung Urkunden 371). – Karl-Otto *Ambronn*: Ein „Registrum der Juden verschribungen" aus der Neumarkter Kanzlei Pfalzgraf Ottos II. In: Jahresbericht des Historischen Vereins für Neumarkt i. d. OPf. und Umgebung 23 (2002) S. 43–61, hier S. 59.

46 Sandra *Frauenknecht*: Kloster Gnadenberg (Mittelfränkische Studien 17, zugleich Schriftenreihe der Altnürnberger Landschaft 48). Ansbach/Lauf 2004. – Tore *Nyberg*: Birgitten. Publiziert am 19. 07. 2010. In: Historisches Lexikon Bayerns. http://www.historisches-lexikon-bayerns.de/Lexikon/Birgitten (aufgerufen am 15. 06. 2024).

der Wahrnehmung die Reichsstadt Nürnberg beauftragt.[47] Mit dem Privileg Friedrichs III. von 1465 ging das Schirmrecht auf den Neumarkter Landesherrn über. Dass das Privileg auch Pielenhofen aufführt, das seit den Pfandauslösungen gegenüber Bayern-München 1459 wieder oberbayerisch war, könnte darauf schließen lassen, dass als Vorlage eine ältere Beauftragung gedient hatte.

Der Erfolg der pfalzgräflichen Mediatisierungsbestrebungen kam in der Mitwirkung der unterschiedlich weit in das Fürstentum integrierten Klöster an den Landtagen und in ihrer Beitragsleistung zur Landsteuer zum Ausdruck. Die Liste der zur Landsteuer veranlagten Klöster von 1484 zählt auf: Waldsassen, Reichenbach, Walderbach, Michelfeld, Speinshart, Weißenohe, Seligenporten, Gnadenberg und Engelthal.[48] Und auf dem ersten nachweisbaren Landtag – er wurde durch Otto II. einberufen und trat am 21. April 1488 zusammen – nahmen nachweislich neben 16 Landsassen und neun Städten und Märkten (Neumarkt, Weiden, Cham, Neunburg vorm Wald, Auerbach, Lauf, Hirschau, Bärnau und Altdorf) die vier Prälaten von Waldsassen, Michelfeld, Reichenbach und Walderbach teil.[49]

Jedoch nicht bei allen Klöstern gelang es Otto II., sie seiner Landesherrschaft einzugliedern. Vor allem bei Waldsassen war der Landsässigkeitsstatus noch lange strittig. Die Abtei nahm für sich weiterhin die unmittelbare Unterstellung unter Kaiser und Reich in Anspruch, sie wurde bis 1540 regelmäßig zu Leistungen für das Reich herangezogen und der Abt zu den Reichstagen geladen. Gleichzeitig bestand der 1411 erworbene pfalzgräfliche *Erbschutz* für Waldsassen weiter; er wurde dem Kloster durch Johanns Nachfolger, die Waldsassen als landsässiges Kloster behandelten und als solches zu Steuerleistungen und zum Erscheinen auf den Landtagen aufforderten, wiederholt bestätigt, wobei die neuen Vorstände zu Beginn ihres Abbatiats die Pfalzgrafen nach dem Vorbild der Erklärung Abt Konrads von 1411 als Schutzherren anerkannten. Die endgültige Mediatisierung gelang erst 1537, als Pfalzgraf Friedrich II. unter Berufung auf seine Position als Landes- und Erbschirmherr anstelle des Abts einen Administrator einsetzte.[50]

---

47 Staatsarchiv Amberg, Kloster Gnadenberg Urkunden 45. – *Frauenknecht*, wie Anm. 46, S. 27, 39. – Das Kloster sollte nach dem Willen der Stifter auf dem nunmehr als Gnadenberg bezeichneten Eichelberg errichtet werden, der vom Reich zu Lehen ging und nach dem Erwerb durch die Pfalzgräfin dem Konvent am 12. Juni und 20. Juli 1434 geeignet wurde (Staatsarchiv Amberg, Kloster Gnadenberg Urkunden 37, 46, 47).

48 *Fuchs*, wie Anm. 41, S. 211 f.

49 *Ambronn*, wie Anm. 10, S. 75–90. – Ludwig Freiherr von *Egckher*: Geschichte der vormaligen Landschaft in der Oberpfalz. Amberg und München 1802. S. 11 f. – *Mühlbauer*, wie Anm. 10, S. 8, 10. – *Ambronn*, wie Anm. 10, S. 75–90. – *Wiesner*, wie Anm. 35, S. 320 f., 351. – Die beiden ebenfalls auf Oberpfälzer Boden gelegenen Klöster Ensdorf und Kastl gehörten zum präzipualen Landesteil, siehe *Ambronn*, wie Anm. 2, S. 37.

50 *Fuchs*, wie Anm. 41, S. 211 f. – *Wiesner*, wie Anm. 35, S. 345–350. – *Sagstetter*, wie Anm. 38, S. 48–50.

Das Vertragswerk von 1490

Unter Pfalzgraf Otto II., der unvermählt geblieben war[51], zeichnete sich frühzeitig der Übergang des Fürstentums Pfalz-Mosbach-Neumarkt an die Kurpfalz ab. Bereits 1479 schloss er eine Erbverbrüderung mit Kurfürst Philipp, die dessen Besitznachfolge im Mosbacher Landesteil sicherstellte.[52] Weitere Annäherungen zeigten sich in der Bereinigung langjähriger Differenzen, die ihre in Nachbarschaft gelegenen Ämter in Bayern betrafen. So schlossen Philipp und Otto 1481 einen Vergleich hinsichtlich verschiedener Grenz- und Hoheitssachen, die zwischen den Ämtern Auerbach, Eschenbach, Grafenwöhr, Hirschau und Vilseck strittig gewesen waren.[53] 1483 folgte unter Beteiligung Herzog Georgs von Bayern-Landshut ein weiterer Vergleich, der den Verlauf der zum Teil durch neue Marksteine neu ausgewiesenen Grenzen zwischen den Ämtern Waldeck, Grafenwöhr, Vilseck, Parkstein und Weiden festlegte.[54] Zur Stärkung der Hausmacht, die zuletzt durch innerfamiliäre Zwistigkeiten vor allem der oberbayerischen Wittelsbacher geschwächt worden war, sowie zur Befriedung von Land und Leuten schlossen Kurfürst Philipp, Pfalzgraf Otto II. von Pfalz-Mosbach-Neumarkt, Herzog Albrecht IV. von Bayern-München und Herzog Georg von Bayern-Landshut am 19. März 1490 in Amberg eine Einung und versprachen sich für den Fall eines kriegerischen Angriffs gegenseitige militärische Hilfe.[55] Die Regelung der Erbfolge für den Neumarkter Landesteil war dann Gegenstand des Vertragswerks, das Philipp und Otto Anfang Oktober 1490 in Germersheim auf den Weg brachten. Es beinhaltete eine Übereignung und sah die Besitznachfolge im Todesfall vor. Otto war zu diesem Zeitpunkt bereits 55 Jahr alt und ohne legitime Erben, während Philipp sieben Söhne besaß.

Mit Urkunde vom 4. Oktober 1490[56] übertrug Pfalzgraf Otto seinem *lieben vettern vnd bruder*[57] Kurfürst Philipp und dessen Erben *in crafft einer gab vnd gifft vnder den lebendigen* alle

---

51 *Holz*, wie Anm. 1, S. 68–70.

52 *Holz*, wie Anm. 1, S. 56 f., 66–71, 113–116. – *Wüst*, wie Anm. 2, S. 237–239.

53 Staatsarchiv Amberg, Fürstentum Obere Pfalz, Regierung Urkunden 405 (5. April 1481, Amberg). – *Wüst*, wie Anm. 2, S. 238.

54 Staatsarchiv Amberg, Fürstentum Obere Pfalz, Regierung Urkunden 406 (17. Juni 1483, Amberg). – *Wüst*, wie Anm. 2, S. 239.

55 Staatsarchiv Amberg, Fürstentum Obere Pfalz, Regierung Urkunden 494/1. – *Holz*, wie Anm. 1, S. 73 f.

56 Insert in Reversurkunde Kurfürst Philipps vom 5. Oktober 1490: Staatsarchiv Amberg, Fürstentum Obere Pfalz, Regierung Urkunden 407. – Siehe auch Insert in Vidimus des Dr. Jodocus Brechtel von Rohrbach, Dekan des Stifts Heilig Geist in Heidelberg, vom 26. September 1505 (mit zusätzlicher Beglaubigung durch den königlichen Notar Johannes Mangolt von Schwäbisch Hall vom selben Tag): Staatsarchiv Amberg, Fürstentum Obere Pfalz, Regierung Urkunden 408/1. – *Holz*, wie Anm. 1, S. 78–80, 119–124. – *Wüst*, wie Anm. 2, S. 239 f.

57 Philipp und Otto II. bezeichnen sich gegenseitig als Vetter und Bruder. Genealogisch genau genommen war Otto II. ein Cousin von Philipps Vater Kurfürst Ludwig IV. und dessen Bruder Kurfürst Friedrich I. Siehe Wilhelm *Volkert*: Stammtafeln. Die pfälzischen Linien des Hauses Wittelsbach. In: Handbuch der bayerischen Geschichte. Bd. III/3, wie Anm. 3, Tafel I.

Abb. 2: Urkunde Kurfürst Philipps vom 5. Oktober 1490, mit der er die Übernahme der Schulden erklärt. Darin inseriert die Übertragung Pfalzgraf Ottos vom Vortag. Vorlage: StAAm, Fürstentum Obere Pfalz, Regierung Urkunden 407.

seine Besitzungen in Bayern (*alle vnd igliche vnser landt, landtschafft, lute, sloß, stette, merckt, dorff, wyler im lande zu Beyern gelegen, so wir itzunt haben oder hernach bekomen mochten, lehen, eigen vnd pfantschafft*) mit allen zugehörigen Einkünften und Rechten, Obrigkeiten und Gerichten, Burgleuten, Mannschaften und Klostervogteien, jedoch behielt er sich ein lebenslanges Nutzungs- und Regierungsrecht vor (*doch vns herin vorbehalten der nyssung, gebruch vnd regierung derselben vnser leben lang vnd nit lenger*). Mit Land und Herrschaft sollten auch die diese betreffenden Unterlagen (*mit allen briefen, registern, zinßbuchern vnd rodeln, darvber sagend, die wir han*) in Philipps Eigentum übergehen. Die Übertragung an Philipp und seine *lehenserben als vnsern lieben vettern nestgesipten von gebludte, namen vnd stammen* beinhaltete ausdrücklich auch alle Lehen, die Otto als Lehenmann des Reichs, der Krone Böhmen und anderer Lehenherren innehatte; jedoch behielt er sich vor, alle geistlichen und weltlichen Lehen bis an sein Lebensende selbst zu verleihen und Philipp ein Verzeichnis dieser Lehen zukommen zu lassen. Otto versprach, sich dafür einzusetzen und bei den jeweiligen Lehenherren *nach allem flisse* zu erwirken, dass Philipp oder seine Erben nach seinem Tod als seine, Ottos, Erben mit dem Empfang dieser Lehen rechnen konnten. Er wolle alle seine Amtleute, insbesondere jene, die *vnser sloß vnd stette verwalten*, sowie alle Untertanen dazu anhalten, dass sie Philipp oder seinen Söhnen und Erben Erbhuldigung leisten, sie als ihre rechtmäßigen Erb- und Schutzherren annehmen, Gehorsam leisten und dienstfertig sind (*ine erbhuldung thun, globen vnd sweren sollen, ine, sin sone vnd erben nach vnserm tot vnd nymant anderm als irem rechten naturlichen erb- vnd vogthern mit vnsern slossen, stetten, merckten sampt den zugehorden, iren renten vnd nutzen zu gebott vnd verbott vnderthenig gehorsam vnd gewertig zu sein*).

Zudem verpflichtete sich Otto, alle seine weltlichen Lehenmannen *by vnserm leben* [zu] *beschryben* und sie ihrer Pflicht gemäß und bei Androhung des Verlusts ihrer Lehen dazu aufzufordern, dass sie nach seinem Tod innerhalb der üblichen Zeit von Philipp und seinen Erben ihre Lehen neu empfangen, ihnen als ihren Lehensherren huldigen, von ihnen Lehenbrief nehmen und umgekehrt ihren Lehenrevers geben sollen. Er erklärte, dass er mit allem möglichen Fleiß darauf hinwirken wolle, dass der Kaiser, von dem er als ein Fürst des Reiches mit Regalien ausgestattet worden sei, *diese vnser gab* annehmen und bestätigen wolle. Desgleichen, da *etlich sloß vnd stette lehen sin von der koniglichen wirde vnd der kron zu Beheim, auch andern lehenherren*, wolle er sich um deren Zustimmung zu dieser Verschreibung und ihre Bereitschaft, Philipp damit zu belehnen, bemühen. Philipp und seine Söhne und Erben sollten nach Ottos Tod dessen Land, Schlösser, Städte und Untertanen *by iren alten fryheiten, herkomen, guten gewonheiten vnd rechten bliben lassen* und diese *confirmiren vnd bestettigen*.

Pfalzgraf Otto behielt sich des Weiteren vor, 1.000 Gulden für sein Seelenheil zu stiften oder zu Gunsten seiner Diener zu vermachen (*zu vnser sele heyle oder vnsern dienern zu gnaden zu uerschaffen ein zimlichs als vff tusent gulden vngeuerlich*).

Dass er sein Fürstentum Kurfürst Philipp und damit der Kurlinie der wittelsbachischen Pfalzgrafen übereignete, begründete Otto mit der besonderen *lieb vnd fruntschafft*, die ihm Philipp, *vnser lieber vetter vnd bruder*, zu allen Zeiten erwiesen habe, wobei es dieser seinem Empfinden nach *ye vnd ye trulich gemeynt* habe. Deshalb gönne er ihm alle seine gegenwärtigen und künftigen Besitzungen an Lehen, Allod und Pfand aus *fruntlichem bruderlichem willen*. Des Weiteren seien sie beide nahe Verwandte (*wan er vns auch mit dem nesten gesipt*) und ihre beiden Territorien unmittelbar benachbart (*so ist auch vnser furstenthum siner lieb furstenthum also gelegen, das eins das ander beschirmen mag*). Der Urkundentext spielt damit auf die Interessen des Hauses Bayern an; ihm musste es darauf ankommen, das Neumarkter Fürstentum nach einem erbenlosen Tod ungeteilt und unangefochten für die kurpfälzische Linie zu sichern und somit die Hausmacht zu stärken. Die Übertragung und die vorgesehene Erbfolge sollen nach Ottos Willen auch zum Wohl seiner Untertanen gereichen; noch zu Lebzeiten wolle er auf diese Weise dafür sorgen, dass nach seinem Tod für seine Untertanen *frieden vnd gemach* garantiert seien. Konflikte oder gar ein Erbfolgekrieg hätten diesen Frieden gefährden können. Auf den Hauptgrund der vorzeitigen Übertragung weist die Aussage hin, dass Philipp Otto zu Hilfe kommt, um seine Schulden zu tilgen (*itzunt zu stuwer kompt, das wir vnser merglich schulden ablegen*). Vor diesem Hintergrund kommt dem Versprechen Ottos, Land und Leute nicht mehr mit Kriegen (außer er werde zur Notwehr gezwungen: *wir wurden dann mit krieg zur gegenweher getrungen*) und weiteren

Verschreibungen oder Schulden zu belasten, zentrale Bedeutung zu; Schulden wolle Otto künftig allenfalls mit Wissen und Willen Philipps oder seiner Erben eingehen.[58]

Abschließend stellt der Urkundentext fest, dass der rechtlichen Bestimmung, wonach Übereignungen unter Lebenden, die einen Objektwert von 500 Gulden überschreiten, nicht unverkündet bleiben dürfe, Genüge getan worden sei. Als Zeugen der *gab vnd gifft* und Mitsiegler (neben Otto als Aussteller) erscheinen Bernhardin von Stauff zu Ehrenfels, Heinrich Notthafft zu Wernberg, Jörg Zenger zum Thanstein, beide Ritter, Hans von Gemmingen zu Guttenberg, Alexander von Wildenstein, Jörg von Waldau und Anselm von Eicholzheim.

Um der Überschreibung im Bedarfsfall eine höhere rechtsförmliche Sicherheit zu verleihen, ließ Otto am selben Tag, dem 4. Oktober, eine Urkunde ausfertigen, in der er sich bereit erklärte, dass für den Fall, dass die *verschreybung*, die er Philipp und dessen Kindern und Erben gegeben habe, womit er sie als seine nächsten Verwandten (*nechstgesiptenn*) zu seinen Erben eingesetzt und sie mit seinem Fürstentum, Land und Leuten begabt habe, seinem Vetter und dessen Kindern oder Erben nicht ausreichend erscheinen sollte, sondern sie es für nützlicher erachten sollten, *sollich gabe vnnd erbung inn testamens weyse oder als ein gabe in falle des dots zu uersorgenn oder sie zu arrogirn oder in kauffs weyse oder auch die gegebenn verschreybung zu pessernn oder wie das in die oder ander wege bestendiger vnnd krefftiger zu uerschreybenn, zu uermachen, zu uerorden vnnd zu uersorgenn ist*, wolle er diesem Anliegen gerne entsprechen, jedoch solle ihm dies bis spätestens Weihnachten eröffnet werden. Er verspreche, ihnen die Übergabe *also vff ir gesynnen zum furderlichstenn vffzurichten in der bestenn form, wie sie das yederzeyt begeren, daran sie des wol sicher vnnd habennd seind*, jedoch vorbehaltlich der Regierung und der Nutzung und anderer Sachen, die er sich ausgenommen hatte.[59]

Im Gegenzug verpflichtete sich Philipp tags darauf, mit Reversurkunde vom 5. Oktober 1490 und ebenfalls zu Germersheim, für sich und seine Erben, alle Schulden, die Otto bis dato in seinen beiden Fürstentümern (*in sinem Ober- vnd Niderlande*) gemacht und seinem Vetter durch Übergabe von zwei *versecretirten* Registern angezeigt hatte, zu übernehmen und durch Zahlungen aus seinem Haushalt (*von dem vnsern*) zu tilgen – mit dem Ziel, *das vnser lieber vetter vnd bruder obgenant sin leben lang deste geringer vnd derhalb nit pfantber vnd vnangefochten bliben solle*. Er gestand Otto eine jährliche, jeweils zu Lichtmess zu leistende Rente zu: 1.000 rheinische Gulden aus der kurfürstlichen Kammer, 300 Schaff Hafer aus dem Kasten zu Helfenberg.[60]

---

58 Ausführlich zu den Beweggründen für die Übertragung *Holz*, wie Anm. 1, S. 56 f., 72–84.

59 Staatsarchiv Amberg, Fürstentum Obere Pfalz, Regierung Urkunden 3/2 (Vidimus des Dr. Jodocus Brechtel von Rohrbach, Dekan des Heilig-Geist-Stifts zu Heidelberg, vom 1. Oktober 1505 mit Beglaubigung durch den kaiserlichen Notar Johannes Mangolt von Schwäbisch Hall).

60 Staatsarchiv Amberg, Fürstentum Obere Pfalz, Regierung Urkunden 407 (mit Insert der Übertragungsurkunde Ottos II.). Zeugen und Mitsiegler waren Bischof Johann III. von Worms, Kanzler, Reinhard von Neipperg, Altmeister des Deutschen Ordens, Jakob von Fleckenstein, Hofmeister, Hans von Trotha, Ritter und Marschall. – Als Beispiel für die Einlösung seines Versprechens sei aus der Überlieferung im Staatsarchiv Amberg eine Urkunde vom 12. April 1493, in der Philipp die Übernahme einer Schuld in

Die Absicherung der Übertragung

Im Folgenden soll dargestellt werden, wie Otto die verschiedenen Verpflichtungen und Ankündigungen, die er mit der Überschreibung seines Fürstentums verband, zu Gunsten Philipps umsetzte und dieser die Übernahme im Erbfall vorbereitete. In einem ersten Schritt galt es für Otto, die Übereignung seines Territoriums erb- und reichsrechtlich abzusichern. Nach dem Tod seines Vaters 1461 hatte er als ältester Sohn die Alleinregentschaft übernommen, während seine drei Brüder für den geistlichen Stand bestimmt waren. Die vier Schwestern waren 1490 bereits verstorben; sie hatten schon zu Lebzeiten des Vaters auf ihre Erbansprüche verzichtet. Ottos einziger noch lebender Bruder Albrecht von Pfalz-Mosbach, seit 1478 Bischof von Straßburg, erklärte eine Woche nach dem Germersheimer Vertrag seine Zustimmung zu demselben und verzichtete auf seine Erbansprüche mit Rücksicht auf die Interessen des Gesamthauses: *dann solchs vnser gentzlicher gutter vnwidderrufflicher will vnd meynung ist vnd es sonderlichen vnserm lieben vettern pfaltzgraue Philipsen churfürsten etc. vnd siner lieb sone als vnsernn nahe gesippten des gebluts von der Pfaltz vnd huss zu Beyern vor allermeniglichen am furderlichsten vnd besten gonnen.*[61] Als Entschädigung für seinen Verzicht bekam Albrecht durch Philipp ein Leibgeding von 1.600 Gulden angewiesen.[62]

Die reichsrechtliche Bestätigung der Übertragung erfolgte erst knapp drei Jahre später durch König Maximilian I. Mit Urkunde vom 11. September 1493 erteilte er auf gemeinsames Bitten Kurfürst Philipps und Pfalzgraf Ottos seine nachträgliche Einwilligung – *von romischer koniglicher machtvolkommenheit vnnd als lehenherr, alls ob das von anfanng von vnns verwilligt vnnd zugelassen were*, wobei er sich auf die Herrschaft und Besitzungen Ottos nicht nur *im lannde zu Beyrn* als Gegenstand des Vertrags von 1490 bezog, sondern auch auf jene *am Rein, am Necker oder wo die gelegen sein*, für die der Erbvertrag von 1479 einschlägig war.[63]

Zur Absicherung seiner Nachfolge als Landesfürst ließ Philipp sich von höheren und niederen Beamten Ottos Treue und Dienstbereitschaft schwören und von den Städten und Märkten huldigen. Er verzichtete freilich darauf, sich selbst auf die Reise in sein neues Neumarkter Fürstentum

---

Höhe von 1.600 Gulden, die Otto gegenüber dem Kloster Walderbach eingegangen war, erklärte (Staatsarchiv Amberg, Kloster Walderbach Urkunden 37). – Zur Abtragung der Schulden durch Philipp siehe *Holz*, wie Anm. 1, S. 78 f.

61 Urkunde vom 11. Oktober 1490, Zabern: Staatsarchiv Amberg, Fürstentum Obere Pfalz, Regierung Urkunden 2 (Vidimus des Dr. Jodocus Brechtel von Rohrbach, Dekan des Heilig-Geist-Stifts zu Heidelberg, vom 27. September 1505 mit Beglaubigung durch den kaiserlichen Notar Johannes Mangolt von Schwäbisch Hall). – *Wüst*, wie Anm. 2, S. 235 f., 240.

62 *Holz*, wie Anm. 1, S. 96. – *Wüst*, wie Anm. 2, S. 240.

63 Staatsarchiv Amberg, Fürstentum Obere Pfalz, Regierung Urkunden 3/1 (Vidimus des Dr. Jodocus Brechtel von Rohrbach, Dekan des Heilig-Geist-Stifts zu Heidelberg, vom 26. September 1505 mit Beglaubigung durch den kaiserlichen Notar Johannes Mangolt von Schwäbisch Hall). *Holz*, wie Anm. 1, S. 95. – *Wüst*, wie Anm. 2, S. 240.

zu begeben, vielmehr ließ er sich durch seinen Amberger Viztum Graf Michael von Wertheim vertreten, der auf einem Umritt durch das Neumarkter Territorium die Treueeide und Eventualhuldigungen entgegennahm.[64] Der Umritt des Viztums ist durch ein Huldigungsregister[65] dokumentiert, das einer seiner Begleiter nach Abschluss der Reise verfasst haben dürfte. Es listet in einem ersten Abschnitt 27 *ober vnd vnder amptlut vnd pfleger* Pfalzgraf Ottos auf, die dem Viztum anstatt Kurfürst Philipp *globt vnd gesworn* haben – Otto hatte in Germersheim sich verpflichtet, seine Amtleute dazu anzuhalten –, und zwar unter Verwendung einer Eidesformel, die vorgegeben und auf einem Zettel notiert war, den man ihnen offenbar beim Huldigungsakt als Vorlage an die Hand gegeben hatte. Der Wortlaut des Eids ist in diesem Kontext nicht überliefert. Als erste der Schwörenden werden genannt die landesherrlichen Beamten am Residenzort Neumarkt: Ludwig von Eyb als Hofmeister, Ludwig Truchsess als Kanzler, Otto von Rohrbach, Schultheiß zu Neumarkt, sowie Jörg Armer, Kastner zu Neumarkt. Sie legten ihren Amtseid am 15. November (Montag nach Martini) ab, ebenso Wilhelm Schenck zu Tautenberg, Pfleger zu Hirschau, Alexander von Wildenstein, Pfleger zu Lauf, Götz von Plassenberg, Landrichter und Pfleger zu Neunburg vorm Wald, Dietz Marschalk, Landrichter und Pfleger zu Auerbach, sowie Hans Lantinger, Landschreiber zu Auerbach und Eschenbach. Bereits am Tag zuvor (14. November, Sonntag nach Martini) hatten Burkhard von Freudenberg, Pfleger zu Holnstein, Jörg Mistelbeck, Pfleger zu Haimburg, Hans Engelheimer, Pfleger zu Freystadt, sowie Balthasar von Tettau, Pfleger zu Parkstein, geschworen. Es folgten Heinz Turrigel/Durriegel, Pfleger zu Betzenstein, am 20. November (am Samstag nach Elisabeth), Hans Rasch, Richter zu Kirchenthumbach (*Tumpach*), am 21. November (Sonntag nach Elisabeth), Konrad Ottinger, Landschreiber zu Weiden, Hans Zerer, *beider herrn statrichter zue Wyden, von hertzog Otten teils wegen*, Ludwig Erlbeck (*Erleweck*), *beider hern lantrichter zum Bargstein,* [...] *von hertzog Otten teils wegen*, am 23. November (Dienstag nach Elisabeth), Anarg von Wildenfels, Freiherr, Pfleger zu Bärnau, und Ludwig Folant, Richter zu Bärnau, am 24. November (*vff sant Katherin abent*), Hans von *Rornstet*, Pfleger zu Pleystein, Jörg Zenger, Pfleger zu Burgtreswitz, und Jörg von Waldau, Pfleger zu Tännesberg, am 25. November, Konrad Hierl (*Hirel*), Kastner zu Cham, und Bohoslaw Trautenberger, Pfleger zu Bruck am 30. November (*vff sant Endres dag*). Das Schlusslicht bildeten Hans Plankenfelser, Pfleger zu Hohenfels, und Wolf Truchsess, Pfleger von Pfaffenhofen, am Nikolaustag, 6. Dezember. Die Amtsträger legten ihren Diensteid an den Orten ab, an denen der Viztum auf seinem Umritt Station machte, um die Huldigung der Städte und Märkte zu empfangen.

Um sich der Treue und des Gehorsams seiner künftigen Untertanen zu versichern, ließ Philipp sich von Städten und Märkten in Pfalz-Neumarkt-Neunburg eine Eventualhuldigung leisten. Diese hatten sich dahin zu erklären, dass sie Philipp nach dem Tod Ottos als ihren neuen Landesfürsten anzunehmen bereit waren; dies geschah ebenfalls im Rahmen des Umritts, den stellvertre-

---

64 Zur Bedeutung der Huldigung und des Untertaneneids siehe Bernhard *Diestelkamp*: Huldigung. In: Handwörterbuch zur deutschen Rechtsgeschichte, 2., völlig überarbeitete und erweiterte Auflage. Bd. 1. Berlin 2008. Sp. 1159–1161. – André *Holenstein*: Erbhuldigung. In: Ebd. Bd 2. Berlin 2012. Sp. 1366 f.

65 Bayerisches Hauptstaatsarchiv, Oberpfalz Lit. 43. – *Holz*, wie Anm. 1, S. 88–95, 124–133.

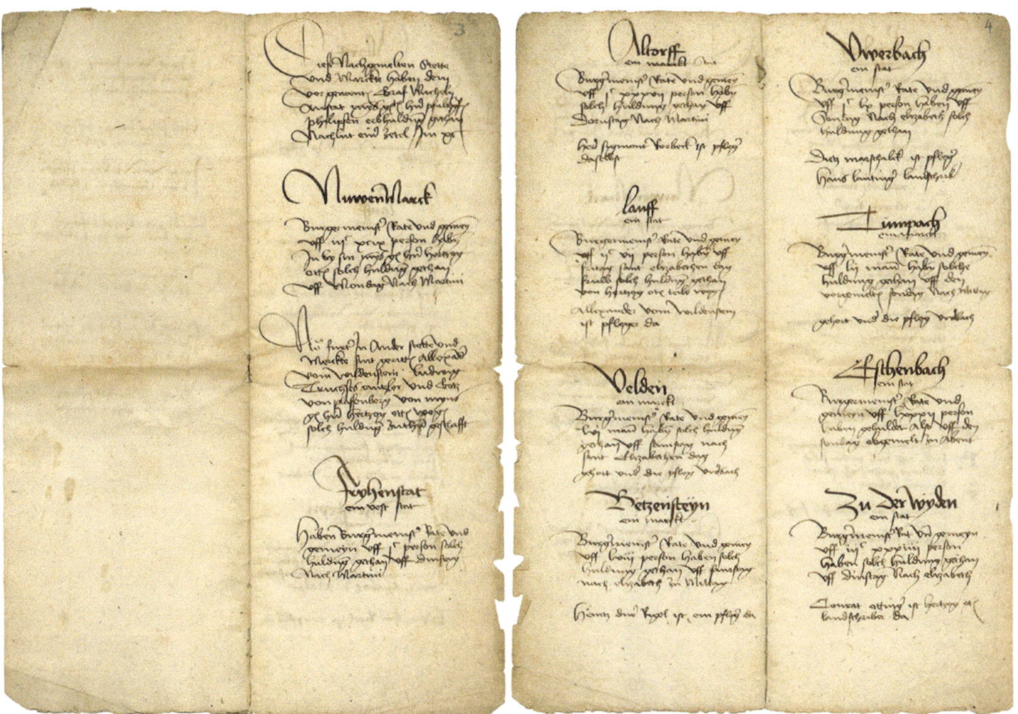

Abb. 3: Auflistung der huldigenden Städte im Huldigungsregister von 1490.
Vorlage: Bayerisches Hauptstaatsarchiv, Oberpfalz Lit. 43, fol. 2 v – 4 r.

tend sein Viztum Michael von Wertheim im Winter 1490/91 absolvierte. Das bereits zitierte Huldigungsregister listet in einem zweiten Abschnitt die Städte und Märkte auf, die Graf Michael von Wertheim anstatt Kurfürst Philipp *erbhuldung gethan nach lut einer zetel.*[66] Wie beim Schwören der Amtleute diente auch beim Huldigungseid in den Kommunen ein Zettel mit der Eidesformel als Vorlage zum Nachsprechen. Festgehalten wurde jeweils, dass Bürgermeister, Rat und Gemein womit die versammelte Bürgerschaft gemeint ist, *solch huldung gethan* oder *gehuldet* haben, mit der zusätzlichen Angabe der Anzahl der *person*, die den Eid leisteten. Welche Personen – außer Bürgermeister und Rat als Regiment und Repräsentanten der Kommunen – tatsächlich aufgefor-

[66] Bayerisches Hauptstaatsarchiv, Oberpfalz Lit. 43. – *Holz*, wie Anm. 1, S. 90 – 92. – Das Huldigungsregister enthält als dritten Teil eine Mischung aus Reise- und Landesbeschreibung, die Bemerkenswertes über Land, Städte, Burgen und Klöster, aber auch wirtschaftsrelevante Informationen (z. B. Bergwerke, fischreiche Gewässer, Wald) bietet. Siehe *Holz*, wie Anm. 1, S. 93 – 95.

dert waren zu huldigen, wird nicht spezifiziert. Jedoch ist davon auszugehen, dass nur die Hausväter, eventuell auch Witwen als Hausvorstände oder sogar nur Bürger, also Bewohner, die das Bürgerrecht besaßen, zum Eid zugelassen waren.[67]

Abb. 4: Tumba Pfalzgraf Ottos II. in der Neumarkter Hofkirche. Vorlage: Friedrich Hermann Hofmann und Felix Mader: Stadt und Bezirksamt Neumarkt (Die Kunstdenkmäler des Königreichs Bayern. Regierungsbezirk Oberpfalz und Regensburg XVII). München 1909. Tafel I.

In Neumarkt, am Residenzort des Fürstentums, wurde am 15. November, als auch die dortigen Beamten ihren Gehorsamseid leisteten, der Anfang gemacht. Bürgermeister, Rat und Gemein, insgesamt 399 *person* haben im Beisein von Pfalzgraf Otto *solch huldung gethan*. Die von Otto im Übergabevertrag angekündigte Unterstützung bei der Vorbereitung der Herrschaftsübernahme wurde sichtbar in seiner Anwesenheit bei der Huldigung in Neumarkt, aber auch in den Urkunden Philipps, in denen er auf *siner lieb bescheit* Bezug nimmt. Die Tatsache, dass Otto bei der Huldigung in Neumarkt anwesend war, darf in dem Sinne interpretiert werden, dass er seinen Amtleuten und den Vertretern seiner Residenzstadt seinen Erben und Nachfolger formell präsentierte und sie aufforderte, ihm als ihren künftigen Herrn Gehorsam und Treue zu versprechen. Alexander von Wildenstein, Pfleger in Lauf, Ludwig Truchsess, Kanzler, und Götz von Plassenberg, Landrichter und Pfleger in Neunburg vorm Wald, hatten auf Anweisung Pfalzgraf Ottos den Viztum Michael von Wertheim auf seinem Weg von Neumarkt aus in andere Städte und Märkte des Landes zu begleiten und zu unterstützen. Nicht alle der in der Folge genannten Städte und Märkte wurden durch den Viztum und seine Begleiter auf ihrem Umritt unmittelbar aufgesucht, sondern manche entsandten Bevollmächtigte zu den Huldigungsterminen in andere Städte, außer im Falle von Erbendorf bestanden die Abordnungen aus jeweils vier namentlich genannten Vertretern des Rats (einschließlich des Bürgermeisters) und vier der Gemein. In Freystadt (*ein vest stat*) haben am 16. November 100 Personen gehuldigt, in der Stadt Altdorf am 18. November 137 Personen, in der Stadt Lauf am 19. November (*vff fritag sant Elizabethen dag fruw*) 207 Personen, im Markt Velden am 20. November 56 Mann und im Markt Betzenstein am selben Tag 58

[67] *Holz*, wie Anm. 1, S. 92 f.

Personen, am 21. November in der Stadt Auerbach 160 Personen, im Markt Kirchenthumbach 52 Mann *vff den vorgemelten sondag nachmittag*, in der Stadt Eschenbach 82 Personen *vff den sondag obgemelt zu abent*. In Weiden leisteten am 23. November 334 Personen aus der Stadt selbst ihren Huldigungseid sowie eine Abordnung des Markts Erbendorf, bestehend aus dem Richter, sieben Ratsmitgliedern und vier Vertretern der Gemein. In der Stadt Bärnau leisteten am 24. November 57 Personen ihren Eid. In Pleystein huldigten am 25. November 60 Personen aus der Stadt, die Märkte Moosbach und Tännesberg schickten je *vier vom rat vnd vier von der gemeyn* zum Huldigungstermin nach Pleystein. In der Stadt Neunburg vorm Wald haben am 26. November 172 Person *solch huldung gethan*, die Märkte Roding, Neukirchen-Balbini und Schwarzhofen entsandten je vier Vertreter des Rats und vier der Gemein. In Cham (*ein hubsch stat*) haben 245 Personen am 29. November *solch huldung gethan mit vorbeheltnuß hertzog Albrechten von Beyern siner losung*, d. h. ihr Untertaneneid würde nur so lange Bestand haben, bis Herzog Albrecht IV. von Bayern-München Stadt und Gericht Cham, die beide seit 1352 an die Pfalz verpfändet waren, wieder einlösen würde.[68] Am 30. November nahm der Viztum die Huldigung der je acht Abgeordneten des Markts Bruck und des Markts Nittenau in Reichenbach entgegen, der Markt Hohenfels und der Markt Lauterhofen schickten je vier vom Rat und vier von der Gemein am 6. Dezember nach Amberg. Die Stadt Hirschau huldigte als Letztes am 2. Januar 1491.[69]

Im Gegenzug verpflichtete sich Philipp den Städten und Märkten gegenüber für den Fall, dass sie ihm nach Ottos Tod huldigen würden, zur Bestätigung ihrer Privilegien, die ihnen von Landesherren und Königen bzw. Kaisern verliehen worden waren. Philipp ließ sein Versprechen durch Ausfertigung entsprechender Urkunden, die, einem einheitlichen Formular und Wortlaut folgend, zu Germersheim am Tag der Heiligen Katharina (25. November) 1490 ausgefertigt und den Empfängerkommunen offenbar nachträglich ausgehändigt oder übersandt wurden.

Entsprechende Urkunden vom 25. November 1490 sind als Ausfertigungen überliefert für die Stadt Cham[70], die Stadt Freystadt[71], den Markt Hohenfels[72], den Markt Lauterhofen[73] und den

---

68 Maria Rita *Sagstetter*: Spielball der Mächte – Cham als Pfandschaft zwischen Bayern und Pfalz. In: Cham, die Stadt am Regenbogen. Festschrift zum 40. Bayerischen Nordgautag. Hg. vom Oberpfälzer Kulturbund e. V. Regensburg 2014. S. 29–39.

69 Bei nahezu allen aufgeführten Städten und Märkten vermerkt der Verfasser des Huldigungsregisters zusätzlich den Namen des dort ansässigen oder zuständigen landesherrlichen Pflegers oder Richters oder das Amt, zu dem der Ort gehört (z. B. Stadt Neunburg vorm Wald: *Gotz von Plassenberg ist pfleger da*; Markt Lauterhofen: *gehort vnder die pfleg zu Pfaffenhofen*).

70 Hans *Frank*: Stadtarchiv Cham. Teil I: Urkunden (Bayerische Archivinventare 25). München 1964. U 697, S. 139.

71 Staatsarchiv Amberg, Fürstentum Obere Pfalz, Regierung Urkunden 989.

72 Staatsarchiv Amberg, Fürstentum Obere Pfalz, Regierung Urkunden 1274.

73 Staatsarchiv Amberg, Fürstentum Obere Pfalz, Regierung Urkunden 975.

Markt Tännesberg[74], als Abschriften für die Städte Neumarkt[75] und Pleystein[76] sowie den Markt Nittenau[77]. Durch Recherchen in den betreffenden Kommunalarchiven dürften sich weitere Beispiele ermitteln lassen. Die Urkunden weisen außerhalb der Ortsnamen fast vollständig denselben Wortlaut auf. Sie sind auf Philipps Namen ausgestellt und richten sich an Bürgermeister, Rat und Gemein der jeweiligen Kommune als *verwanten* seines *lieben vettern vnd bruders* Pfalzgraf Ottos, die auf dessen Geheiß (*von siner lieb bescheit*) ihm Erbhuldigung getan und versprochen hätten, ihn, seine Söhne und Erben nach Ottos Tod für ihre rechten natürlichen Erbherren und Landesfürsten anzunehmen, und zwar *nach besage eines zetels, der inen furgelesen ist*. Im Gegenzug habe er ihnen versprochen, sobald er nach Ottos Tod den Markt oder die Stadt in Besitz nehmen werde und sie ihm gehuldigt haben werden, ihnen *alsdan alle ir freyheit vnd gut gewonheit, die inen von des obgenanten vnsers lieben vetter vnd bruder vatter vnd iren eltern fursten von Beyern, auch romischen keisern vnd konigen seliger gedechtnuß verschriben sind vnd by inen herbracht haben, confirmiren, bestetten vnd halten* und ihnen darüber *auch vnser briff vnd sigel geben* [zu] *wollen nach geburlicher form.*[78]

Übernahme und Sicherung der Herrschaft

Mit dem Tod Pfalzgraf Ottos II. am 8. April 1499 trat der Erbfall ein, der die Wiedervereinigung der beiden Oberpfälzer Landesteile unter kurpfälzischer Herrschaft zur Folge hatte. Nun konnte Philipp als *natürlicher Erbherr und Landesfürst*, als der er sich im Kontext der von den Städten und Märkten entgegengenommenen Eventualhuldigungen in Aussicht gestellt hatte, Land und Leute in Besitz nehmen. Schon zwei Wochen nach Ottos Tod begann Philipp seinen Umritt, um sich als dessen Erbe und neuer Landesherr zu präsentieren und sich huldigen zu lassen. Den Anfang machte er im Mosbacher Landesteil (den er kraft des Erbvertrags von 1479 ererbt hatte). Am 24. April begab er sich zusammen mit seinem ältesten Sohn und späteren Nachfolger Ludwig sowie in Begleitung von adeligen Amtsträgern nach Eberbach und dann noch an weitere Orte, um die Huldigung seiner neuen Untertanen entgegenzunehmen.[79] Dabei wurde durch den kurpfälzischen Marschall eine Urkunde Ottos von 1490 öffentlich verlesen, in der dieser Bürgermeister, Rat und Gemeinde von Eberbach aufforderte, nach seinem Tod Philipp zu huldigen; daraufhin wurden die Eide auf Philipp als rechtmäßigen Erbherrn und Landesfürsten abgelegt. Nach Ab-

---

74 Staatsarchiv Amberg, Fürstentum Obere Pfalz, Regierung Urkunden 1977.

75 Staatsarchiv Amberg, Fürstentum Obere Pfalz, Regierung Urkunden 1445/1.

76 Staatsarchiv Amberg, Fürstentum Obere Pfalz, Regierung Urkunden 951. – Staatsarchiv Amberg, Fürstentum Obere Pfalz, Regierung Registraturbücher 25, fol. 57.

77 Staatsarchiv Amberg, Fürstentum Obere Pfalz, Regierung Urkunden 2195. – Staatsarchiv Amberg, Fürstentum Obere Pfalz, Regierung Registraturbücher 25, fol. 60.

78 Urkunde für Freystadt als Beispiel: Staatsarchiv Amberg, Fürstentum Obere Pfalz, Regierung Urkunden 989.

79 *Holz*, wie Anm. 1, S. 98 f., 133–137. – *Wüst*, wie Anm. 2, S. 241.

schluss der Huldigungen in Pfalz-Mosbach reiste Philipp mit Gefolge in das Neumarkter Fürstentum. Dieses war ihm 1490 zwar als Eigentum überschrieben worden, aber Otto hatte sich damals die Regierungsgewalt auf Lebenszeit vorbehalten. Mit Ottos Tod war die Herrschaft auf Philipp übergegangen, er konnte fortan die mit dem Land verbundenen Besitz- und Rechtstitel nutzen und die Landesherrschaft ausüben. Nunmehr kam es darauf an, sich Land und Leuten als neuer Fürst darzubieten und sich huldigen zu lassen, im Gegenzug erste Herrschaftsakte etwa in Form von Privilegienbestätigungen zu vollziehen und das Ererbte zu sichern. Mit Ottos Tod war hinsichtlich der pfalzgräflichen Aktivlehen der Hauptlehenfall eingetreten. Dadurch stand auch die Neubelehnung der Lehenmannen an. Spätestens am 16. Mai 1499 lässt Philipp sich in Neumarkt nachweisen.[80] Bereits am 18. Mai 1499 nahm Philipp in Amberg eine Belehnung vor.[81] Am 21. Mai ließ er die Vasallen des Neumarkter Landes über seine Ankunft in Kenntnis setzen und sie zum Empfang ihrer Lehen aufrufen.[82] Er blieb mehrere Wochen in der Oberpfalz – längstens bis in die erste Septemberhälfte[83] – und hielt sich hier offenbar bevorzugt in Neumarkt und Amberg auf. Anders als 1490 kam es Philipp darauf an, persönliche Präsenz zu zeigen und etwa möglichst viele Belehnungsakte in eigener Person vorzunehmen, aber auch dieses Mal musste er einzelne Aufgaben delegieren, vor allem dort, wo es zu Verzögerungen kam.

Nach erfolgter Huldigung bestätigte Philipp den Städten und Märkten ihre Rechte und Freiheiten. Die darüber ausgefertigten Urkunden attestieren Bürgermeister, Rat und Gemein der jeweiligen Kommune, dass sie ihm als ihrem rechtmäßigen Herrn und Landesfürsten gehuldigt haben, woraufhin er ihnen auf ihre Bitte hin ihre Urkunden und Privilegien, die sie von seinem Vetter und Bruder Pfalzgraf Otto und dessen Vorfahren erhalten haben, sowie alle hergebrachten Gewohnheiten (*altherkomen vnd gut gewonhaitten*) bestätigte. Entsprechende Konfirmierungsurkunden sind im Staatsarchiv Amberg als Ausfertigung für die Stadt Bärnau (Heidelberg, 23. Juni 1500)[84], in Abschriften für die Städte Freystadt (Heidelberg, 23. Juni 1500)[85], Neumarkt (Heidelberg, 23. Juni 1500)[86] und Cham (Amberg, 1. Juli 1499)[87] sowie den Markt Roding (Amberg, 28. Juni 1499)[88] überliefert. Philipp jedoch beschränkte sich nicht nur auf die Bestätigung bestehender Rechtstitel, sondern gestaltete auch und setzte Recht. Das Dorf Eslarn im Gericht Tännesberg stattete er mit einem eigenen Gericht aus (mit einem landesherrlichen Richter und zwölf Beisitzern aus dem Kreis der Dorfbewohner) und bestimmte die Stadt Neunburg vorm Wald zu seinem Oberhof, von dem es im Bedarfsfall Rechtsberat (*aisch vnd vrtail*) sowie Ellen, Gewicht

80 *Wüst*, wie Anm. 2, S. 241.

81 Staatsarchiv Amberg, Fürstentum Obere Pfalz, Lehenpropstamt Urkunden 1205.

82 *Holz*, wie Anm. 1, S. 100. – *Wüst*, wie Anm. 2, S. 241 f.

83 *Wüst*, wie Anm. 2, S. 242.

84 Staatsarchiv Amberg, Abgabe BayHStA GU Bärnau 12.

85 Staatsarchiv Amberg, Fürstentum Obere Pfalz, Regierung Urkunden 993.

86 Staatsarchiv Amberg, Abgabe BayHStA GU Neumarkt i.d.OPf. 375.

87 *Frank*, wie Anm. 70, U 723, S. 144.

88 Staatsarchiv Amberg, Fürstentum Obere Pfalz, Regierung Urkunden 2205.

und Maße nehmen sollte.[89] In der Residenzstadt Neumarkt wurde Philipp durch Bürgermeister und Rat mit nicht weniger als 54 Klagepunkten konfrontiert und um Entscheidung und Weisung gebeten. Der Kurfürst gewährte diese mit Urkunde vom 12. März 1502, in der er zu den einzelnen Artikeln Stellung bezog. Diese betrafen u. a. die Landsteuer, die Kompetenzabgrenzung zwischen Schultheißen und Stadt, Geleit, Stadtschlüssel, Halsgericht, Harnischbeschau, Zehntforderungen gegenüber auswärtigen Gütern der Bürger, pfalzgräfliche Stiftungen an der Hofkapelle, Spitalrechnung, Pflasterzoll und Verwendung von Einkünften aus Maß- und Gewichtsstrafen für Stadt- und Brückenbau.[90]

Als Bestandteil der zum Teilfürstentum Pfalz-Neumarkt gehörigen Herrschaftsrechte hatte Philipp auch die Vogtei über die im Land gelegenen Klöster übernommen. 1499 waren die Klöster wie oben dargelegt bereits landsässig, im Falle von Waldsassen war die Reichsunmittelbarkeit noch strittig. Die Herrschaftsübernahme war für Philipp Anlass, die Klöster in Fortsetzung der Tradition und Klosterpolitik seiner Pfalz-Neumarkter und Pfalz-Mosbacher Vorgänger des pfalzgräflichen Schutzes zu versichern und ihre überkommenen Privilegien zu bestätigen. Am 18. Juli 1499 nahm Philipp in Neumarkt Abt Georg und den Konvent des Klosters Speinshart mitsamt zugehörigen Leuten und Gütern in seinen Schutz und Schirm und bestätigte ihnen ihre Freiheiten und guten Gewohnheiten, wie sie diese *von vnsern vorfordern auf vns wol herbracht haben*.[91] Am selben Tag erneuerte er den Schutz auch gegenüber Abt und Konvent von Michelfeld und konfirmierte die Privilegien des Klosters.[92] Er verband dies mit einem Belehnungsakt, in dem er Kaspar Zerer als Lehenträger des Klosters von Neuem mit der Öde und dem Wald Putzmanns sowie der Bärmühle (Gemeinde Kirchenthumbach) begabte.[93]

Des Weiteren nutzte Philipp seinen Aufenthalt in der Oberpfalz, um gegenüber den Zisterziensern von Waldsassen sein schutz- und landesherrliches Interesse zu demonstrieren, indem er sich für die Bereinigung verschiedener Streitpunkte zwischen der Abtei und der ihr zugehörigen Stadt Tirschenreuth einsetzte. Am 4. Juni 1499 beurkundete er in Tirschenreuth einen Schiedsvertrag zwischen den beiden Streitparteien, der vor allem die Strafgerichtsbarkeit des Abtes, die Festsetzung der Geldbußen und die Aufteilung der Gerichtsgefälle, die Holzrechte der Bürger sowie die Regelung der Neubesetzung des städtischen Rats betraf.[94]

Die Herrschaftsübernahme war auch Anlass für eine Reihe von administrativen Maßnahmen und für Regelungen zur Stärkung etwa der Holzwirtschaft und des Bergbaus.[95] Der Bestandsaufnahme und Vergewisserung des Herrschaftsbesitzes sowie der prospektiven Rechtssicherung,

---

89 Staatsarchiv Amberg, Abgabe BayHStA GU Tännesberg 35, 36 (beide 26. Juni 1499, Amberg).

90 Staatsarchiv Amberg, Abgabe BayHStA GU Neumarkt i. d. OPf. 382.

91 Staatsarchiv Amberg, Kloster Speinshart Urkunden 486. – *Lickleder*, wie Anm. 35, Nr. 655, S. 240.

92 Staatsarchiv Amberg, Kloster Michelfeld Urkunden 346.

93 Staatsarchiv Amberg, Kloster Michelfeld Urkunden 347. – Vorausgehende Belehnung am 7. Mai 1498 durch Pfalzgraf Otto II.: Ebd. 341.

94 Staatsarchiv Amberg, Kloster Waldsassen Urkunden 972.

95 *Holz*, wie Anm. 1, S. 104.

vor dem Hintergrund des erforderlichen Schuldenabbaus aber auch fiskalischen Interessen diente die Anlage neuer Sal- und Zinsbücher zu den Besitzungen und Einkünften in den einzelnen Ämtern. Solche Amtsbücher entstanden in diesem Zusammenhang beispielsweise für das Landgericht Auerbach (1499), die Herrschaft Hohenfels (1500/01), das Landrichteramt Neunburg vorm Wald (1499) und das Amt Burgtreswitz (um 1500).[96] Die Finanznot des Landes und die Notwendigkeit, dieser u. a. durch Erhebung einer Landsteuer beizukommen, könnten der Grund dafür gewesen sein, dass am 18. Februar 1499, wenige Wochen vor dem Tod Ottos II., die Stände des Neumarkter Territoriums zu einem Landtag zusammentraten. Dies ist freilich nur eine Hypothese, denn tatsächlich sind Anlass und Verhandlungsgegenstand nicht bekannt.[97]

Mit dem Tod Ottos war nach Lehenrecht im Hinblick auf das Lehenverhältnis zum Reich der Nebenfall, in Bezug auf die Aktivlehen des Territoriums der Hauptlehenfall eingetreten. Als Erbe Ottos war Philipp verpflichtet, seine Lehen *im landt zu Beyern vnd am Necker* binnen Jahres neu zu muten, also um die Belehnung durch das Reich nachzusuchen. Die Belehnung mit den Reichslehen erwirkte Philipp erst mehr als ein Jahr nach Ottos Tod. König Maximilian I. gewährte sie am 4. Juli 1500 in Augsburg; stellvertretend für den Kurfürsten nahm sie dessen Viztum Michael von Wertheim als Bevollmächtigter entgegen.[98]

Umgekehrt hatten auch die Vasallen des verstorbenen Pfalzgrafen bei ihrem neuen Lehensherrn um Erneuerung des Lehensverhältnisses nachzusuchen.[99] Die Belehnungen sind im Staatsarchiv Amberg durch eine Anzahl von Originallehenbriefen dokumentiert. Am 18. Mai 1499 verlieh Philipp in Amberg, nachdem ihm durch den Tod seines Vetters Pfalzgraf Otto dessen Mannschaft, Land und Leute (*manschaft, lannd vnnd leutt*) zugefallen waren, Sebastian Waldthurner, dessen Vater Ulrich Waldthurner, Magdalena, seiner Ehefrau, sowie all ihren Erben die Burghut zu Hirschau samt Zugehörung, wie sie ihnen bereits Pfalzgraf Otto verliehen hatte.[100] Ebenfalls aus dem Erbe Ottos stammten die Zehnten zu Laaber, Lampertshofen, Trautmannshofen und Giggling, die Philipp am 27. Juni 1499 in Amberg Georg Ettlinger von Heimhof als Lehen verlieh.[101]

Weiter ist eine Serie von Lehenbriefen überliefert, mit denen Philipp die Ganerben der Ganerbschaft Rothenberg[102] mit ihren Anteilen an Festung und Städtlein Rothenberg und Markt Schnait-

---

96 Staatsarchiv Amberg, Fürstentum Obere Pfalz, Regierung Amtsbücher und Akten 1799, 1819, 1829, 1862. – *Holz*, wie Anm. 1, S. 108 f.

97 *Ambronn*, wie Anm. 10, S. 75, 89 Anm. 1.

98 Insert in Vidimus des Dr. Jodocus Brechtel von Rohrbach, Dekan des Stifts Heilig Geist in Heidelberg, vom 29. September 1505 (mit zusätzlicher Beglaubigung durch den königlichen Notar Johannes Mangolt von Schwäbisch Hall vom selben Tag): Staatsarchiv Amberg, Fürstentum Obere Pfalz, Regierung Urkunden 4.

99 Eine Liste der Aktivlehen der Mosbacher Pfalzgrafen im Neumarkter Landesteil findet sich bei *Wüst*, wie Anm. 2, S. 219 – 225. – Siehe auch *Holz*, wie Anm. 1, S. 101 f.

100 Staatsarchiv Amberg, Fürstentum Obere Pfalz, Lehenpropstamt Urkunden 1205.

101 Staatsarchiv Amberg, Fürstentum Obere Pfalz, Lehenpropstamt Urkunden 4746.

102 *Rupprecht*, wie Anm. 25, S. 51 – 76. – *Schütz*, wie Anm. 25.

tach belehnte und sich in Verbindung mit der Lehenspflicht auch das Öffnungsrecht garantieren ließ. Bevor er mit den einzelnen Belehnungen der Ganerben begann, bestätigte er ihnen als neuer Lehensherr am 18. Juli 1499[103] in Neumarkt die wörtlich inserierte Urkunde Pfalzgraf Ottos II. vom 2. Februar 1478 über den Verkauf der Festung Rothenberg und erlaubte ihnen, auch den halben Teil des (ebenfalls lehenbaren) hinteren Schlosses, den sie von Konrad Schott erkauft hatten (der es selbst einst von Georg von Egloffstein gekauft hatte[104]) *in die obgemelt verschreibung vnd ganerbschaft zu ziehen* und wie das vordere Schloss und das Städtlein mit Zugehörung innezuhaben, jedoch vorbehaltlich seines Öffnungsrechts.

Noch am selben Tag – der 18. Juli 1499 bildete offenkundig einen zeitlichen Schwerpunkt der Urkundenproduktion für die Klöster und die Rothenberger Ganerben – ließ der Kurfürst inhaltlich gleich lautende Lehenbriefe für einzelne Ganerben über deren jeweiligen Anteil ausfertigen, nämlich für Martin von Wildenstein zu Breitenegg[105], Hans von Seckendorff zu Gunzenhausen[106] und Martin Truchsess zu Pommersfelden[107]. Dass er an diesem Tag auch Christoph Truchsess von Röttenbach und Wilhelm von Wiesenthau mit ihren Anteilen belehnte, wissen wir durch deren Lehenreverse.[108] Weitere Lehenbriefe folgten zu einem späteren Zeitpunkt: am 29. Oktober 1499 für Wilhelm von Bemberg den Älteren von Burleswagen[109], für Simon Gebsattel, Rack genannt, zu Röttingen[110], Melchior von Mergentheim, genannt Sützel[111], Balthasar von Redwitz zum

---

103 Staatsarchiv Amberg, Abgabe BayHStA GU Rothenberg 32. – Als Empfänger der Urkunde von 1499 werden 24 Ganerben namentlich genannt, die *von ir vnd annder ir mitganerben wegen* Philipp als *iren lehenherrn* um Konfirmierung der Verkaufsurkunde gebeten haben: Hans Fuchs von Bimbach, Hofmeister zu Würzburg, Ludwig von Eyb der Jüngere, Viztum zu Neumarkt, Caspar von Vestenberg zu Haslach, Heinrich Stieber zu Herzogenaurach, alle Ritter, Alexander von Wildenstein, Pfleger zu Lauf, Martin Truchsess von Pommersfelden, Christoph Truchsess von Röttenbach, Hans von Seckendorff zu Gunzenhausen, Dietz von Heßberg zu Heßberg, Götz von Rotenhan zu Rentweinsdorf, Utz von Künsberg zu Wernstein, Valentin von Bibra zu Irmelshausen, Christoph von Sparneck zu Waldstein, Karl von Wiesenthau zu Pretzfeld, Moritz von Aurach, Jakob Stieber zum Regensberg, Götz von Seinsheim, Stachius von Rotenhan zu Ebern, Wilhelm von Wiesenthau zu Wiesenthau, Hans von Heßberg, Konrad von Gebsattel, Georg von Kunstadt, Martin von Wildenstein zu Breitenegg und Berthold Ratz zu Reichenschwand.

104 Kaufvertrag vom 20. Januar 1496: Staatsarchiv Amberg, Abgabe BayHStA GU Rothenberg 31.

105 Staatsarchiv Amberg, Abgabe BayHStA GU Rothenberg 33.

106 Staatsarchiv Amberg, Abgabe BayHStA GU Rothenberg 34.

107 Staatsarchiv Amberg, Ganerbschaft Rothenberg Urkunden 19.

108 Staatsarchiv Amberg, Abgabe BayHStA GU Rothenberg 35. – Staatsarchiv Amberg, Ganerbschaft Rothenberg Urkunden 20.

109 Staatsarchiv Amberg, Fürstentum Obere Pfalz, Lehenpropstamt Urkunden 2463.

110 Staatsarchiv Amberg, Fürstentum Obere Pfalz, Lehenpropstamt Urkunden 2561.

111 Staatsarchiv Amberg, Fürstentum Obere Pfalz, Lehenpropstamt Urkunden 2814.

Theisenort[112], Klaus von Schaumberg zu Effelder[113], Konrad Schott den Älteren von Hellingen[114], Fritz von Seckendorff zum Hilpoltstein[115] und Balthasar von Seckendorff zum Königstein[116], am 27. Juni 1502 für Graf Balthasar von Schwarzburg, Pfleger zu Heideck.[117] Die Urkunden nehmen auf den Lehenfall, den Tod Pfalzgraf Ottos II., als Anlass für die Belehnung Bezug. Als Lehenobjekt werden jeweils genannt der Anteil des *mitganerben* am Schloss zum Rothenberg, dem Städtlein, dem Markt – gemeint ist Schnaittach – und der Zugehörung und sein Anteil am hinteren Schloss, das die Ganerben zum Rothenberg zur Hälfte erkauft haben. Als Beispiele für weitere Lehenobjekte seien Lehenbriefe Philipps vom 19. Juli 1499 (Neumarkt) für Berthold Mülbeck zu Schmidmühlen, Kastner in Neumarkt, über eine Burghut zu Wetterfeld[118] sowie vom 27. März 1500 für Christoph Senft zu Pilsach über eine Burghut auf dem Rothenberg[119] genannt. Beide erwähnen den Tod Ottos II. ebenfalls. Am 12. Oktober 1503 belehnte Philipp seinen Viztum Ludwig von Eyb den Jüngeren in Anerkennung seiner Dienste für Pfalzgraf Otto II. mit dem Schloss Hartenstein.[120]

Anlässlich des Hauptlehenfalls legte die Neumarkter Kanzlei ein neues Amtsbuch an, betitelt als Lehenbuch über die durch Pfalzgraf Otto II. hinterlassenen und durch Kurfürst Philipp verliehenen Lehen.[121] Es ist – wie das Lehenbuch, das anlässlich des Hauptfalls des Jahres 1461, als Otto II. seinen Vater Otto I. beerbte, angelegt wurde[122] – topographisch nach Ämtern und Orten gegliedert. Der Codex gibt Aufschluss über die Mehrzahl der Belehnungen, die wegen des Hauptlehenfalls ab 1499 erfolgten. Nicht alle Belehnungen freilich konnte Philipp persönlich vornehmen, sondern er ließ sich vor allem in den östlichen Gebieten durch Ruprecht Uttinger von

112 Staatsarchiv Amberg, Fürstentum Obere Pfalz, Lehenpropstamt Urkunden 2846.

113 Staatsarchiv Amberg, Fürstentum Obere Pfalz, Lehenpropstamt Urkunden 2892.

114 Staatsarchiv Amberg, Fürstentum Obere Pfalz, Lehenpropstamt Urkunden 2932.

115 Staatsarchiv Amberg, Fürstentum Obere Pfalz, Lehenpropstamt Urkunden 2951.

116 Staatsarchiv Amberg, Fürstentum Obere Pfalz, Lehenpropstamt Urkunden 2952.

117 Staatsarchiv Amberg, Fürstentum Obere Pfalz, Lehenpropstamt Urkunden 2946 und 2947.

118 Staatsarchiv Amberg, Fürstentum Obere Pfalz, Lehenpropstamt Urkunden 4004.

119 Staatsarchiv Amberg, Fürstentum Obere Pfalz, Lehenpropstamt Urkunden 3011.

120 Staatsarchiv Amberg, Staatseigene Urkunden 367.

121 Staatsarchiv Amberg, Oberster Lehenhof 466. Innentitel: *Lehenpuech vber weylund ynsern gnedigen herren, hertzogen Otten in Bayern etc. des jungern loblicher gedechtnus verlassen lehengutter vnd stugkh, die nach seyner gnaden tode durch den durchleuchtigen hochgebornen fürsten vnnd herren, herren Philipssen, pfaltzgrauen bey Rhein, hertzogen in Bayern, des heyligen romischen reichs ertztruchsessen vnd khurfursten etc., meynen gnedigisten herren, verlihen wordenn vnd zue leyhen angefangen anno etc. 1499* (fol. 1).

122 Staatsarchiv Amberg, Oberster Lehenhof 460: Laut Innentitel hatte Otto II. als neuer Lehensherr *die nachgeschriben lehengutter vnd stugkh geliehen vnd zue leyhen angefangen auff omnium sanctorum ... anno etc. LXprimo* (1. November 1461). Das Lehenbuch wurde als Hauptlehenfallbuch angelegt und als Nebenfalllehenbuch fortgeführt bis zum nächsten Hauptlehenfall durch Ottos Tod 1499.

Pettendorf, Kastner zu Cham, vertreten: Die *erbstuckh vnd gueter*, die von Kurfürst Philipp *zu lehenn rurnn* und laut Lehenbuch *anstat seiner genadenn durch Rueprechten Vtinger zu Pettenndorff, seiner genaden castner zu Chamb, gelihenn sindt*[123], lagen insbesondere in den Gerichten Cham, Wetterfeld, Neunburg vorm Wald und Bruck, in der Herrschaft Schwarzenburg-Rötz (*in des von Plawen herrschafft*), im Gericht Kelheim sowie in den Herrschaften Wörth und Donaustauf.

Ebenfalls 1499 wurde ein Kopialbuch mit Registerfunktion[124] angelegt, in das Lehen- und Reversbriefe zur Verleihung der Neumarkter Lehen abschriftlich eingetragen wurden. Die jüngsten Einträge stammen aus dem Jahr 1507. Das Kopialbuch ist im Vergleich zum erwähnten Lehenbuch relativ dünn, was sich daraus erklärt, dass nicht zu allen Belehnungen Lehenbriefe ausgestellt wurden. Der Schreiber des Kopialbuchs fügt dem Innentitel folgenden Hinweis an: *vnnd sendt die andern lehen, darvber nit lehenbrief vßgangen, souil der empfangen, in aynem andern lehenpuech beschriben.*[125] Gemeint ist damit das vorher erwähnte Lehenbuch, das folglich als Hauptnachweis der Belehnungen diente.

Auch nach Philipps Tod am 27. Februar 1508 in Germersheim (*seins alters im sechtzigesten iare zu Germerßheim vmb ayn vre nach mittag von diser welt tods verschieden*)[126] entstanden – trotz der 1499 erfolgten Wiedervereinigung des kurpräzipualen und des Neumarkter Landesteils – separate Lehenbücher und Lehenkopialbücher über die Neumarkter Lehen. Grund hierfür war, dass seine Söhne Ludwig V. und Friedrich II. mit Vertrag vom 8. Mai 1508 die Abmachung trafen, dass die Kurlande einschließlich des oberpfälzischen Anteils am Kurpräzipuum von Ersterem allein, die übrigen Gebiete mit dem ehemaligen Fürstentum Pfalz-Neumarkt aber von beiden gemeinsam regiert werden sollten.[127] Die Belehnungen infolge des Hauptlehenfalls nahmen 1509 ihren Anfang. Kurfürst Ludwig V. vergab die kurpräzipualen Lehen allein, die Neumarkter Lehen gemeinsam mit seinem Bruder Pfalzgraf Friedrich II. Entsprechend sind für die anlässlich des Hauptlehenfalls ab 1509 getätigten Belehnungen vier Amtsbücher überliefert: je ein Lehenbuch und ein Kopialbuch über die zur Kur gehörigen Lehen[128] und über die aus dem Erbe Ottos II. herrührenden Neumarkter Lehen.[129]

---

123 Staatsarchiv Amberg, Oberster Lehenhof 466, fol. 165. – *Wüst*, wie Anm. 2, S. 242.

124 Staatsarchiv Amberg, Oberster Lehenhof 467: *Lehen- vnnd reuersbrief vber hertzog Otten in Bayern etc. des jungern loblicher gedechtnus verlassen lehenstugkh vnd gueter, soe nach seyner furstlichen gnaden toedt der durchleuchtigist hochgeborn furst vnd herr, herr Philips, pfaltzgraue bey Rhein, hertzog in Bayern, des heyligen romischen reychs ertztruchses vnnd churfurst etc., mein gnedigister her, geliehen hatt* (Innentitel fol. 1).

125 Staatsarchiv Amberg, Oberster Lehenhof 467, fol. 1.

126 Staatsarchiv Amberg, Oberster Lehenhof 472, fol. 1'.

127 *Press*, wie Anm. 8, S. 35.

128 Staatsarchiv Amberg, Oberster Lehenhof 469 (Kopialbuch) und 470 (Lehenbuch).

129 Staatsarchiv Amberg, Oberster Lehenhof 471 (Kopialbuch) und 472 (Lehenbuch). – Innentitel des Lehenbuchs: *Hernach volgen die lehen weilend von dem durchleuchtigen fursten hertzog Otten in Baiern etc. loblicher gedechtnus herrürend, so die durchleuchtigen hochgebornen fursten vnd herrn, herr Ludwig,*

Die Auseinandersetzung um die böhmischen Lehen

Als Erbe Pfalzgraf Ottos II. meldete Philipp nicht nur seinen Anspruch auf die Lehen des Reichs, sondern auch auf die böhmischen Lehen an. Die Nachfolge als Lehenmann der böhmischen Krone gestaltete sich für Philipp jedoch schwierig.[130]

Nach dem Tod seines böhmischen Lehensherrn Matthias Corvinus am 6. April 1490 hatte Otto II. pflichtgemäß binnen Jahresfrist seine Lehen gemutet, also um erneute Belehnung nachgesucht. Nach der Überschreibung des Neumarkter Fürstentums vom 4. Oktober 1490, die auch die Passivlehen beinhaltete, entsandte Kurfürst Philipp seinen Viztum Graf Michael von Wertheim und Gottfried von Adelsheim, Propst des Stifts Wimpfen, als seine Räte und Bittsteller (*suos consiliarios et oratores*) zusammen mit Räten Pfalzgraf Ottos zu König Wladislaus II. von Ungarn und Böhmen nach Prag, um von ihm die Übertragung der Lehen, die Otto bisher besessen hatte, zu erbitten. Philipp erhoffte sich offenkundig die Belehnung seiner Person, jedoch zog er für den Fall, dass der Böhmenkönig hierzu nicht bereit sein sollte, alternativ die Wiederbelehnung Ottos in Betracht (*in personam alterius ipsorum aut domini palatini aut ducis Ottonis conferri*).[131] Die Räte mussten unverrichteter Dinge in die Heimat zurückkehren, weshalb sich Otto auf schriftlichem Weg an König Wladislaus wandte und die Belehnung für seine Person beantragte. Der König, der sich anscheinend häufiger in Ungarn als in Böhmen aufhielt, reagierte mit Hinhaltetaktik. Am 12. November 1491 ließ Wladislaus dem Pfalzgrafen von Buda aus auf dessen *begeren, abermals an vns phlichttung halb gethon*, mitteilen, dass es ihm mit Rücksicht auf Ottos Stand und *aus mehrer vrsachen* nicht passend erscheine, Otto stellvertretend durch seine Anwälte *phlichttung zuezegeben*, weshalb er sich noch gedulden möge, bis er sich wieder nach Böhmen begeben und dort die Lehenspflicht von ihm entgegennehmen werde.[132] Am 4. Juni 1493 vertröstete Wladislaus den Pfalzgrafen erneut bis auf seinen nächsten Aufenthalt in Böhmen: *als vns ewr lieb abermals schreibet der lehen halb* [...] *betreffend, fugen wir ewr lieb* [zu] *wissen, das wir in hoffnung sein, vns, ob got wil, bald in vnnser cron Behmen oder derselben ort ettwo ze fügen*".[133] Am 12. Mai 1497 schickte Otto seinen Hofmeister Ludwig von Eyb den Jüngeren, Ludwig von Habsberg und Christoph von Thein zu Wladislaus, um in seinem Namen die Lehen zu empfangen und sie dann

des heiligen romischen reichs ertzdruchseß, kurfurst, vnd herr Friderich, baid pfaltzgrauen bey Rein vnd hertzogen in Baiern, gebrudere, ... in angeen irer gnaden regiments nach abgang irer furstlich gnaden herrn vnd vaters, des durchleuchtigen fursten, pfaltzgrauen Philipsen, curfursten etc., loblicher gedechtnus in irer gnaden furstenthumb des lands zu Baiern verleihen lassen haben vnd angefangen anno domini XV^C nono (Staatsarchiv Amberg, Oberster Lehenhof 472, fol. 2). – Weitere, anlässlich von Hauptlehenfällen angelegte Lehenbücher über die aus dem Erbe Pfalzgraf Ottos II. herrührenden Lehen: Ebd. 476 (Kurfürst Friedrich II., 1544), 479 (Kurfürst Ottheinrich, 1556), 485 (Kurfürst Friedrich III., 1559) und 491 (Kurfürst Ludwig VI., 1576).

130 *Holz*, wie Anm. 1, S. 102–104. – *Lommer*, wie Anm. 27, S. 61, 169–172.

131 Staatsarchiv Amberg, Fürstentum Obere Pfalz, Regierung Urkunden 14.

132 Missiv König Wladislaus' II.: Staatsarchiv Amberg, Fürstentum Obere Pfalz, Regierung Urkunden 13/1.

133 Staatsarchiv Amberg, Fürstentum Obere Pfalz, Regierung Urkunden 13/2.

zu Gunsten Philipps wieder aufzukündigen.[134] Zusammen mit Philipps Räten, Graf Michael von Wertheim und Gottfried von Adelsheim, wurden sie am 31. Mai am Prager Hof empfangen.[135] Die pfalzgräfliche Abordnung wiederholte das Lehengesuch und verwies auf den Vertrag zwischen König Georg von Podiebrad und Pfalzgraf Otto II. sowie den Lehenbrief des Königs von 1465 als Rechtsgrundlage, wonach ein jeder König *schuldig werde, dem benannten minem gnedigen herrn vnd sinen lehenserben als offt das not thet vnd begert wurde on widderred zu lyhen*. Auch vom gegenwärtigen König existiere ein entsprechender Vertrag.[136] Wladislaus erklärte sich zwar willig, jedoch stellte er die Bedingung, dass Otto ihm die Öffnung aller zur Lehenmasse gehörigen Städte und Schlösser und für den Bedarfsfall deren Besteuerung zusagte, was die Räte jedoch ablehnten; der Pfalzgraf werde sich nicht zu mehr Dienstbarkeiten verpflichten, als 1465 vereinbart wurden.[137] Tatsächlich hatte Otto damals König Georg von Podiebrad das Öffnungsrecht nur für Auerbach, Eschenbach, Rothenberg und Bärnau eingeräumt. Abschließend trugen sie vor, dass Kurfürst Philipp sich anbiete, die Lehen selbst zu empfangen und persönlich Lehenspflicht zu leisten, nachdem Pfalzgraf Otto mit ihm einen Erbvertrag geschlossen und verfügt habe, dass seine *verlassen lehen vnd eygen* an Philipp und dessen Söhne fallen sollen. Die Audienz endete ohne Ergebnis; Wladislaus machte eine Entscheidung von der Regelung offener Fragen abhängig.[138]

Zu einer Belehnung zu Ottos Lebzeiten scheint es nicht mehr gekommen zu sein. Nach seinem Tod erbat Philipp von Wladislaus schriftlich die Festlegung eines Termins für den Empfang der Lehen (*sibi deputari diem conferendi et acceptandi huiusmodi feuda*). Nachdem hierauf keine Antwort erfolgte, entsandte Philipp zwei seiner Räte, Dr. Heinrich von Silberberg, Propst der Stifte Münstermaifeld und Ardagger, und Christoph von Thein zu Schönficht, zu König Wladislaus, der sich in Buda aufhielt, und beauftragte sie mit einem Gewaltbrief vom 4. Januar 1500[139], in seinem Namen um Belehnung mit den von Otto ererbten Lehen der böhmischen Krone nachzusuchen. Sie sollten sich darauf berufen, dass sein Vetter und Bruder Pfalzgraf Otto ihm *by zytten seiner lieb lebens* als seinem *rechten erben alle seine herschaft, lant, lut, sloss, stett, marckt, dorff, wyler etc. mit aller derselben gerechtikeit vnnd zugehord vbergeben vnnd zugestelt* habe; darunter hätten sich *etliche stücke befundenn, die von der kron zu Beheim zu lehen rüren, die dan genanter vnser lieber vetter vnnd bruder von dannen zu lehen getragen vnnd enpfenglich herbracht hatt vnnd nu zumall nach seiner lieb abgang vnns dieselben zw enphahen vnnd zu tragen gebüren*. Die beiden Gesandten sollten bevollmächtigt sein, die Lehen stellvertretend für den Kurfürsten zu empfangen und für ihn *gewonlich vnnd gebürlich lehenpflicht darumb zu thun, im vnnser sele zu swerenn, auch lehenbrieff zu nemen, reuers zu geben vnnd sunst alles vnnd iglichs,*

134 Staatsarchiv Amberg, Fürstentum Obere Pfalz, Regierung Registraturbücher 9, fol. 12'.

135 Staatsarchiv Amberg, Fürstentum Obere Pfalz, Regierung Registraturbücher 9, fol. 13.

136 Staatsarchiv Amberg, Fürstentum Obere Pfalz, Regierung Registraturbücher 9, fol. 14–14'.

137 Staatsarchiv Amberg, Fürstentum Obere Pfalz, Regierung Registraturbücher 9, fol. 14'–15.

138 Staatsarchiv Amberg, Fürstentum Obere Pfalz, Regierung Registraturbücher 9, fol. 16–16'.

139 Notariatsinstrument des königlichen Notars Johannes Mangolt von Schwäbisch Hall vom 7. Februar 1500: Staatsarchiv Amberg, Fürstentum Obere Pfalz, Regierung Urkunden 14.

das sich nach gewonheit vnnd herkomen derselben lehen vnnd auch auff inhalt des vertrags zwyschen wylant konigen Jorgen von Behem loblicher gedechtnis vnnd genantem vnnserm vetter vnnd bruder seiligen bemelter lehen vnnd derselben enpfengnis halb vffgericht geburen soll vnnd mag. Am 7. Februar 1500 wurden Heinrich von Silberberg und Christoph von Thein vom König in dessen Residenz in Buda empfangen. Die *oratores* erneuerten die Bitte ihres Herrn, der König möge ihm die Lehen nach alter Gewohnheit wie seinen Vorgängern geschehen übertragen (*feuda huiusmodi iuxta antiquam et obseruatam consuetudinem sicut et quemadmodum antecessoribus suis factum fuerit conferri et inuestiri*), und beteuerten, dass Philipp sich nach erfolgter Belehnung und Investitur dem König und der böhmischen Krone als treuer und wohlwollender Vasall erweisen werde. Wladislaus ließ durch seinen Kanzler Georg, Elektus der Diözese Veszprém, antworten, dass die Sache das Königreich Böhmen betreffe und er nicht ohne Zustimmung der Großen und Edlen (*procerum et nobilium*) des Königreichs entscheiden könne; wenn diese aber in naher Zukunft zusammentreten würden, wolle man über die Verleihung und Investitur beraten. Um den König von Philipps Idoneität und Legitimität zu überzeugen, verwiesen die Gesandten auf seine Würde und seine Zuverlässigkeit: Der Pfalzgraf bei Rhein sei ein Kurfürst des Heiligen Römischen Reichs und innerhalb der weltlichen Kurfürsten habe das Haus Bayern eine Vorrangstellung (*inter seculares electores etiam domus Bauarie primatum gerat*). Philipps Gewissenhaftigkeit und Gehorsam würden zusammen mit seinen Rechtsansprüchen so schwer wiegen, dass die Lehen ihm ohne jeden Aufschub übertragen werden müssten; er sei der wahre und legitime Erbe und der nächste Verwandte (*verus et legittimus heres et nemo proximior isset*). Trotz der ausweichenden Reaktion des Königs erhielten die Gesandten am 11. Februar Gelegenheit, um ein weiteres Mal in dessen Residenz vorstellig werden zu können. Sie erneuerten das Lehengesuch ihres Herrn und legten als Beweis für seine Rechtsansprüche Abschriften des Vertrags zwischen König Georg von Podiebrad und Pfalzgraf Otto II. sowie des Lehenbriefs König Georgs für Otto, beide ausgefertigt am 14. Juli 1465 in Prag, vor und verwiesen außerdem auf den Lehenbrief König Matthias' Corvinus für Otto vom 28. Februar 1479 sowie eine Vereinbarung zwischen den beiden vom 1. Oktober 1482. Aus den Urkunden sei ersichtlich, dass die Könige von Böhmen für alle Zeiten verpflichtet seien, die Lehen, so oft diese vakant sind und um ihre Verleihung nachgesucht wird, Otto und nach ihm dessen Erben zu übertragen. Wladislaus ließ durch seinen Kanzler antworten, dass die Angelegenheit bei der angekündigten Zusammenkunft in Prag genauer beraten und er die dort getroffene Entscheidung Philipp schriftlich mitteilen werde.[140]

Der Landtag, der in der Fronfasten 1500 stattfand und sich in der Lehenfrage beriet, kam zu der Erkenntnis, dass die Krone Böhmen *in solchen lehen guter ausredlichen vnd billichen vrsachen besser recht* habe als Philipp oder sonst jemand.[141] Am 25. Juni 1500 nahmen die Räte beider Seiten in Pilsen ihre Verhandlungen wieder auf. Auf pfalzgräflicher Seite nahmen teil: Dr. Jakob Kuhorn, Kanzler und Verfasser der Niederschrift (nach der hier im Folgenden zitiert wird), Ludwig von

140 Notariatsinstrument des königlichen Notars Johannes Mangolt von Schwäbisch Hall vom 7. Februar 1500: Staatsarchiv Amberg, Fürstentum Obere Pfalz, Regierung Urkunden 14.

141 Staatsarchiv Amberg, Fürstentum Obere Pfalz, Regierung Registraturbücher 9, fol. 32.

Eyb der Jüngere, Viztum in Neumarkt, Ludwig von Habsberg, Pfleger zu Cham, und Christoph von Thein, zusätzlich als Gesandte Herzog Georgs von Bayern-Landshut Georg Pernpeck, Passauer Dompropst, und Freiherr Sigmund von Frauenberg zum Haag, Marschall. Christoph von Thein hat *gedolmetscht, nachdem sie allyn behemisch geret haben.*[142] Als Bevollmächtigte des Königs waren je vier Vertreter des Herrenstandes und der Ritterschaft abgeordnet. Sie stellten sich auf den Standpunkt, dass Philipp sich nach Ottos Tod der Schlösser und Städte bemächtigt habe, die *on alles mittel der kron zu Behem wern vnd zugehorten*, und forderten ihre Rückgabe. Die pfälzischen Räte entgegneten, dass ihr Herr der nächste Lehenserbe und Verwandte Ottos sei und deshalb die Lehen rechtmäßig besitze, und ließen erneut die einschlägigen Dokumente verlesen.[143] Nachdem nochmal auf die Inhalte der bisher an verschiedenen Orten geführten Verhandlungen rekurriert wurde, wiederholten die böhmischen Bevollmächtigten ihren Standpunkt, dass der König *der herr der lehen* sei; Philipp habe sich nach Ottos Tod *in die lehen geslagen vnbillich.* Trotz aller Bemühungen der pfälzischen Abordnung ließen die Böhmen sich nicht überzeugen, dass Philipp als nächster Erbe und Verwandter ein Anrecht auf die Lehen besitze. Auf ihre Versuche, durch vertragliche Abmachungen einen Kompromiss herbeizuführen, ließen sich die pfälzischen Räte, die durch Philipp entsprechend instruiert worden waren, nicht ein. Vor allem erklärten die Böhmen, dass der Vertrag König Georgs von Podiebrad keine Rechtskraft habe und Kurfürst Philipp deshalb die fünf Schlösser und Städte, die damals zwischen König Georg und Pfalzgraf Otto strittig gewesen seien, wieder zurückgeben solle, was die Pfälzer jedoch entschieden ablehnten.[144] Die Verhandlungen traten in eine angespannte Phase ein, als der Hofmeister des Königs an die Adresse Kuhorns gesprochen erklärte, es wäre doch *dem cantzler alls einem gelerten wissend, das der mann das lehen nit vbergeben möchte on wissen des lehenherren, der solt ye vor darinn bewilligen*, außerdem müsse er wissen, dass ein Lehen dem Lehenherrn heimfalle, wenn kein Leibeserbe (*lybserb*) vorhanden wäre. Die pfälzische Seite stellte dem entgegen, dass die Einwilligung in dem Fall, in dem *ein man sinem erben des lehens ein vbergab thet*, nicht nötig sei, *aber so es einem andern gegeben, so würd der willigung des herren vnnd ouch der frundt, so neher weren, not.* Wenn keine Kinder vorhanden sind, seien die nächsten Erben des Namens und Stammes die Lehenserben.[145] Die Böhmen antworteten, dass der Lehensherr durch die Konsenspflicht Möglichkeit haben solle zu prüfen, ob der Nachfolger *von vnwirden wer*. Außerdem sei es besondere Gewohnheit der Krone Böhmen, dass solche Lehen ausschließlich an Kinder weitergegeben werden und, *wo die nit weren, das sie dann verfielen*. Die Pfälzer wiederum hielten dem entgegen, dass diese Gewohnheit sich nicht auf deutsches Land beziehe, und insistierten auf der Gültigkeit des Vertrags von 1465.[146] Im Lehenbrief von 1465, der verlesen wurde, sei eindeutig nicht von Leibes-, sondern *lehenserben* die Rede, und *lehenserben sin ouch vetter vnnd pruder*

142 Staatsarchiv Amberg, Fürstentum Obere Pfalz, Regierung Registraturbücher 9, fol. 35, 46'.

143 Staatsarchiv Amberg, Fürstentum Obere Pfalz, Regierung Registraturbücher 9, fol. 37–37'.

144 Staatsarchiv Amberg, Fürstentum Obere Pfalz, Regierung Registraturbücher 9, fol. 39–40'.

145 Staatsarchiv Amberg, Fürstentum Obere Pfalz, Regierung Registraturbücher 9, fol. 41–41'.

146 Staatsarchiv Amberg, Fürstentum Obere Pfalz, Regierung Registraturbücher 9, fol. 41'–42', Zitat fol. 41'.

vom vater. Die böhmischen Räte jedoch *verstunden den lehenbriff für lybserben vnd nit annderst* und beschlossen, den König entscheiden zu lassen.[147] Da die Frage der Interpretation offen blieb und die Pfälzer auf die Forderung nach Herausgabe der fünf Schlösser und Städte nicht eingingen, endete das Gespräch in der Lehenfrage ohne Ergebnis. Abschließend wurde über feindliche Handlungen von Landsassen an der Grenze beraten und hierfür ein Tag in Eger vereinbart. Kanzler Kuhorn beendete seine Niederschrift über den Tag zu Pilsen mit einer süffisanten Anmerkung: *Nota was der von Swihow* [Botho Schwihau von Riesenberg, oberster Richter des Königreichs Böhmen] *gesagt: Dwyl er leb, woll er nit mer ratten oder willigen, das man die lehenbriff in einer andern zungen setz dann in behemisch vnd nit in tutscher oder latin. Das macht das wort lehenserben.*[148]

Die Sache zog sich weiter hin. Der Kurfürst wandte sich wiederholt schriftlich an den König, der ihn immer wieder vertröstete. Weitere Gespräche der Räte führten zu keinem durchgreifenden Ergebnis. Am 30. September 1504 trugen die pfalzgräflichen Räte ihr Anliegen vor den böhmischen Ständen *in gemeiner samelung* vor, wurden dort jedoch erneut mit dem Standpunkt konfrontiert, dass die Schlösser und Städte, deren Vergabe sie für ihren Herrn als *lehnserben* Pfalzgraf Ottos zu erwirken suchten, nach dessen Tod der Krone Böhmen heimgefallen seien. Weitere Verhandlungen wurden für den Neujahrstag 1505 in Pilsen anberaumt, wo die Räte beider Seiten erneut die Rechtslage anhand der vorgelegten Urkunden diskutierten und am Ende beschlossen, die Causa vor den König zu tragen, der beiden Parteien einen Gerichtstag (*rechttag*) bestimmen und dort *nach solicher baider teil genugsamer verherung mer gemelter vermainter lehen vnnd erbschafft halben volle macht haben* [soll], *rechtlich darvber zu erkennen vnd deme rechten gemeß zu sprechen*. An dem *rechttag*, den der König innerhalb von acht Wochen oder bei Abwesenheit innerhalb von drei Monaten anberaumen sollte – vorausgesetzt, dass die anderen Herren im Landtag dem Rezess zustimmten –, sollten die Verordneten der Krone Böhmen mit Vollmacht der Landstände und die pfälzischen Gesandten mit Vollmacht des Kurfürsten teilnehmen.[149]

Der König freilich ließ sich mit einer Terminsetzung offenbar nicht drängen. Kurfürst Philipp nutzte die Zeit, um seine Räte oder für den Fall einer persönlichen Teilnahme sich selbst mit Beweisdokumenten auszustatten. Ende September beziehungsweise Anfang Oktober 1505 ließ er die beiden Urkunden Ottos II. vom 4. Oktober 1490 sowie den Erbverzicht von dessen Bruder Albrecht durch Dr. Jodocus Brechtel von Rohrbach, Dekan des Stifts Heilig Geist in Heidelberg, vidimieren und zusätzlich durch den Notar Johannes Mangolt beglaubigen, um in Verhandlungen und auch vor Gericht Nachweis über seine Legitimation als Erbe seines Vetters führen zu können, ohne dabei die Originale bemühen zu müssen. Als konkreten Anlass nennen die Vidimusurkunden den Gerichtstermin (*rechtag*), den König Wladislaus in Böhmen oder Ungarn abzuhalten beabsichtigte, um *in der irrung* bezüglich der durch Otto *verlassen lehenn vnnd erbschafft* zu

---

147 Staatsarchiv Amberg, Fürstentum Obere Pfalz, Regierung Registraturbücher 9, fol. 42', 44–44'.

148 Staatsarchiv Amberg, Fürstentum Obere Pfalz, Regierung Registraturbücher 9, fol. 46'.

149 Urkunde vom 4. Januar 1505 über die Abrede von Pilsen (mit zehn Siegelabdrucken auf Papier): Staatsarchiv Amberg, Fürstentum Obere Pfalz, Regierung Urkunden 13/3.

verhandeln, weshalb Philipp einen weiten und beschwerlichen Weg wagen und sich dem Glück anbefehlen müsse.[150]

Den Termin für den geplanten Tag zu Prag setzte Wladislaus erst für Anfang März (*in der quottembervasten*) 1506 fest. Er musste ihn wegen vordringlicher Verpflichtungen, die ihn in Ungarn banden (*mergklich vnnd trefflich notturft vnnd sachen diss vnnsers konigreichs Hungern auszurichten furgeuallen, also das wir vnns dismals hinauf gen Böhem vnnd Prage nit haben kunden noch mugen fuegen*), am 29. Januar 1506 absagen.[151]

Als weitere Etappe der Verhandlungen ist ein Treffen in Pilsen überliefert. Am 23. Juli 1506 wurden erneut die verschiedenen Standpunkte diskutiert. Am Ende zeigten sich die Vertreter der böhmischen Seite zuversichtlich. Sie wollten die Sache erneut dem König vorbringen und auf dem nächsten Landtag in Prag, der am 8. September stattfinden sollte, über das Lehengesuch berichten. Dort werde man sich *fruntlich miteinander verainen* und eine Entscheidung zu Gunsten des Pfalzgrafen treffen, damit *die sach ir gestalt erraichen* könne. Nach dem Landtag wolle man dem Pfalzgrafen einen Tag bestimmen, zu dem er seine Räte erneut abordnen soll; sie *versehen sich, es solt aldo sein ende erraichen, wo nit, so wurd doch sich befinden, wobey es endtlich bleiben solt. Sie mainten aber ye, es solt auf dem selbigen tag zu freundtlicher einung komen.*[152]

Die Hoffnung auf ein absehbares Ende der Verhandlungen erfüllte sich nicht. Offenbar existierten weiterhin Unstimmigkeiten, die den Vollzug der Belehnung verzögerten. Hierauf lässt ein Rezess zu Ofen vom 21. Mai 1507 schließen. König Wladislaus hatte für diesen Tag in der Sache zwischen Kurfürst Philipp einerseits und den Herren und der Ritterschaft der Krone Böhmen andererseits *vmb ettliche sloss, stete vnd merckte irrig innhalden* vor sich und seine Räte, Bischöfe, Fürsten und andere Stände geladen. Philipp hatte als Bevollmächtigte Hans Notthafft und Dr. Johann Czindel geschickt. Jedoch hatte Letzterer aus gesundheitlichen Gründen (*swacheit seines leibs*) die Reise in Passau abbrechen und zurückbleiben müssen. Notthafft erschien daher allein vor dem König, wollte in der Sache aber nicht allein verhandeln und bat um Aufschub. Wladislaus legte daraufhin den 8. September 1507 als neuen Termin für *solhe rechtliche hanndelung* fest. Die beiden Parteien sollten dort erscheinen, *wo die zeit die kunigcliche maiestat iren kunigclichen hofhalt haben werden*, und die *rechtlichen erkanntnus* des Königs annehmen, dieser werde dann über die Sache *enntlich erkennen vnd die sachen an sonndern furdern aufschub abrichten.*[153]

Ob ein weiterer Verhandlungstermin überhaupt zustande kam, ist nicht bekannt. Dass Philipp mit den böhmischen Lehen belehnt wurde, lässt sich jedenfalls nicht nachweisen. Er verstarb am 28. Februar 1508. Unter seinem Sohn Kurfürst Ludwig V. begannen neue Verhandlungen, die

---

150 Staatsarchiv Amberg, Fürstentum Obere Pfalz, Regierung Urkunden 408/1 (26. September 1505, Heidelberg), 3/2 (1. Oktober 1505, Heidelberg) und 2 (27. September 1505, Heidelberg). – *Holz*, wie Anm. 1, S. 103.

151 Staatsarchiv Amberg, Fürstentum Obere Pfalz, Regierung Urkunden 13/4.

152 Staatsarchiv Amberg, Fürstentum Obere Pfalz, Regierung Registraturbücher 9, fol. 202'–207, Zitat fol. 207.

153 Urkunde vom 21. Mai 1507: Staatsarchiv Amberg, Fürstentum Obere Pfalz, Regierung Urkunden 13/5.

relativ bald zu einer Verständigung führten: Am 11. Dezember 1509 schlossen Ludwig V. und sein Bruder Friedrich II. mit König Wladislaus eine Erbeinung, in die sie auch ihre noch unmündigen Neffen Ottheinrich und Philipp von Pfalz-Neuburg einbezogen. Am Tag zuvor hatte Wladislaus Ludwig mit den böhmischen Lehen belehnt.[154]

Schlussbetrachtung

Die vorstehenden Ausführungen zeigen, dass der Übergang des Neumarkter Fürstentums auf die kurpfälzische Linie der Wittelsbacher mit einem umfassenden Maßnahmenpaket verbunden war, dessen Realisierung sich über Jahre hinzog und nicht nur innerstaatliche, sondern gerade durch die dynastischen Beziehungen und lehensrechtlichen Bindungen auch über die Landesgrenzen hinausreichende Auswirkungen hatte. Gegenüber „regulären Herrschaftswechseln", in denen der Sohn auf den Vater folgte oder der nächste Verwandte das Erbe antrat, vollzog sich der Übergang in diesem Fall in zwei Stufen, zunächst durch Übereignung zu Lebzeiten, dann durch Übernahme bei Eintreten des Erbfalls. Die Untersuchung stützt sich (mit Ausnahme des Huldigungsregisters) vornehmlich auf Quellen im Staatsarchiv Amberg. Wegen des örtlichen Bezugs wurde auf Details ihrer Inhalte besonderer Wert gelegt. Sie mögen Hinweise für weitere regional- und lokalgeschichtliche und auch prosopographische Forschungen geben. Eine Auswertung der genannten Amtsbücher könnte zusätzliche Erkenntnisse liefern. Gerade in Bezug auf das Verhältnis des Landesherrn zu den Städten und Märkten und im Besonderen in Bezug auf die Privilegienbestätigungen durch Kurfürst Philipp sind die Archive der betreffenden Kommunen die primäre Anlaufstelle; das Staatsarchiv konnte zu diesem Thema naturgemäß nur wenige Originale oder Abschriften beitragen. Der letzte Abschnitt über die böhmischen Lehen bietet bislang unbekannte Details über den Verlauf der langwierigen und mühsamen Verhandlungen zwischen König Wladislaus II. und Pfalzgraf Otto II. beziehungsweise Kurfürst Philipp und über die Argumentation beider Seiten. Er möge als ein Beitrag für die weitere Erforschung der für die Oberpfälzer Regionalgeschichte nicht unwesentlichen böhmischen Lehen wie generell der historischen oberpfälzisch-böhmischen Beziehungen gewertet werden.

154 Staatsarchiv Amberg, Fürstentum Obere Pfalz, Regierung Urkunden 15. – Bernhard *Fuchs*: Die Erbeinung zwischen der Kurpfalz und Böhmen 1509. In: Verhandlungen des Historischen Vereins für Oberpfalz und Regensburg 155 (2015) S. 89–98.

Kurfürstliche Städtepolitik – Wandel im 15. Jahrhundert

Von Martin Armgart

Persönlicher Anstoß: Neustadt im 15. Jahrhundert

Die Mitarbeiter an der Erschließung der kurpfälzischen Urkunden hatten auch ein Leben vor dem DFG-Projekt. Mit der Kurpfalz und ihrer Städtepolitik im 15. Jahrhundert beschäftigte ich mich bereits auf einer Tagung *Neustadt und die Pfalzgrafschaft im Mittelalter*. Meine Bestandsaufnahme *Neustadt im 15. Jahrhundert* ist nachlesbar im 2021 erschienenen Tagungsband.[1] Damals eröffnete ich mit der Feststellung, dass dieses Jahrhundert in älterer Literatur zu Neustadt kaum präsent war: in der recht umfangreichen Stadtgeschichte von 1975,[2] in Darstellungen und in Zeittafeln weiterer stadtgeschichtlicher Arbeiten. Daraus ergab sich die etwas provokative Eingangsfrage: War das 15. Jahrhundert, auch die Zeit der Kurfürsten Friedrich und Philipp, eine eher ereignislose, unwichtigere Zeit für Neustadt, für kurpfälzische Städte insgesamt? Das konnte für Neustadt bei näherer Betrachtung differenziert, revidiert werden. Ihre Zeit war Teil eines – wenn auch allmählichen – Wandels in der kurpfälzischen Städtepolitik, weichenstellend bis ins 18. Jahrhundert. Das war für mich auch der Anstoß für die jetzige Themenwahl, die Ausweitung der Frage auf andere Städte und die Darlegung, wie die Forschungsmöglichkeiten konkret zu dieser Forschungsfrage durch das DFG-Projekt verbessert werden.

Neuer Forschungsansatz: Wandel ab 1449

Bereits einige Jahre zuvor hatte die von Christian Reinhardt 2012 erschienene Dissertation einen neuen Forschungsansatz eingebracht: *Fürstliche Autorität versus städtische Autonomie. Die Pfalzgrafen bei Rhein und ihre Städte 1449 bis 1618: Amberg, Mosbach, Nabburg und Neustadt an der Haardt*.[3] Begleitet wurde die Studie von vertiefenden Einzeluntersuchungen, so im 2016 erschie-

---

1 Martin *Armgart*: Neustadt im 15. Jahrhundert. In: Neustadt und die Pfalzgrafschaft im Mittelalter. Hg. von Pirmin *Spieß*, Jörg *Peltzer* und Bernd *Schneidmüller* (Abhandlungen zur Geschichte der Pfalz 22). Neustadt an der Weinstraße 2021. S. 173–208.

2 Neustadt an der Weinstraße. Beiträge zur Geschichte einer pfälzischen Stadt. Hg. von der Stadt Neustadt an der Weinstraße. Bearb. vom Stadtarchiv Neustadt. Neustadt an der Weinstraße 1975.

3 Christian *Reinhardt*: Fürstliche Autorität versus städtische Autonomie. Die Pfalzgrafen bei Rhein und ihre Städte 1449 bis 1618: Amberg, Mosbach, Nabburg und Neustadt an der Haardt (Veröffentlichungen der Kommission für Geschichtliche Landeskunde in Baden-Württemberg B 186). Stuttgart 2012.

nenen Tagungsband zu Friedrich dem Siegreichen dezidiert zu den kurpfälzischen Städten unter den Kurfürsten Friedrich und Philipp.[4]

Schon der Untertitel der Dissertation, die zeitliche Eingrenzung 1449 bis 1618, zeigt: Mit 1449, dem de facto Herrschaftsantritt Friedrichs, wird ein neuer Abschnitt der Städtepolitik angesetzt: *War die Städtepolitik der Pfalzgrafen im 14. Jahrhundert vor allem auf den Erwerb neuer Kommunen und der ökonomischen Förderung der bisherigen Städte ausgerichtet, änderten sich diese Ziele im 15. Jahrhundert. Den ersten Höhepunkt stellten die Regierungszeiten Friedrichs des Siegreichen* [...] *und Philipps des Aufrichtigen dar.*[5] Nun gewann *das integrierende Element zunehmend an Bedeutung.*

Die kurpfälzischen Städte um 1500

Exemplarisch wurden von Christian Reinhardt vier (herausgehobene) Städte untersucht, zwei aus der Oberpfalz, ein rechtsrheinischer und ein linksrheinischer Zentralort. In ähnlicher Weise konzentrierte sich zuvor die Skizze von Sigrid Schmitt auf die vier als kurpfälzische Verwaltungszentren bedeutsamen Städte Bacharach, Alzey, Neustadt und Heidelberg.[6] Im Bereich der Kurpfalz gab es wesentlich mehr Städte: Eine von Christian Reinhardt gefertigte Karte[7] zeigt diese auf einem Höhepunkt um 1500, nach dem Anfall der Linie Mosbach-Neumarkt und vor den Verlusten des Landshuter Erbfolgekriegs. Auf der Karte lassen sich über 70 Städte zählen, 26 linksrheinisch, 28 rechtsrheinisch und 19 in der Oberpfalz.

Eine sehr große Bandbreite besteht bezüglich Rechtsstatus und Dauer der Zugehörigkeit zur Kurpfalz. Ein Extrem bildet Neustadt, eine Neugründung durch den pfalzgräflichen Stadtherrn; diese Stadt war von ihren Anfängen um 1250 an pfälzisch. Heidelberg war es noch länger. Es gab Erwerbungen von benachbarten Gebieten, früh aus Neustadts Nachbarschaft Oggersheim von den Grafen von Leiningen, hingegen erst 1452 Lützelstein ganz im Südwesten, 1441 Löwenstein

---

4 Christian *Reinhardt*: Friedrich I. und Philipp und ihre Städte am Rhein und in der Oberpfalz. In: Friedrich der Siegreiche (1425–1476). Beiträge zur Erforschung eines spätmittelalterlichen Landesfürsten. Hg. von Franz *Fuchs* und Pirmin *Spieß* (Abhandlungen zur Geschichte der Pfalz 17). Neustadt an der Weinstraße 2016. S. 281–310.

5 Christian *Reinhardt*: Neustadt an der Weinstraße, Beispiel pfälzischer Städtepolitik 1449–1618. Vortrag anlässlich der Gedenkfeier für Karl Richard Weintz am 11. September 2010. Neustadt an der Weinstraße 2010, S. 14.

6 Sigrid *Schmitt* [heute Hirbodian]: Landesherr, Stadt und Bürgertum in der Kurpfalz des späten Mittelalters und der frühen Neuzeit. In: Landesherrliche Städte in Südwestdeutschland. Hg. von Jürgen *Treffeisen* und Kurt *Andermann* (Oberrheinische Studien 12). Sigmaringen 1994. S. 45–66, hier S. 45 mit Verweis auf fehlende bzw. sehr unterschiedliche Vorarbeiten.

7 Städte der kurfürstlichen Pfalz um 1500, Kartenskizze in: *Reinhardt*, Fürstliche Autorität, wie Anm. 3, S. 4 f., Karte 1. – Verkleinerter Wiederabdruck in: *Reinhardt*, Friedrich I., wie Anm. 4, S. 284.

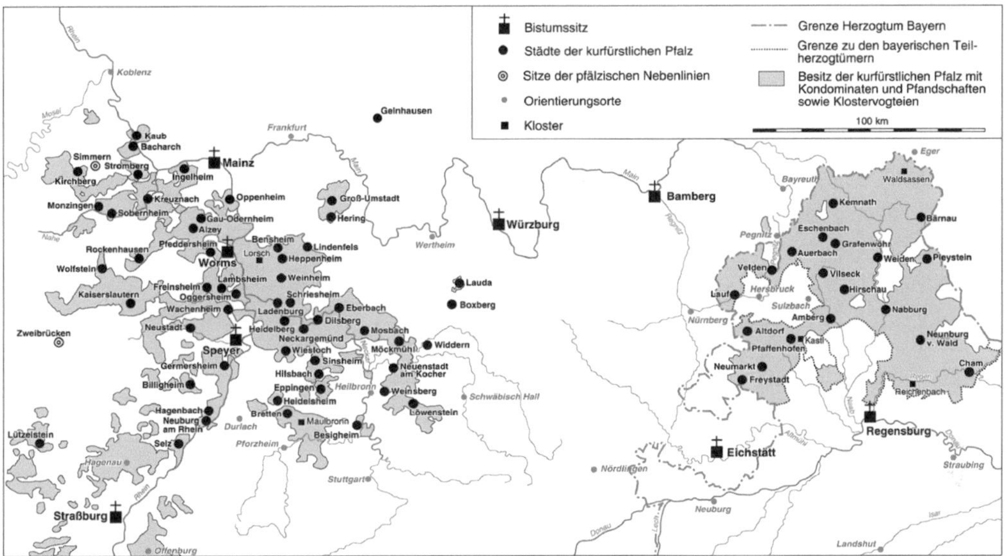

Abb. 1: Städte der kurfürstlichen Pfalz um 1500, Vorlage: Christian *Reinhardt*: Fürstliche Autorität versus städtische Autonomie. Die Pfalzgrafen bei Rhein und ihre Städte 1449 bis 1618: Amberg, Mosbach, Nabburg und Neustadt an der Haardt (Veröffentlichungen der Kommission für Geschichtliche Landeskunde in Baden-Württemberg B 186). Stuttgart 2012, S. 4 f., Karte 1. © Kommission für geschichtliche Landeskunde in Baden-Württemberg.

ganz im Südosten des rheinischen Gebietes, die letzteren jeweils mitsamt der Grafschaft. Schließlich erbrachten die Kriege Friedrichs auch einen Zuwachs an Städten.

Es gab Kondominate, so im Nordwesten Kreuznach, im Nordosten Groß-Umstadt oder als Außenposten die Hälfte der verpfändeten Reichsstadt Gelnhausen. Ein Kondominat bestand auch in Ladenburg, im 15. und 16. Jahrhundert Residenz der Wormser Bischöfe. Nicht zuletzt: Kurpfalz besaß eine größere Anzahl Pflegschaften und Pfandschaften. Wertvoll waren solche über Reichsstädte, insbesondere dank der Kaiser Ludwig und Karl IV.[8] Gerade bei den verpfändeten Reichsstädten findet sich eine beharrliche Erinnerung an die frühere Zugehörigkeit und damit

---

8 Volker *Rödel*: Die Reichspfandschaften der Pfalzgrafschaft. In: Der Griff nach der Krone. Die Pfalzgrafschaft bei Rhein im Mittelalter. Begleitpublikation zur Ausstellung der Staatlichen Schlösser und Gärten Baden-Württemberg und des Generallandesarchivs Karlsruhe. Hg. von Volker *Rödel*. (Schätze aus unseren Schlössern. Eine Reihe der Staatlichen Schlösser und Gärten Baden-Württemberg 4). Regensburg 2000. S. 85–99. – Christian *Reinhardt*: Die Integration der verpfändeten Reichsstädte Mosbach und Kaiserslautern in die Pfalzgrafschaft bei Rhein im 14. und 15. Jahrhundert. In: Kaiserslauterer Jahrbuch für pfälzische Geschichte und Volkskunde 5 (2005) S. 11–84.

verbundene Sonderrechte; als Exempel genannt sei die bewahrte Namenskontinuität bei Kaisers-Lautern.

In über 70 Städten war Kurfürst Philipp Stadtherr oder Mit-Stadtherr. Reichlich Optionen bestehen also für weitere Untersuchungen, für eine Prüfung, für Verifizierung oder Falsifizierung, zumindest für eine weitere Differenzierung der Forschungsthese an anderen Städten.

Zudem: Städtepolitik – das ist ein eher unspektakulärer Bereich, das war (bislang) auch kein zentrales Thema für die kurpfälzische Geschichte des 15. Jahrhunderts. Friedrich der Siegreiche glänzte in verschiedensten Bereichen, hatte spektakuläre Erfolge. Seinen Beinamen bekam er nicht wegen seiner Städteförderung. Sich mit ihr zu befassen, ist eher eine Fleißarbeit, eine bislang mühsame Sucharbeit nach Puzzlestücken; bezeichnend ist das umfangreiche Verzeichnis benutzter Archive und Archivbestände bei Christian Reinhardt.[9] So ist das Thema auch eine geeignete Veranschaulichung, was das DFG-Projekt, das künftige Portal *Urkunden der Pfalzgrafen. Mittelalterliche Quellen zur Kurpfalz 1449–1508*, an Forschungserleichterungen bieten kann.

Was wurde aus Koblenz und Speyer erfasst?

Nach der bisherigen Sicht des stadtgeschichtlich Forschenden folgt ein eher technisches Kapitel, ein Werkstattbericht des Projektmitarbeiters. Rheinland-Pfalz ist eines der vier Bundesländer, die sich am DFG-Projekt beteiligen. Zwei staatliche Archive bestehen hier, im Süden das Landesarchiv Speyer, im Norden, auch als Ministerialarchiv, das Landeshauptarchiv Koblenz, verbunden mit der Landesarchivverwaltung.

Für Online-Recherchen wurde 2021 gemeinsam mit einer Anzahl kommunaler Archive ein *virtueller Lesesaal* eingerichtet, aufrufbar unter apertus.rlp.de.[10] Die Datenbank der Archive ist hier weitgehend online gestellt, mit den üblichen daten- und weiteren personenschutzrechtlichen Einschränkungen. Eine zunehmende Zahl von Datensätzen ist verknüpfbar mit Digitalisaten. Ein eigenes Digitalisierungszentrum wurde im Landesarchiv Speyer eingerichtet. Das war im Projekt ausnehmend günstig; es gab sehr kurze Wege und eine sehr gute Zusammenarbeit. So ist in Rheinland-Pfalz bereits eingestellt, was später im Archiv- und Themenportal bundesländerübergreifend recherchierbar und als Digitalisat abrufbar sein wird.

Eingespeist werden die Datensätze aus einer archivinternen Datenbank, mit der Software DrDOC. Sie bietet weitere, komfortablere Such- und Auswertungsmöglichkeiten. So ließ sich auszählen, wie viele Datensätze sich aus der Laufzeit des Projektes, den Jahren 1449–1508, schon in der Datenbank befinden: 15.537 waren es Anfang Oktober 2023, fast alles Urkunden, eine kleine Zahl Kopialbücher und verwandte Archivalien in einer eigenen Maske Akten/Amtsbücher.

---

9 *Reinhardt*, wie Anm. 3, S. XIV–XVI mit 72 Beständen aus 25 Archiven.

10 https://apertus.rlp.de/ (aufgerufen am 15.01.2024). – Beate *Dorfey*: Apertus oder: wie baut man einen virtuellen Lesesaal? In: Unsere Archive. Mitteilungen aus den rheinland-pfälzischen und saarländischen Archiven 66 (2021) S. 46–49.

Abb. 2: Aufgeblättertes Perpetuale Erzbischof Johanns, am Rand Perpetuale seines Nachfolgers Jakob von Baden und Urkunde der Kurfürsten vom 5. Juli 1502, Vorlage: LHA Koblenz 1 C Nr. 17 und 20 und 1 A Nr. 9135 – Foto LHA Koblenz – Christiane Lauerburg.

Aus diesen war herauszufiltern, welche Urkunden Kurfürst Friedrich oder Kurfürst Philipp als Aussteller hatten.

Koblenz hat bereits viel in die Archivdatenbank eingegeben, 13.989 der Datenbank-Treffer 1449–1508 stammen aus dem Landeshauptarchiv, allein über 2.500 aus dem größten Urkundenbestand 1 A, den Urkunden der Trierer Erzbischöfe. Die Bestände des Erzstiftes Trier steuerten neben der Grafschaft Sponheim auch die meisten Koblenzer Urkundentexte zum Projekt bei.[11]

In die Datenbank eingegeben sind auch Überlieferungen aus Kopialbüchern. Über 1.000 Treffer zum Zeitraum 1449–1508 stammen aus dem Bestand 1 C, Kopiaren und weiteren Amtsbüchern der Trierer Erzbischöfe. Einschlägig sind deren Perpetuale und Temporale (Ad Vitae); bei dem über 40 Jahre amtierenden Erzbischof Johann von Baden (1456–1503) entstanden Pergamentcodices von jeweils über 1.000 Seiten.[12] Die Eingabe von *in-Signaturen* in die Archivdaten-

11 Von insgesamt 270 Urkundentexten aus dem Landeshauptarchiv kommen 40 aus dem Bestand 1 A, 39 aus dem parallelen Amtsbuchbestand 1 C. 83 Urkunden stammen aus dem Bestand 33 (Grafschaft Sponheim); an der Grafschaft besaß Kurpfalz unter den Kurfürsten Friedrich I. und Philipp Kondominatsrechte.

12 LHA Koblenz 1 C Nr. 17 (Perpetuale) mit 1773 Einträgen auf 1279 Seiten und Nr. 18 (Temporale Erzbischof Johanns) mit 1316 Einträgen auf 1248 Seiten.

bank[13] erfolgte allerdings in Auswahl, beim Perpetuale Erzbischof Johanns für 458 der insgesamt über 1.700 Urkunden. Die umfangreichen Bände sind nun komplett online einsehbar, die darin enthaltenen Urkunden zum Projekt zudem mit den jeweiligen Seiten des Kopiars verknüpft.

Im Landesarchiv Speyer konnte bislang deutlich weniger in die Archivdatenbank eingegeben werden. Das zeigt sich auch bei den Treffern aus der Regierungszeit der beiden Kurfürsten, 1449–1508: Online abrufbar sind etwas über 1.500 Datensätze, ein gutes Zehntel der Koblenzer Datensätze.[14] Ein Grund, dass sich ein großer Teil der Speyerer Urkundenbestände (noch) nicht in der Archivdatenbank befindet, sind ausführliche, recht gut lesbare handschriftliche Findbücher. Allerdings müssen die Findbücher für eine übergreifende Recherche Band für Band durchgesehen werden. Hilfreich sind ausführliche Indices, allerdings nach besonderem Alphabet.[15]

Bezeichnend ist die Recherche im zentralen Bestand A 1, Urkunden der Kurpfalz. Zwar befindet sich eine größere Zahl von Urkunden in der Datenbank, über 700 Datensätze. Allerdings ist das bei weitem nicht alles. Der in vier umfangreichen Findbuch-Bänden[16] erschlossene Bestand umfasst über 2.400 Urkunden. Hinzu kommen noch einige Urkunden aus Nachträgen zum Findbuch, die nur auf Zettelregesten in der Repertorien-Ergänzungskartei erschlossen sind.[17] Über zwei Drittel des Bestandes sind (noch) nicht online greifbar.

Bei der Verzeichnung der Urkundenbestände um 1900 wurden auch Regesten aus Kopialbüchern verfasst, die für den Bestandsbildner einschlägig sind. Ähnlich Karlsruhe, ähnlich auch anderen bayerischen Archiven wurden Kopialbücher in Speyer in einem eigenen Selektbestand zusammengeführt, dem Bestand F 1.[18] Das Speyerer Kopialbuchselekt erlitt 1945 am Auslagerungsort schwere Schäden; eine Anzahl Kopialbücher sind verloren, oder es sind nur noch Fragmente vorhanden.[19] So sind auch einige kopial überlieferte Urkundentexte der beiden Kurfürsten

---

13 Die Software DrDOC ermöglicht, zusätzlich zur Titelaufnahme einer Akte / eines Amtsbuches darin enthaltene Einzelstücke als *in-Signatur* in einem separaten Datensatz abzuspeichern. Dieses wird insbesondere für eingehendere Erschließung in den Formularen *Urkunden und Karten / Pläne* genutzt.

14 Mit 821 Datensätzen stammt mehr als die Hälfte aus dem 1997 erworbenen *Gatterer-Apparat* (Bestand F 7), viele bereits mit Digitalisat. 117 Treffer kommen aus dem Bestand A 1 (Urkunden Kurpfalz), 119 aus B 1 (Urkunden Zweibrücken), 105 aus F 9 (Urkunden aus dem Germanischen Nationalmuseum).

15 Die Buchstaben C und K wie auch B und P sowie D und T sind zusammengeführt; Kurpfalz mit Nennungen der einzelnen Kurfürsten findet sich dadurch im Index unter dem Buchstaben C.

16 Franz Xaver *Glasschröder*: Repertorium der Urkunden der Kurpfalz [jetzt Bestand A 1]. 4 Bde. Handschriftlich. Speyer 1892–1894.

17 Nr. 2402 bis 2476, dazu über 50 Verweiszettel. Weitere Nachträge bis aktuell Nr. 2494 befinden sich in der Datenbank.

18 Paul *Warmbrunn*: Das Fortbestehen bayerischer Selektbildung. In: Das Landesarchiv Speyer. Festschrift zur Übergabe des Neubaues. Hg. von Karl Heinz *Debus* (Veröffentlichungen der Landesarchivverwaltung Rheinland-Pfalz 122). Koblenz 1997. S. 133–136.

19 Darüber eingehend Paul *Warmbrunn*: „... war dieses Wiedersehen nach über 10 Jahren traurig und niederschmetternd“. Zur Kriegsauslagerung der Archivalien des Landesarchivs Speyer im Zweiten Weltkrieg. In: Mitteilungen des Historischen Vereins der Pfalz 103 (2005) S. 399–423. – Zusammengefasst Paul

seit 1945 verloren; hier wurde die meist ausführliche Verzeichnung des korrespondierenden Urkunden-Findbuchs ins Projekt aufgenommen.[20]

Insgesamt wurden aus Rheinland-Pfalz über 600 Urkundentexte in das Projekt eingebracht, ähnlich viele aus beiden Archiven. Diese befinden sich, was EDV-technisch bei der Einstellung ins Portal etwas Mühe bereitet, in 70 verschiedenen Beständen.

Huldigungen und Privilegienbestätigungen

In erneutem Perspektivwechsel sei in verschiedenen Beispielen betrachtet, was aus all den insgesamt ermittelten Kurpfalz-Urkunden nun zu Aspekten der Städtepolitik vorliegt.

Am Beginn der Beziehung zu einem neu ins Amt kommenden Stadtherrn stand die Huldigung. Deren Leistung durch die Bürger war üblicherweise verbunden mit der Bestätigung städtischer Rechte durch den neuen Stadtherrn. Es sind Serientexte, die aber genau zu lesen im Vergleich lohnend sein kann: In welcher Formulierung, unter Verweis auf welche namentlich genannten Vorgänger werden Rechte und Freiheiten, wird die Befreiung von bestimmten Abgaben und Pflichten, die Unveräußerlichkeit der Stadt bestätigt? Ändert sich deren Abfolge? Erhalten die Bestätigungen eine neue textliche Fassung, eine Hervorhebung?

Für Neustadt hat es Pirmin Spieß untersucht. Friedrich I. versprach 1449 als Vormund, *alles das halten und vollenfuren* zu wollen, was Philip *zuhalten schuldig und pflichtig* [sei]. 1452, nach Entbindung vom Eid an Philipp und Huldigung, bestätigte Friedrich neben den Privilegien der drei namentlich genannten Vorgänger auch *alle ire frijheit, rechte und gute gewonheyt, die sie dann vormaln von romischen keysern und konigen und auch unsern altfordern* erworben haben. Philipp begann 1477 mit einer Bestätigung der Ungeldfreiheit und der Unveräußerlichkeit. Erst als drittes folgte die allgemeine Versicherung, die Stadt bei *allen andern friheyten, guten gewonheyten unnd herkommen zu belassen*.[21]

Warmbrunn: Die Kriegsauslagerung von Archivalien des Landesarchivs Speyer im Zweiten Weltkrieg und ihre Folgen. In: 200 Jahre Landesarchiv Speyer. Erinnerungsort pfälzischer, rheinhessischer und deutscher Geschichte 1817–2017. Hg. von Walter *Rummel* (Veröffentlichungen der Landesarchivverwaltung Rheinland-Pfalz 122). Koblenz 2017. S. 75–80.

20 So wurden 15 Urkunden der beiden Kurfürsten aufgenommen, die sich in einem 1945 verlorenen Sickinger Kopialbuch (Kopialbuchselekt Nr. 54) befunden haben und deren Inhalte durch Regesten im Findbuch zum Bestand C 49 (Urkunden der Herrschaft Landstuhl (Sickingen)) bekannt sind. Sie betreffen vor allem Swicker von Sickingen und seinen Sohn Franz von Sickingen. Das im 18. Jahrhundert angefertigte verlorene Kopialbuch hat eine Vorlage im Staatsarchiv Marburg; diese wurde für das Projekt nicht herangezogen.

21 Pirmin *Spieß*: Verfassungsentwicklung der Stadt Neustadt an der Weinstraße von den Anfängen bis zur französischen Revolution (Veröffentlichungen zur Geschichte von Stadt und Kreis Neustadt an der Weinstraße 6). Speyer 1970, S. 15–16 unter Hervorhebung der neuen Struktur. – Pirmin *Spieß*: Friedrich I. und Friedrich III. – Der Pfalzgraf und der Kaiser im Spiegel ihrer Privilegien für Neustadt. In: Friedrich der

Friedrich I. forderte von den Städten zweimal eine Huldigung: 1449, nach dem Tod Ludwigs IV., als Vormund im Namen seines Mündels Philipp, 1452 als Kurfürst, verbunden mit implizierter Anerkennung der Arrogation. Hier gab es Verzögerungen, Weigerungen: in Oppenheim, möglicherweise in Kaiserslautern, ausgeprägt in Amberg und der Oberpfalz. Christian Reinhardt hat die Überlieferung von städtischer Huldigung und Privilegienbestätigung 1452 überblicksmäßig dargestellt.[22] Seine Fußnoten zeigen die Streuung der Archivalien: für Gau-Odernheim eine Urkunde im Kurpfalz-Urkundenbestand des Landesarchivs Speyer, für das benachbarte Alzey eine Urkunde im Staatsarchiv Darmstadt, für andere Städte in den jeweiligen Stadtarchiven.[23]

Zudem: Nach den Aufnahmerichtlinien ist die von der Stadt Gau-Odernheim ausgestellte Urkunde über die geleistete Huldigung nicht Teil des Projekts. Aussteller sind Bürgermeister und Rat, unter Verweis auf die Entbindung von dem Philipp geleisteten Eid durch inserierte Urkunde der Pfalzgrafenwitwe Margarete von Savoyen.[24] Aufgenommen wurden gleichsam als Gegen-Überlieferung die kurfürstlichen Privilegienbestätigungen; diese erfolgten zumeist mit Verweis auf die zuvor geleistete Huldigung.[25]

Nicht nur bei verpfändeten Reichsstädten, auch bei Neustadt findet sich ein Dualismus kurfürstlicher und kaiserlicher Privilegien. Der Rat suchte bei beiden um Bestätigung der städtischen Rechte nach. Dieses veranlasste Pirmin Spieß zum provokanten Beitrag *Neustadt – Reichsstadt?!*[26] und zuvor zu einem Vergleich der Privilegien Kurfürst Friedrichs und seines kaiserlichen Namensvetters.[27] Dessen umfangreiche Überlieferung aus über 50 Regierungsjahren wird durch das Langzeitprojekt der Regesten Kaiser Friedrichs III. zunehmend leichter greifbar.[28] Die Kombination beider Projekte vereinfacht künftige Vergleiche bei anderen kurpfälzischen Städten.

Siegreiche, wie Anm. 4, S. 311–324, hier S. 313–319 mit Verweis auf die für 1477 vorliegende Neustadter Stadtrechnung, die 15 Gulden an die Kanzlei *von desz fryungs brieffes wegen* verbucht sowie 50 Gulden für einen der Kurfürstin geschenkten Becher.

22 *Reinhardt*, wie Anm. 3, S. 411–413. – Zum Widerstand in Amberg zudem später Franz *Fuchs*: Friedrich der Siegreiche und der Amberger Aufstand 1453/54. In: Friedrich der Siegreiche, wie Anm. 4, S. 325–339.

23 *Reinhardt*, wie Anm. 3, S. 412, Anm. 2844–2854. – Die Privilegienbestätigung für Alzey befindet sich in HStAD, A 2 Nr. 4/59. – Ergänzen lässt sich nach *Spieß*, Privilegien, wie Anm. 21, S. 317, Anm. 17 die Huldigungsurkunde der Stadt Neustadt in BayHStA, GHA, Mannheimer Urkunden, Urkunden Oberamt Neustadt Nr. 94.

24 LA Speyer A 1 Nr. 1108 vom 4. Mai 1452. Für Gau-Odernheim war der Text der kurfürstlichen Privilegienbestätigung von 1452 nicht zu ermitteln.

25 Als frühes Beispiel dient die Urkunde Friedrichs I. für Bacharach, Kaub und umliegende Talschaften vom 31. Oktober 1449: LHA Koblenz 4 Nr. 1285.

26 Pirmin *Spieß*: Neustadt – Reichsstadt?! Eine „photographische Aufnahme" vor 1275. In: Neustadt und die Pfalzgrafschaft, wie Anm. 1, S. 29–66.

27 *Spieß*, Privilegien, wie Anm. 21, S. 311–324, insbesondere die Überlegungen auf S. 315.

28 Regesten Kaiser Friedrichs III. (1440–1493), nach Archiven und Bibliotheken geordnet. Bislang 38 Hefte. Wien u. a. 1982–2024. Online unter http://www.regesta-imperii.de/unternehmen/abteilungen/xiii-friedrich-iii.html (aufgerufen am 03. 07. 2024).

Teil kurfürstlicher Finanzierungen: städtische Bürgschaften und Schadlosbriefe

Christoph Freiherr von Brandenstein[29] erläuterte in seiner Dissertation über das Urkundenwesen des Kurfürsten Ludwig III. eine neue Gruppe von Urkunden: Darlehensaufnahmen von kurpfälzischen Städten *auf Geheiß und zugunsten ihres Landesherrn*: Dass diese städtischen *Pfandurkunden* in den Kopialbüchern der kurfürstlichen Kanzlei eingetragen wurden, zeige, dass sie wohl *in Wirklichkeit aus der landesherrlichen Kanzlei hervorgingen*. In ähnlicher Form übernahmen Städte Kreditbürgschaften, hängten ihre städtischen Siegel an Kreditverpflichtungen. Pirmin Spieß[30] formulierte, die Kurfürsten *gebieten der Stadt die Übernahme von Bürgschaften*.

Damit korrespondieren Schadlosbriefe, kurfürstliche Zusicherungen, dass den Städten (und auch einzelnen weiteren Bürgen) aus dem Darlehen oder aus verzögerter Zinszahlung kein Schaden erwachsen solle. Als Beispiel angeführt sei Kurfürst Philipps Schadlosbrief für das von Weinheim verbürgte Darlehen des Speyerer Allerheiligenstifts aus dem Jahr 1490.[31]

Derartige Kreditfinanzierung nahm in den Jahrzehnten nach Kurfürst Ludwig III. sehr stark zu. Noch unter Kurfürst Ludwig IV. wurden Schadloserklärungen kumuliert für mitunter ein halbes Dutzend Bürgschaften.[32] In der zweiten Jahrhunderthälfte steigerten sie sich erheblich. Für Neustadt hat Pirmin Spieß die von der Stadt übernommenen Verpflichtungen addiert: Bürgschaften von 29.000 Gulden für Kurfürst Friedrich, sogar von 86.000 Gulden für Kurfürst Philipp.[33]

Die Instrumentalisierung der Städte für den landesherrlichen Finanzbedarf kann künftig breiter vergleichend untersucht werden, unter Zugriff auf die Pfälzer Kopialbücher und die verstreute Überlieferung in den Urkundenbeständen.

Neue Stadtordnungen und gute Policey

Die Kurfürsten sahen sich als gute Landesväter und griffen ordnend in städtische Verhältnisse ein. Häufig nutzten sie innere Streitigkeiten und verbanden den Eingriff mit obrigkeitlicher Schlichtertätigkeit. Anders als im Landrecht des späten 16. Jahrhundert waren es individuelle Ordnungen für die jeweilige Stadt. Für elf Städte ermittelte Christian Reinhardt Ordnungen, die von den

29 Christoph Freiherr von *Brandenstein*: Urkundenwesen und Kanzlei, Rat und Regierungssystem des Pfälzer Kurfürsten Ludwig III. (1410–1436) (Veröffentlichungen des Max-Planck-Instituts für Geschichte 71). Göttingen 1983, S. 98–101 in Auswertung der Kopialbücher LABW GLAK 67 Nr. 810 und 867.

30 *Spieß*, Verfassungsentwicklung, wie Anm. 21, S. 19.

31 LA Speyer D 22 Nr. 200 vom 18. Januar 1490: Kurfürst Philipp verspricht der Gemeinde Weinheim Schadloshaltung für die Bürgschaft über 12 Gulden, die jährlich an die Präsenz des Stifts Allerheiligen zu zahlen sind, nachdem das Stift ein Darlehen von 300 Gulden gegeben hat.

32 So Stadtarchiv Neustadt an der Weinstraße, Urkunden Nr. 53 von 1445 für sieben Darlehen, Nr. 56 und 57 von 1447 für sechs bzw. drei Darlehen, Nr. 58 von 1448 für fünf Darlehen.

33 *Spieß*, Verfassungsentwicklung, wie Anm. 21, S. 19.

Kurfürsten Friedrich und Philipp erlassen wurden.[34] Für Neustadt liegen drei Ordnungen vor; die jüngste und umfangreichste hat Pirmin Spieß eingehend untersucht und ediert.[35] Während noch unter Friedrich I. zumeist der Stadtrat gestärkt wurde, tendierten die Kurfürsten seit Philipp dahin, ihren Amtleuten und weiteren Beamten Aufsichts- und Kontrollrechte über städtische Angelegenheiten, Finanzen und Ämterbesetzungen zu geben.[36]

Waren diese Regelungen einander ähnlich? Wurden bereits im 15. Jahrhundert „Textbausteine“ bei den verschiedenen städtischen Ordnungen genutzt? Sigrid Schmitt verweist darauf, dass Regelungen für Alzey, Neustadt und Heidelberg durch Friedrich I. *drei sehr ähnliche, über weite Passagen sogar wörtlich gleichlautende* Neuordnungen des Besteuerungswesens enthalten.[37] Ähnliche Untersuchungen für weitere Städte, Vergleiche der Ordnungen werden dank des DFG-Projektes, dank der ins Portal eingestellten Digitalisate künftig weitaus leichter möglich werden.

Ordnungen ergingen auch für einzelne Bereiche, so 1475 unter Verweis auf Bürgerbeschwerden eine Ordnung über Gottesdienstbesuch, Handel und allgemeines Leben (*pollicy*) in Kreuznach.[38] Bezeichnenderweise setzen die im Repertorium der Policeyordnungen, einem Langzeitprojekt der Rechtsgeschichte, gesammelten kurpfälzischen Ordnungen intensiver im späten 15. Jahrhundert ein, unter den Kurfürsten Friedrich und Philipp.[39]

Ein Beispiel für die Bandbreite vom Kurfürsten getroffener Regelungen sei aus der Kondominatsstadt Kreuznach angeführt, aus einer Antwort Kurfürst Philipps an den Mit-Stadtherrn Johann von Pfalz-Simmern: Eine Begutachtung (*besehen*) von Aussätzigen (*sondersiechen*) in Köln solle nur noch auf eigene Kosten erfolgen. In Heidelberg gebe es drei studierte Ärzte (*doctores in der artzeny*) und auch weitere Ärzte *in unserm studium*, die sich darauf verstehen, so dass die Begutachtung kostengünstig (*vmb des mynsten costen willen*) neben dem nahen Mainz in der Kurpfalz erfolgen solle.[40]

Die für das 14. Jahrhundert als vorrangiges kurfürstliches Ziel gesehene *ökonomische Förderung der bisherigen Städte*[41] setzte sich fort. Intensiv erfolgte gerade unter Friedrich und Philipp die Einrichtung neuer Wochen- und Jahrmärkte, verbunden mit Geleit sowie verbesserten Wegen

---

34 *Reinhardt*, wie Anm. 4, S. 285–287. Ergänzen lässt sich eine Ordnung für Weinsberg vom 24. Juli 1493 nach Schlichtung zwischen Amtmann und Stadt: LA Speyer A 1 Nr. 2321.

35 Pirmin *Spieß*: Die Stadtordnung Philipps des Aufrichtigen für Neustadt aus dem Jahre 1493. In: Mitteilungen des Historischen Vereins der Pfalz 66 (1968) S. 197–305.

36 *Schmitt*, wie Anm. 6, S. 56–59. – Zusammenfassung in *Reinhardt*, wie Anm. 3, S. 198 f.; in Mosbach und der Oberpfalz setzte der Vorgang später ein.

37 *Schmitt*, wie Anm. 6, S. 52–55, Zitat S. 53.

38 LHA Koblenz 33 Nr. 12280 S. 69–79 (Datensatz als Unternr. 19) vom 8. Mai 1475.

39 Dorothee *Mußgnug*: Kurpfalz. In: Repertorium der Policeyordnungen der Frühen Neuzeit. Bd. 3: Wittelsbachische Territorien. Hg. von Karl *Härter* und Michael *Stolleis* (Studien zur Europäischen Rechtsgeschichte 116). 2 Teile. Frankfurt am Main 1999. Teil 1. S. 1–594. Beginnend mit dem Jahr 1423 sind bis 1448 sechs Ordnungen erfasst, beim Tod Philipps 67 Ordnungen.

40 LHA Koblenz 33 Nr. 12280 S. 108 f. (Datensatz als Unternr. 42) vom 2. September 1487.

41 So die Formulierung bei *Reinhardt*, wie Anm. 5, S. 14.

und Brücken. Ein Beispiel ist das Marktprivileg für Sobernheim.[42] Die Gewährung neuer Märkte und Markttage diente auch der Umleitung von Marktbesuchern in kurpfälzische Orte, so dezidiert 1466 in einem wirtschaftlichen Konflikt mit der Stadt Speyer, der zu einer Handels- und Lebensmittelsperre gegen die Stadt eskalierte.[43]

Weit über das eigene Territorium hinaus: Kaiserswerth, Boppard, Speyer, Landau

Kein Kontrast zu den vorrangigen Zielen im 14. Jahrhundert besteht auch bei der Expansion. Aufgegeben zugunsten Integration und Herrschaftsverdichtung wurde der Erwerb weiterer Städte im späten 15. Jahrhundert keineswegs. Eher im Gegenteil. Die militärischen Erfolge Friedrichs erweiterten auch die Zahl der Städte: 1461 um Bensheim und Heppenheim, 1463 um badische Rechte an Eppingen, Heidelsheim, Besigheim und Beinheim. Bis 1471 kamen noch sechs Städte hinzu. Philipp erhielt durch den Erbfall der Linie Mosbach 1499 elf weitere Städte.[44] Fast ein Drittel der über 70 kurpfälzischen Städte – Stand 1500 – war demnach erst unter Friedrich und Philipp hinzugekommen.

Erst nach der Niederlage im Landshuter Erbfolgekrieg brach die Expansion ab. Die verbliebenen Städte, die verbliebene städtische Wirtschaftskraft wurde umso mehr zur finanziellen Sanierung benötigt. Vereinheitlichung von Rechtsverhältnissen, Integration in das Gesamtterritorium – das wurde im 16. Jahrhundert forciert. Das DFG-Projekt erlaubt, die Unterschiede der Städtepolitik in den vorangehenden Jahrzehnten genauer zu erfassen.

Das Ausgreifen der Kurpfalz auf Städte benachbarter Fürsten geschah im 15. Jahrhundert sehr weiträumig. Extrem weit entfernt war die Pfandherrschaft über Kaiserswerth, heute ein Stadtteil

---

42 Kurfürst Philipp gestattet am 26. Juni 1480 Sobernheim die Abhaltung dreier Jahrmärkte sowie eines montäglichen Wochenmarktes, *da durch sich die stat und lute gebessern mugen*. Ausfertigung LHA Koblenz 642 Nr. 64; abschriftlich zudem in LABW GLAK 67 Nr. 1662 fol. 213r–213v. Vorangegangen war am 19. Juni 1478 die Bewilligung an den Stadtrat, zur besseren Unterhaltung der Brücken, Straßen und sonstiger Baulichkeiten von durchfahrenden Wagen und Karren mit Kaufmannsgut ein Wegegeld zu erheben: LHA Koblenz 642 Nr. 61. Auflistung von Marktprivilegien Kurfürst Philipps bei *Reinhardt*, wie Anm. 3, S. 415.

43 So stellte Friedrich 1466 ein kurfürstliches Marktprivileg mit Verlegung des Jahrmarkttermins für Neustadt aus und regelte Wochenmärkte in Neustadt, Germersheim und Oggersheim. – *Spieß*, Verfassungsentwicklung, wie Anm. 21, S. 45 f. – *Armgart*, wie Anm. 1, S 183 f. – Zum Konflikt Maximilian *Buchner*: Die Stellung des Speierer Bischofs Mathias Ramung zur Reichsstadt Speier, zu Kurfürst Friedrich I. von der Pfalz und Kaiser Friedrich III. In: Zeitschrift für die Geschichte des Oberrheins 63 NF 24 (1909) S. 29–82, 259–298, hier S. 53–63. – Zuletzt Kurt *Andermann*: Matthias Ramung. Bischof von Speyer und Kanzler der Pfalz. In: Archiv für mittelrheinische Kirchengeschichte 74 (2022) S. 163–200, hier S. 175 und 181.

44 Auflistungen bei *Reinhardt*, wie Anm. 4, S. 281–283.

von Düsseldorf. Stadtherr war der Kölner Erzbischof, seit 1463 Friedrichs Bruder Ruprecht. Im Landesarchiv Speyer befindet sich eine Zusage Friedrichs an das Kölner Domkapitel, die auf Kaiserswerth ruhenden finanziellen Verpflichtungen des Erzbischofs zu erfüllen, solange Friedrich dort Pfandherr ist.[45]

Ein weiteres Beispiel ist das Engagement Philipps in Boppard, einer an Kurtrier verpfändeten Reichsstadt. Das Beharren der Bürger auf alten Rechten eskalierte 1497 mit der Belagerung durch Erzbischof Johann von Baden, massiv unterstützt durch Kurpfalz. Schreiben und Gesandtschaften des Kaisers und des gerade tagenden Reichstages blieben wirkungslos.[46] Dann wechselte Kurpfalz die Seiten: Bei nächster Sedisvakanz, zunächst von Teilen des Domkapitels widersprochener Weitergabe des Erzbistums an Johanns Neffen, wurde Boppard am Dreikönigstag 1501 von einigen Adligen im Handstreich erobert und dem Domkapitel übergeben. Dessen schriftliche Zusicherung an die Adligen, die Stadt nicht weiterzugeben, übergaben sie Philipp zu treuen Händen. Philipp stellte einen Schutzbrief aus und erklärte, die Adligen sowie die Bürger der Stadt zu schirmen. Als weitere Wendung erkannte Kurpfalz schließlich doch die Nachfolge Jakobs von Baden auf dem erzbischöflichen Stuhl an und vermittelte einen Vergleich des neuen Erzbischofs mit den von Philipp geschirmten Bopparder Akteuren.[47]

Zur königsgleichen Stellung am Oberrhein, einem weit über das eigene Territorium reichenden Klientelsystem, gehörten auch dortige größere Städte. Kurpfalz betätigte sich hier als Vermittler, Schlichter und Richter. Als Beispiele angeführt seien die kurfürstliche Vermittlung in einem 1460 durch gegenseitige Gefangennahmen eskalierten Streit zwischen Stadt und Bischof von Speyer,[48] als zweites Beispiel die Rechtssuche der Stadt Landau am kurpfälzischen Hofgericht in einem Rechtsstreit mit dem Nachbarort Dammheim.[49]

---

45 LA Speyer A 1 Nr. 461 vom 26. Juni 1469.

46 Umfangreiche Überlieferung in LHA Koblenz 1 C Nr. 18, S. 787–828, auch Urkunden in 1 A Nr. 8979–8994. – Zu den Ereignissen eingehend Otto *Volk*: „Nit klein aufruor in dem Hailigen Reiche …“. Der Bopparder Krieg von 1497. In: Jahrbuch für westdeutsche Landesgeschichte 23 (1997) S. 139–256.

47 Schirmbrief Philipps vom 28. Januar 1501 LHA Koblenz 1 A Nr. 532. – Von Philipp vermittelter Vergleich vom 26. März 1501 ebd. Nr. 9093. – Zu den Ereignissen Georg Friedrich *Böhn*: Der Bopparder Handstreich vom Dreikönigstag 1501. In: Landeskundliche Vierteljahrsblätter 20 (1974) S. 10–19.

48 LA Speyer D 1 Nr. 1244 vom 20. Juni 1460.

49 LA Speyer D 26 Nr. 146; Libell von 36 Blatt, beginnend mit der Bevollmächtigung des kurfürstlichen Rates Dr. Hans von Thalheim zu umfangreichem Zeugenverhör und Beweisaufnahme (*zu rechtlicher kuntschaft der warheit*) vom 11. Februar 1492 durch Kurfürst Philipp. Zu dieser Zeit befand sich Landau noch unter Pfandschaft des Hochstifts Speyer, aus der sich die Stadt wenig später selbst auslöste. Hans-Jürgen *Brenner*: Die Pfandschaft des Hochstifts Speyer über die Reichsstadt Landau von 1324–1511. Diss. Jur. Saarbrücken 1968.

Weitere Überlieferung, insbesondere in den Stadtarchiven

Nicht in das laufende DFG-Projekt einbezogen wurden Urkunden der Kurfürsten in weiteren staatlichen Archiven im In- und Ausland[50] sowie die urkundliche Überlieferung in nichtstaatlichen Archiven. Neben Adels-[51] und Universitätsarchiven wie Heidelberg[52] gehören dazu die Stadtarchive. Deren Überlieferung ist für das vorliegende Thema naturgemäß einschlägig. In den einzelnen Städten reicht sie von weitgehendem Verlust spätmittelalterlicher Überlieferung bis zu sehr reichhaltigen spätmittelalterlichen Beständen. Christian Reinhardt begründete seine Auswahl auch mit der guten Überlieferung der Stadtarchive seiner vier Beispielstädte.[53]

Die Erschließung schreitet voran. In den letzten Jahrzehnten entstand ein Urkundenbuch für Mosbach,[54] ein dreibändiges für Kaiserslautern.[55] In Neustadt ist dieses trotz mancher Anläufe ein Desiderat. Nun ediert wurde das wichtigste Kopialbuch, das *Rote Buch* der Stadt.[56]

---

50 Als Beispiel ein Lehnbrief Kurfürst Philipps für Dieter von Angeloch vom 30. August 1477 in Prag. Regesten der Urkunden im Archiv der Fürsten von Metternich im Staatlichen Zentralarchiv zu Prag. Bearb. von Johannes *Mötsch* (Veröffentlichungen der Landesarchivverwaltung Rheinland-Pfalz 90). Teil 2. Koblenz 2001. Nr. 526, S. 163.

51 Eine Urkunde Kurfürst Philipps vom 23. März 1504 befindet sich im Archiv der Herzöge von Arenberg. Inventar des Herzoglich Arenbergischen Archivs in Edingen, Enghien (Belgien). Bd. 2: Die Urkunden der deutschen Besitzungen bis 1600. Bearb. von Christian *Renger* (†), zum Druck gebracht von Johannes *Mötsch* (Veröffentlichungen der Landesarchivverwaltung Rheinland-Pfalz 75). Koblenz 1997. Nr. 979, S. 405 f. – Eine Anzahl von Urkunden der beiden Kurfürsten Friedrich I. und Philipp finden sich in den Erschließungen zahlreicher Adelsarchive in Baden-Württemberg, so in Archiv der Freiherren von Schauenburg Oberkirch: Urkundenregesten 1188–1803. Bearb. von Magda *Fischer* (Inventare der nichtstaatlichen Archive in Baden-Württemberg 33). Stuttgart 2007, Index S. 1020 und in weiteren Bänden dieser Reihe. – Die Urkunden des Freiherrlich von Gemmingen'schen Archivs aus Michelfeld. Bearb. von Kurt *Andermann* (Heimatverein Kraichgau, Sonderveröffentlichung 42). Heidelberg u. a. 2023, Index S. 203 und in weiteren Regestwerken Kurt Andermanns.

52 Der Urkundenbestand des Universitätsarchivs Heidelberg wurde nun in einem von der Stiftung Kulturgut Baden-Württemberg finanzierten Projekt online erschlossen; https://www.ub.uni-heidelberg.de/helios/digi/uah_urkunden.html (aufgerufen am 13.08.2024).

53 *Reinhardt*, wie Anm. 3, S. 11 f. unter Verweis auf eine Erhebung, die in Vorbereitung seines Dissertationsprojektes durchgeführt wurde.

54 Mosbacher Urkundenbuch. Stadt und Stift im Mittelalter. Bearb. von Konrad *Krimm* unter Mitarbeit von Hans *Schadek*. Elztal-Dallau 1986.

55 Urkundenbuch der Stadt Kaiserslautern. Bearb. von Martin *Dolch* und Michael *Münch* (Schriftenreihe des Stadtarchivs Kaiserslautern 2, 4 und 6). 3 Bde. Otterbach/Pfalz 1994-2001.

56 Das Rote Buch der Stadt Neustadt an der Haardt. Bearb. von Johannes *Weingart* und Karl Josef *Zimmermann* (Pfälzische Geschichtsquellen 15). Neustadt an der Weinstraße 2020.

Von den insgesamt über 400 Urkunden des Neustadter Stadtarchivs[57] stammen 115 Urkunden (Nr. 58 a–173) aus den Regierungsjahren Friedrichs und Philipps. Hinzu kommen Abschriften in Kopialbüchern und Akten. Unter den Kurfürstenurkunden sind viele Schadloserklärungen, aber auch so Persönliches wie die Beschwerde Philipps aus dem Jahre 1483, die Bauholz-Flößerei störe die Forellen und sonstigen Fische im Speyerbach; dabei sei das dortige Fischen des Kurfürsten *meiste lust*.[58]

Dank des Projektes wird bald ersichtlich sein, wie weit die Überlieferung der Stadtarchive gespiegelt ist und ausgeglichen werden kann durch die nun intensive Erschließung der Kopialbücher in Bestand 67 des Generallandesarchivs Karlsruhe.[59] Von Seiten der Kanzleiforschung sei die Frage formuliert: War die kurpfälzische Kanzlei dieser Zeit so gut organisiert, dass die auslaufenden Urkunden bis hin zu Massenbeurkundungen wie Schadlosbriefen einigermaßen vollständig in den parallel geführten Urkundenregistern überliefert sind?

Zusammenfassung

Für die Zeit der Kurfürsten Friedrich und Philipp gibt es manch weitere Urkunden, so in den Stadtarchiven; sie sind (erst einmal) nicht einbezogen. Neben den Urkundenbeständen aus den beteiligten staatlichen Archiven werden Überlieferungen aus Kopialbüchern in das Portal *Urkunden der Pfalzgrafen. Mittelalterliche Quellen zur Kurpfalz 1449–1508* eingestellt. Besonders verwiesen sei auf die in Karlsruhe verwahrten Kopialbücher, deren Durchsicht zu Spezialfragen bislang einen meist unverhältnismäßigen hohen Aufwand erforderte. Der zuvor nicht immer einfache Zugriff auch auf Urkundenbestände wurde am eigenen Haus, dem Landesarchiv Speyer, mit den zumeist noch handschriftlichen Findmitteln geschildert. Online zugänglich, verknüpft mit Digitalisaten – das ist ein ganz erheblicher Fortschritt für die Auswertung der nun ins Projektportal einfließenden Urkunden.

In älterer Stadtgeschichtsschreibung, exemplarisch Neustadt, war das 15. Jahrhundert meist eine eher ruhige, ereignislosere Zeit. Auch die allgemeine kurpfälzische Geschichte sah Spannendes eher in anderen Themen. Neuere Ansätze verweisen auf einen deutlichen, aber eher stillen Wandel der Städtepolitik, greifbar durch größere Quellenarbeit, am besten in vergleichender Betrachtung.

---

[57] Heinrich Maria *Sauer*: Regesten der Urkunden des Stadtarchivs Neustadt an der Weinstraße. Maschinenschriftlich. Neustadt 1955. Offenbar mitgewirkt hat der Speyerer Staatsarchivdirektor Dr. Albert Pfeiffer. Herangezogen wurde die Abschrift im LA Speyer Y 3 Nr. 518. – Zur Auswertung auch *Armgart*, wie Anm. 1, S. 188 mit verschriebener Signatur Nr. 218.

[58] Stadtarchiv Neustadt an der Weinstraße Akten Nr. 1709. Zitiert aus dem maschinenschriftlichen Repertorium, Exemplar im LA Speyer Y 3 Nr. 519. – *Armgart*, wie Anm. 1, S. 201.

[59] Meinen Karlsruher Projektkollegen danke ich für die Zusendung mehrerer hundert Datensätze aus den laufenden Arbeiten, die mir schon vorab die Masse an Quellen auch zum vorliegenden Thema verdeutlichen konnten.

Das zunächst im Titel gesetzte Fragezeichen[60] kann also wegfallen. Einen Wandel in der Städtepolitik gab es. *Fürstliche Autorität versus städtische Autonomie*,[61] das erfolgte als langer Prozess, mitunter unter Ausnutzung sich bietender Gelegenheiten, insbesondere kurfürstlicher Schlichtung von lokalen Konflikten. In welchen Schritten erfolgte sie? Verschoben sich Prioritäten innerhalb der Zeitläufe? War es eine *planhafte Vereinheitlichung der Verhältnisse in den wichtigsten Städten ihres Territoriums*?[62] Oder ist für die Existenz einer derartigen kurfürstlichen Agenda ein Fragezeichen zu setzen?

War es ein Wandel ab 1449, beginnend mit Friedrich I., oder übers ganze 15. Jahrhundert, bereits einsetzend mit Friedrichs Großvater König Ruprecht?[63] War die Städtepolitik unter und seit Friedrich I. ein Umbruch, ein deutlicher Einschnitt gegenüber vorheriger kurfürstlicher Politik, oder war es Teil eines langwährenden Prozesses? Gab es Weichenstellungen, Vorbereitungen dafür bereits unter den Vorgängern. Diese Frage wäre heranzutragen an die Urkunden der beiden vorangegangenen Kurfürsten. Auch aus dieser Perspektive erscheint es sehr sinnvoll, erhellend, die Erfassung der Kurpfalz-Urkunden mit den Kurfürsten der ersten Jahrhunderthälfte fortzusetzen.

---

60 Das Fragezeichen stand im Titel der Vortragsankündigung 2023. In der Druckfassung wurde es nicht wiederholt.

61 *Reinhardt*, wie Anm. 3.

62 *Reinhardt*, wie Anm. 5, S. 15 als *ersten Höhepunkt* unter Friedrich I. und Philipp.

63 So konstatierte *Schmitt*, wie Anm. 6, S. 46–47 bereits eine ab 1395 deutlich gestiegene *Rolle der Städte im Bewußtsein der Pfalzgrafen*. Ebd. S. 52 sieht sie bereits bei Ruprecht II. eine erste *Weichenstellung* in den Städten des eigenen Territoriums; seitdem *eher sporadisch* erfolgte Initiativen wurden unter Friedrich I. abgelöst durch *eine planhafte Tendenz zur Vereinheitlichung der Verhältnisse in den wichtigsten Städten des Territoriums*.

Umbruch im Kloster Lorsch. Die Verpfändung des Lorscher Klosters an die Kurpfalz Mitte des 15. Jahrhunderts und die damit verbundenen Auswirkungen

Von Carolin Schreiber

Die ereignisreiche zweite Hälfte des 15. Jahrhunderts wurde in der Kurpfalz und im Oberrheingebiet durch die Politik von Kurfürst Friedrich I. dem Siegreichen und seinem Neffen und Nachfolger Philipp dem Aufrichtigen geprägt. Eine Zusammenstellung der urkundlichen Überlieferung dieser beiden Kurfürsten wurde bisher nur vereinzelt vorgenommen[1], so dass das innovative Projekt *Urkunden der Pfalzgrafen bei Rhein. Erschließung, Digitalisierung und virtuelle Zusammenführung der zwischen 1449 und 1508 entstandenen Dokumente aus Baden-Württemberg, Bayern, Hessen und Rheinland-Pfalz als Themenportal im Archivportal D* hierfür einen wichtigen Beitrag leistet. An diesem Projekt beteiligte sich auch das Hessische Staatsarchiv Darmstadt unter der Leitung von Prof. Dr. Lars Adler und durchsuchte seine Bestände in Hinblick auf Urkunden dieser beiden Kurfürsten. Nach eingehender Recherche konnten 123 relevante Ausfertigungen und 29 kopial überlieferte Urkundenabschriften ermittelt, bearbeitet und dem Projekt beigesteuert werden. Durch diese intensive Auseinandersetzung mit den Urkunden aus der Mitte des 15. Jahrhunderts wurden viele unterschiedliche Einflussbereiche und Herrschaftsräume der pfälzischen Kurfürsten sichtbar, darunter auch das Kloster Lorsch, das während der Regierungszeit des pfälzischen Kurfürsten Friedrichs I. einen gravierenden Umbruch erlebte, durch den ein neuer Abschnitt in der Lorscher Geschichte eingeleitet wurde.

Das Kloster Lorsch[2] erlebte von seiner Gründung 764 durch den Gaugrafen Cancor und seiner Mutter Williswinda als benediktinisches Eigenkloster an bis in die frühe Neuzeit hinein immer

---

1 Vgl. Christoph Jacob *Kremer*: Geschichte des Kurfürsten Friedrichs des Ersten von der Pfalz in Sechs Büchern. Mannheim 1766. – Regesten zur Geschichte Friedrichs des Siegreichen. Bearb. von Karl *Menzel*. In: Quellen zur Geschichte Friedrich's des Siegreichen. Bd. 1: Matthias von Kemnat und Eikhart Artzt. Hg. von Conrad *Hofmann* (Quellen und Erörterungen zur bayerischen und deutschen Geschichte 2). München 1862. S. 209–499.

2 Im Fokus der Forschung stehen vorrangig die frühmittelalterliche Reichsgeschichte, der Bezug zu Karl dem Großen und den nachfolgenden ostfränkischen Karolingern, die umfangreiche Bibliothek sowie die in der Tradition der karolingischen Renaissance erbaute frühmittelalterliche Tor- beziehungsweise Königshalle als Beispiel karolingischer Baukunst sowie aktuelle archäologische Grabungen und Bauforschung. Vgl. Kloster Lorsch. Vom Reichskloster Karls des Großen zum Weltkulturerbe der Menschheit. Katalog zur Ausstellung. Petersberg 2011. – Stefan *Weinfurter*: Der Untergang des alten Lorsch in spätstaufischer

wieder Herrschaftswechsel und damit verbundene Umbrüche.[3] Der erste Abt war Chrodegang von Metz. Er bat Papst Paul I. um die Reliquie des heiligen Nazarius für das noch junge Kloster Lorsch. Die Ankunft der Reliquie 765 führte zu einem hohen Pilgeraufkommen und durch die damit einhergehenden Schenkungen kam das Kloster schon in den ersten Jahren zu umfangreichen Grundbesitz und Reichtum.[4] Die Übertragung des Klosters an Karl den Großen nicht einmal zehn Jahre nach seiner Gründung ist als der bedeutendste Herrschaftswechsel in der gesamten Klostergeschichte zu werten. Als Reichskloster stieg es schnell bis an die Spitze der Reichspolitik auf.[5] Dieser bedeutende Rang zeigte sich darin, dass Ludwig der Deutsche und Ludwig der Jüngere das Kloster noch Ende des 9. Jahrhunderts zu ihrer Grablege erwählten.[6] Diese Stellung konnte Lorsch lange behaupten. Erst nach über 400 Jahren reichsprägender Politik zeichnete sich für die Benediktinerabtei dann doch nach und nach ein Niedergang und Rangverlust ab.[7] Diese gipfelten

---

Zeit. Das Kloster an der Bergstraße im Spannungsfeld zwischen Papsttum, Erzstift Mainz und Pfalzgrafschaft. In: Stefan Weinfurter. Gelebte Ordnung, gedachte Ordnung. Ausgewählte Beiträge zu König, Kirche und Reich. Aus Anlaß des 60. Geburtstages. Hg. von Helmuth *Kluger*, Hubertus *Seibert* und Werner *Bomm*. Ostfildern 2005. S. 159–188 – Katharina *Papajanni*: Mit einem Eichenkeil und einer Walnussschale: Bauforschung an der sogenannten Tor- oder Königshalle im ehemaligen Kloster Lorsch als Grundlage für einen neuen Datierungsansatz. In: Architectura: Zeitschrift für Geschichte der Baukunst 45 (2015) S. 23–44. – Diether *Lammers* und Mathias *Untermann*: Kloster Lorsch: die archäologischen Untersuchungen der Jahre 2010–2016: das Umfeld der Torhalle und die Bau- und Nutzungsstrukturen des Klosters. 3 Bde. Regensburg 2019. – Auch haben die Digitalisierungsprojekte der Forschung zahlreiche Handschriften und Urkunden zugänglich gemacht: Bibliotheca Laureshamensis – digital: Virtuelle Klosterbibliothek Lorsch. https://bibliotheca-laureshamensis-digital.de/. – Archivum Laureshamense – digital: Virtuelles Klosterarchiv Lorsch. https://archivum-laureshamense-digital.de/de/ (beide aufgerufen am 01. 01. 2024).

3 Codex Laureshamensis [im Folgenden CL]. Hg. von Karl *Glöckner*. Bd. 1.: Einleitung, Regesten, Chronik. Darmstadt 1929. Kap. 1. S. 265 f. – Friedrich *Knöpp*: Das letzte Jahrhundert der Abtei. Vom Ende des Investiturstreits bis zu den Auseinandersetzungen um die Selbständigkeit der Abtei. In: Die Reichsabtei Lorsch. Festschrift zum Gedenken an ihre Stiftung 764. Hg. von Friedrich *Knöpp*. 1. Teil. Darmstadt 1973. S. 175–226. – Josef *Semmler*: Die Geschichte der Abtei Lorsch von der Gründung bis zum Ende der Salierzeit (764–1125). In: ebd. S. 75–174, hier S. 75.

4 In diesem Zeitraum haben Cancor und Williswinda das Eigenkloster an den ersten Benediktinerabt und Bischof Chrodegang von Metz überschrieben. CL I, wie Anm. 3, Nr. 3, S. 273. – *Semmler*, wie Anm. 3, S. 76 ff.

5 CL I, wie Anm. 3, Kap. 4. S. 273. – ebd., Nr. 4, S. 274 f. – ebd., Nr. 5, S. 275 f. – *Semmler*, wie Anm. 3, S. 80 f.

6 CL I, wie Anm. 3, Kap. 44. S. 326. – *Semmler*, wie Anm. 3, S. 88 f.

7 In früheren Jahren konnten sich die Lorscher Benediktiner noch erfolgreich gegen Zugriffe von außen behaupten. Doch zu Beginn des 13. Jahrhunderts verloren sie immer mehr von ihrem einstigen Einfluss. Kirchliche Reformideen und machtpolitische Entscheidungen der Großen des Reichs führten zu der Entscheidung, sie nicht weiter zu unterstützen und damit an alte Traditionen anzuknüpfen. Dies machten sich die Mainzer Erzbischöfe Siegfried II. und Siegfried III. von Eppstein zunutze und bauten im Umfeld von Kaiser Friedrich II. und seinem Sohn Heinrich (VII.) ihren Einfluss immer weiter aus. Seit 1228 wurde

darin, dass Kaiser Friedrich II. das Lorscher Kloster im Jahr 1232 an den Mainzer Erzbischof Siegfried III. von Eppstein übertrug.[8] Der Herrschaftswechsel bedeutete eine tiefgreifende Zäsur, der langfristig nicht nur das Ende der Benediktinerabtei, sondern auch zahlreiche kriegerische Konflikte nach sich zog. Zu Beginn des 13. Jahrhunderts begann nämlich neben dem Mainzer Erzbischof auch der rheinische Pfalzgraf Otto II. seine Herrschaft im Oberrheingebiet auszubauen.[9] In seiner Funktion als Lorscher Vogt[10] machte Otto II. Ansprüche auf die Lorscher Besitzungen geltend, die einen Jahrhunderte anhaltenden Konflikt zwischen dem Erzbischof von Mainz und dem Pfalzgraf bei Rhein um das Lorscher Erbe nach sich ziehen sollten.[11] Dieses Ausmaß war noch nicht abzusehen, als der Mainzer Erzbischof in den dreißiger Jahren des 13. Jahrhunderts seine Position zu festigen versuchte, indem er die Benediktiner aus dem Kloster vertrieb, und sich darum bemühte, stattdessen Zisterzienser aus dem Kloster Eberbach anzusiedeln, was jedoch langfristig scheiterte.[12] Eine vorläufige Durchsetzung der mainzischen Ansprüche gelang erst im

---

dann sukzessive der Zugriff auf die strategisch und wirtschaftlich so bedeutende Reichsabtei vorangetrieben, so dass es Siegfried III. von Eppstein 1232 gelang, das Kloster vollständig seinem Besitz einzuverleiben. Meinrad *Schaab*: Bergstraße und Odenwald. 500 Jahre Zankapfel zwischen Kurmainz und Kurpfalz. In: Festschrift für Günther Haselier aus Anlaß seines 60. Geburtstages 1974 (Oberrheinische Studien 3). Bretten 1975. S. 237–266, hier S. 244 ff. – *Weinfurter*, Untergang, wie Anm. 2, S. 170 ff.

8 HStAD A 1 Nr. 146/1. – StAWü Domkapitel Mainz Urk. 1232 April II. *Knöpp*, wie Anm. 3, S. 211. – *Schaab*, wie Anm. 7, S. 246 ff. – *Weinfurter*, Untergang, wie Anm. 2, S. 161, S. 176 ff. – Vgl. zu den Mainzer Erzbischöfen Siegfried II. und Siegfried III. von Eppstein: Irmtraud *Reichel-Müller*: Mainzer Territorialpolitik in der ersten Hälfte des 13. Jahrhunderts als Element der Reichs- und Erzstiftsgeschichte. Mainz 1995.

9 Karl *Härter*: Das schwere Lorscher Erbe: Der Konflikt zwischen Kurmainz und Kurpfalz und die Stadtwerdung Weinheims 1264–1461. In: Geschichtsblätter Kreis Bergstraße 47 (2014), S. 19–52, hier S. 23. – Ferdinand *Koob*: Die Starkenburg. In: 900 Jahre Starkenburg. Veröffentlichungen zur Geschichte der Stadt Heppenheim. Hg. vom Magistrat der Kreisstadt Heppenheim an der Bergstraße. Bd. 2. Heppenheim 1965. S. 27–123, hier S. 41 ff. – *Schaab*, wie Anm. 7, S. 239 ff. – Monika *Schmatz*: Das Lorscher Necrolog-Anniversar. Totengedenken im Kloster Lorsch. Bd. 2: Prosopographische Untersuchung (Arbeiten der Hessischen Historischen Kommission NF 27/2). Darmstadt 2007. S. 92.

10 *Schaab*, wie Anm. 7, S. 238. – *Weinfurter*, Untergang, wie Anm. 2, S. 164 ff.

11 Eckhard G. *Franz*: Im Streit um die Lorscher Klosterherrschaft. Zur Ersterwähnung Wald-Michelbachs im Jahre 1238. In: Geschichtsblätter Kreis Bergstraße 21 (1988) S. 27–40, hier S. 31 ff. – *Knöpp*, wie Anm. 3, S. 203 f. – *Koob*, wie Anm. 9, S. 41 ff. – *Reichel-Müller*, wie Anm. 8, S. 267 ff. – *Schmatz*, wie Anm. 9, S. 92.

12 *Franz*, wie Anm. 11, S. 32 ff. – Heinrich *Meyer zu Ermgassen*: Hertwich, ein Eberbacher Mönch als Abt von Lorsch. In: Aus Geschichte und ihre Hilfswissenschaften. Festschrift für Walter Heinemeyer zum 65. Geburtstag. Hg. von Hermann *Bannasch* und Hans-Peter *Lachmann* (Veröffentlichungen der Historischen Kommission für Hessen 40). Marburg 1979. S. 286–296. – *Schaab*, wie Anm. 7, S. 246 ff. – *Weinfurter*, Untergang, wie Anm. 2, S. 180 f.

Jahr 1248 mit der Ansiedlung von Prämonstratensern aus Allerheiligen im Schwarzwald.[13] Trotzdem blieben die Lorscher Besitzungen noch bis ins 15. Jahrhundert der *Zankapfel*[14] zwischen Kurmainz und Kurpfalz.[15] Die hier schwelenden und stets erneut aufflammenden Konflikte um die Vorherrschaft im Bergsträßer Raum entluden sich immer wieder in kleineren Auseinandersetzungen, bis es in der zweiten Hälfte des 15. Jahrhunderts aufgrund der reichspolitischen Lage zum offenen Krieg zwischen dem Erzbischof von Mainz und dem pfälzischen Kurfürsten kam.[16] Die

---

13 Acta Imperii inedita seculi XIII et XIV. Urkunden und Briefe zur Geschichte des Kaiserreichs und des Königreichs Sicilien in den Jahren 1198–1400. Hg. von Eduard *Winkelmann*. 2 Bde. Innsbruck 1880–1885. Bd. 2 (1885) Nr. 1041, S. 723 f. – Regesta Imperii. V,2,4. Die Regesten des Kaiserreichs unter Philipp, Otto IV, Friedrich II, Heinrich (VII.), Conrad IV, Heinrich Raspe, Wilhelm und Richard. 1198–1272. Nach der Neubearbeitung und dem Nachlasse Johann Friedrich *Böhmers*. Hg. von Julius *Ficker* und Eduard *Winkelmann*. Bearb. von Franz *Wilhelm*. Innsbruck 1901. Nr. 11529 u. Nr. 11530, S. 1702. – Johann Konrad *Dahl*: Historisch-Topographisch-Statistische Beschreibung des Fürstenthums Lorsch oder Kirchengeschichte des Oberrheingaus. Geschichte und Statistik des Klosters und Fürstenthums Lorsch, nebst einer historischen Topographie der Aemter Heppenheim, Bensheim, Lorsch, Fürth, Gernsheim, Hirschhorn u. a. m. Darmstadt 1812. S. 81. – Carolin *Schreiber*: Das Lorscher Kartular. Urkundliche Quellen zur Besitzentwicklung des Lorscher Klosters im späten Mittelalter und der frühen Neuzeit. Edition und Erschließung (Arbeiten der Hessischen Historischen Kommission NF 44) (Dissertation. Druck ist für das Jahr 2024 geplant) [im Folgenden Lorscher Kartular]. – Franz *Falk*: Geschichte des ehemaligen Klosters Lorsch an der Bergstrasse. Nach den Quellen und mit besonderer Hervorhebung der Thätigkeit des Klosters auf dem Gebiete der Kunst und Wissenschaft dargestellt. Mainz 1866. S. 95. – Georg *Helwich*: Antiqvitates Lavrishaimenses, seu Chronologia Praeillustris, Nobilis ac famosi quondam Monasterij S. Nazarii Laurishaimensis in Strata montana siti: primum Benedictinorum, postmodum verò Praemonstratensium Ordinis ac Regulae [...]. Frankfurt am Main 1631. S. 196. – Regesta archiepiscoporum Maguntinensium. Regesten zur Geschichte der Mainzer Erzbischoefe von Bonifatius bis Uriel von Gemmingen 742?–1514. Hg. von Johann Friedrich *Boehmer* und Cornelius *Will*. 2 Bde. Innsbruck 1877–1886. Bd. 2 (1886) Nr. 626, S. 298 f. – Die Regesten der Stadt Heppenheim und Burg Starkenburg bis zum Ende Kurmainzer Oberherrschaft (755–1461). Im Auftrag des Stadtarchivs Heppenheim zusammengestellt und kommentiert von Torsten *Wondrejz*. Heppenheim 2010. Nr. 56, S. 67 f. – *Schaab*, wie Anm. 7, S. 248. – *Schmatz*, wie Anm. 9, S. 92.

14 Den Begriff *Zankapfel* prägte Meinrad Schaab. *Schaab*, wie Anm. 7.

15 Anton *Brück*: Lorsch und Mainz im Mittelalter. In: Laurissa Jubilans. Festschrift zur 1200-Jahrfeier von Lorsch. Hg. von der Gemeinde Lorsch. Lorsch 1964. S. 145–152, hier S. 148 ff. – *Franz*, wie Anm. 11, S. 32 ff. – *Schaab*, wie Anm. 7, S. 252 ff. – Regesten der Stadt Heppenheim, wie Anm. 13, Nr. 56 und Nr. 57, S. 67 ff.

16 *Dahl*, wie Anm. 13, S. 83 f. – *Härter*, wie Anm. 9, S. 24. – Regesta archiepiscoporum Maguntinensium, wie Anm. 13, Nr. 112, S. 362 f. – Valentin *Gudenus*: Codex diplomaticus sive anecdotorum res Moguntinas [...]. Bd. 2. Frankfurt/Leipzig 1747. Nr. 113, S. 148 f. – *Koob*, wie Anm. 9, S. 48 ff. – Achim *Kohnle*: Zwischen Mainz und Pfalz. Der Bergsträsser Rezess von 1650 und die Konfessionen. In: Zwischen Konflikt und Kooperation. Religiöse Gemeinschaften in der Stadt und Erzstift Mainz im Spätmittelalter und

darauf folgenden militärischen Erfolge Friedrichs I., sein kluges taktisches Agieren in den sich verändernden Bündnisverhältnissen und der Konflikt des Mainzer Erzbischofs mit dem Papst führten Mitte des 15. Jahrhunderts zur Inbesitznahme der Pfandschaft über das Amt Starkenburg durch Friedrich I. und damit zu einem strategisch wichtigen Zugewinn für den pfälzischen Kurfürsten.[17]

Bereits nach den ersten Waffenläufen und der Niederlage in der Schlacht von Pfeddersheim 1460 hatte Erzbischof Diether von Isenburg seinem Pfälzer Kontrahenten nicht nur territoriale Zugeständnisse machen, sondern auch ein Bündnis mit ihm eingehen müssen.[18] Nachdem der Streit mit Papst Pius II. um unüblich hohe Palliumsgelder eskaliert und eine Absetzungsbulle Diethers durch Adolf von Nassau am 26. September 1461 verkündet worden war, sah der bedrängte Erzbischof Diether sich gezwungen, sich noch enger an Friedrich I. anzubinden. Zusammen mit Graf Philip von Katzenelnbogen schlossen die beiden Fürsten am 19. November 1461 den sogenannten Weinheimer Bund.[19] Darauf folgte ein Kampf zwischen den beiden Kontrahenten um die Erzbischofswürde, der als *Mainzer Stiftsfehde* bekannt ist.[20] Im Zuge dieser Auseinandersetzung verpfändete der Erzbischof dem Pfalzgrafen dabei die Schlösser und Städte Starkenburg (*Starckenberg*), Heppenheim, Bensheim (*Benszheim*) und Mörlenbach (*Morlebach*) mit allem Zubehör und *insbesondere der Vogtei über das Kloster Lorsch*[21] für eine Summe von 100.000 Gulden. Die Verpfändung war vorrangig eine Gegenleistung für die zukünftige Unterstützung Friedrichs I. im Kampf gegen Diethers Absetzung.[22]

Neuzeit. Hg. von Irene *Dingel* und Wolf-Friedrich *Schäufele* (Veröffentlichungen des Instituts für europäische Geschichte Mainz. Abteilung für abendländische Religionsgeschichte. Beiheft 70). Mainz 2006. S. 227–238, hier S. 228.

17 *Kohnle*, wie Anm. 16, S. 229.

18 Hansjörg *Probst*: Seckenheim. Geschichte eines Kurpfälzer Dorfes. Mannheim 1981. S. 378 f. – Karl *Menzel*: Die Verträge zwischen den Grafen Adolf von Nassau und Diether von Isenburg-Büdingen zur Beilegung des Streites um das Erzstift Mainz. In: Naussaische Annalen 10 (1870) S. 1–41, hier S. 1.

19 *Koob*, wie Anm. 9, S. 50. *Menzel*, wie Anm. 18, S. 7. *Schaab*, wie Anm. 7, S. 261.

20 *Kohnle*, wie Anm. 16, S. 228 f. – *Koob*, wie Anm. 9, S. 50. – *Probst*, wie Anm. 18, S. 352 ff. – *Schaab*, wie Anm. 7, S. 261.

21 HStAD A 1 Nr. 18/3. – Carolin *Schreiber* und Thorsten *Huthwelker*: Regest zu „Darmstadt, Hessisches Staatsarchiv, Bestand A 1 Nr. 18/3“. In: Archivum Laureshamense – digital. 2020. https://doi.org/10.11588/diglit.37493 (aufgerufen am 01.01.2024). – Regesten der Stadt Heppenheim, wie Anm. 13, Nr. 512, S. 267 f.

22 HStAD A 1 Nr. 18/3. – Carolin *Schreiber* und Thorsten *Huthwelker*: Regest zu „Darmstadt, Hessisches Staatsarchiv, Bestand A 1 Nr. 18/3“. In: Archivum Laureshamense – digital. 2020. https://doi.org/10.11588/diglit.37493 (aufgerufen am 01.01.2024). – Die Verpfändung wurde im darauffolgenden Jahr 1462 auch durch das Mainzer Domkapitel bestätigt. *Koob*, wie Anm. 9, S. 50. – Regesten der Stadt Heppenheim, wie Anm. 13, Nr. 512, S. 267 f.

Abb. 1: Verpfändung des Amtes Starkenburg durch Diether von Isenburg an Friedrich I. von der Pfalz. Vorlage: HStAD A 1 Nr. 18/3.

Zwar konnte der Weinheimer Bund die wichtige Schlacht von Seckenheim 1462 für sich entscheiden,[23] doch läutete die Eroberung der Stadt Mainz durch die Verbündeten Adolfs von Nassau und dessen Einsetzung als Mainzer Erzbischof de facto die Niederlage Diethers von Isenburg ein.[24] Nach Beendigung der Stiftsfehde bestätigte der letztlich siegreich hervorgegangene Erzbischof Adolf am 24. November 1463 mit einer eigenen Urkunde die von seinem Vorgänger getätigte Verpfändung des Amtes Starkenburg an den Pfalzgrafen.[25]

---

23 *Menzel*, wie Anm. 18, S. 7.

24 *Menzel*, wie Anm. 18, S. 7. – *Koob*, wie Anm. 9, S. 50.

25 HStAD A 1 Nr. 18/12. – Carolin *Schreiber* und Thorsten *Huthwelker*: Regest zu „Darmstadt, Hessisches Staatsarchiv, Bestand A 1 Nr. 18/12“. In: Archivum Laureshamense – digital. 2020. DOI: https://doi.org/10.11588/diglit.37494 (aufgerufen am 01. 01. 2024). Die Urkunde wurde am 27. November 1463 von Friedrich I. reversiert. HStAD A 1 Nr. 18/13. Doch darüber hinaus gab es zwischen Adolf von Nassau und Friedrich I. eine weitere Vereinbarung, wie die Darmstädter Überlieferung informiert. Darin versprach Friedrich I., falls es Adolf von Nassau gelingen würde, sich beim Papst für ihn einzusetzen, so dass der Bann gegen ihn aufgehoben würde, ihm von der Pfandsumme 20.000 Gulden zu erlassen. HStAD A 1 Nr. 18/10. Tatsächlich gelang es Adolf, dies bis zum 13. März 1464 zu erreichen. HStAD A 1 Nr. 18/15.

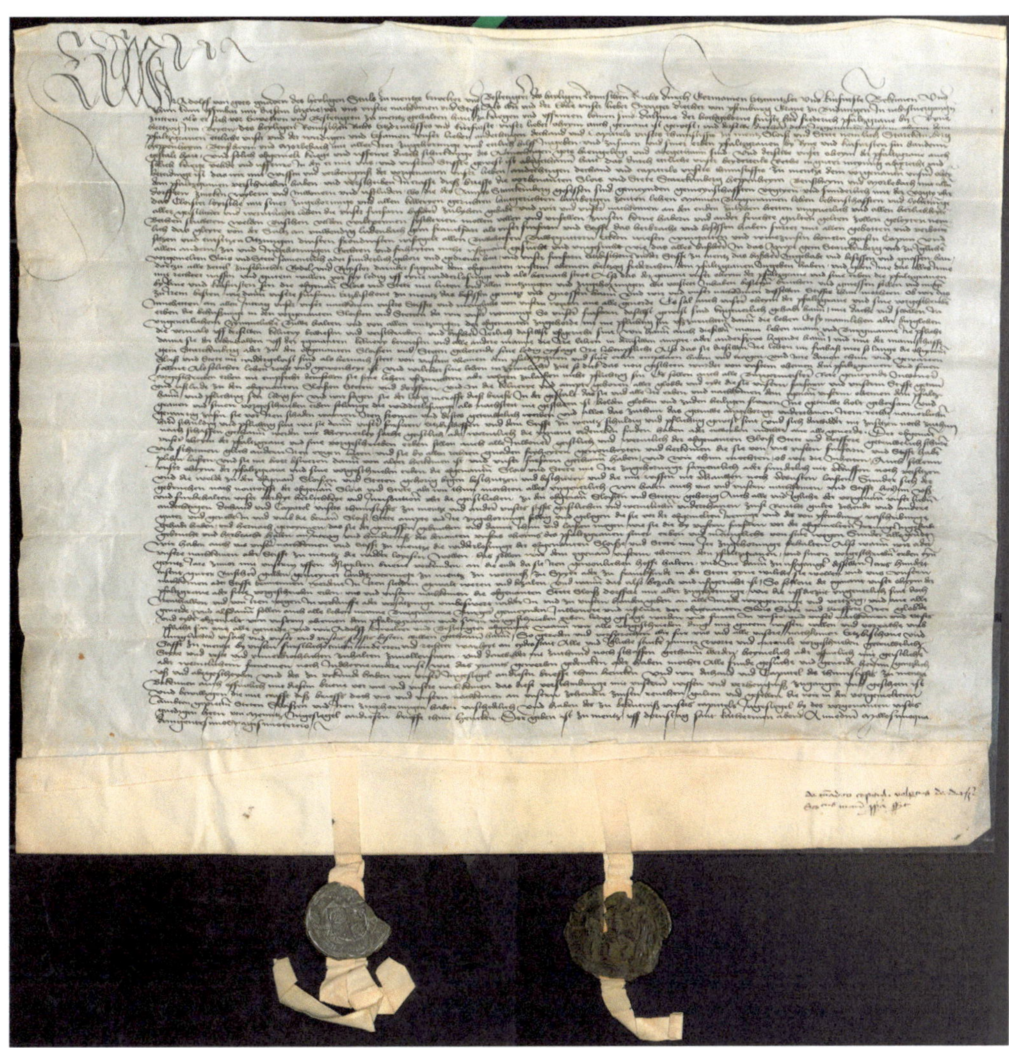

Abb. 2: Bestätigung der Verpfändung des Amtes Starkenburg durch Adolf von Nassau.
Vorlage: HStAD A 1 Nr. 18/12

Damit war die von Erzbischof Diether vorgenommene Verpfändung rechtskräftig. Das Amt Starkenburg wurde als Verwaltungseinheit beibehalten und seitens der Kurpfalz fortan wie Eigentum behandelt.[26] Friedrich I. agierte als neuer Herr, der zur Inbesitznahme und Nutzung des verpfändeten Gutes und seines gesamten Zubehörs berechtigt war.[27] Allerdings durfte er das Pfand nicht entfremden, sondern hatte vielmehr für einen guten Bauzustand und den Unterhalt des Klosters und seiner Besitzungen zu sorgen.[28] Die Untertanen, die bisher dem Mainzer Erzbischof lehnspflichtig waren, mussten nun Friedrich I. den Huldigungseid leisten.[29] Der pfälzische Kurfürst wurde also zum neuen Landesherrn, der nun über die dortigen materiellen und immateriellen Ressourcen verfügen konnte. Allerdings wird in der Urkunde des Diether von Isenburg, genauso wie in der des Adolf von Nassau, betont, dass der Mainzer Erzbischof und das Domstift weiterhin die Obrigkeit, Herrlichkeit und Jurisdiktion über die Geistlichen im Amt Starkenburg ausüben sollten,[30] folglich auch über den Lorscher Prämonstratenserkonvent. Es stellt sich die Frage, wie sich diese Zäsur auf den Prämonstratenserkonvent auswirkte und ob das Spannungsfeld zwischen geistlicher und weltlicher Herrschaft zu internen und externen Konflikten führte und wenn ja, wie diese sichtbar wurden. Im Besonderen ist in diesem Zusammenhang von Interesse, wie sich die Einflussnahme des pfälzischen Kurfürsten als Inhaber der Pfandschaft gestaltete. Die fragmentarische Überlieferung dieses Zeitabschnitts ermöglicht nur bedingt einen Einblick in die damaligen Vorgänge.[31] Es fehlen vor allem Quellen zu inneren Angelegenheiten, zu der Vernetzung und Kommunikation mit geistlichen oder weltlichen Herrschern und zu den damit verbundenen politischen Entscheidungen und ihren Findungsprozessen. Darüber hinaus thematisieren weder interne noch externe Quellen aus dem Mainzer Kontext dieses Ereignis oder nehmen auf die damit verbundenen Folgen Bezug. Trotzdem lohnt es sich, diese Zeit des Umbruchs

---

26 *Kohnle*, wie Anm. 16, S. 229.

27 Allgemein zu Pfandschaften beziehungsweise Reichspfandschaften: Götz *Landwehr*: Bedeutung der Reichs- und Territorialpfandschaften für den Aufbau des Kurpfälzischen Territoriums. In: Mitteilung des historischen Vereins der Pfalz 66 (1968) S. 155–196, hier S. 106 f. – Volker *Rödel*: Die Reichspfandschaften der Pfalzgrafschaft. In: Mittelalter. Der Griff nach der Krone. Die Pfalzgrafschaft bei Rhein im Mittelalter. Begleitpublikation zur Ausstellung der Staatlichen Schlösser und Gärten Baden-Württemberg und des Generallandesarchivs Karlsruhe. Hg. von Volker *Rödel* (Schätze aus unseren Schlössern. Eine Reihe der Staatlichen Schlösser und Gärten Baden-Württemberg 4). Regensburg 2000. S. 85–99, hier S. 85 ff.

28 *Rödel*, wie Anm. 27, S. 85 ff.

29 Darauf basierend hatte der Pfandherr nun die Gerichts und Steuerhoheit inne. Als neuer Herr war er verpflichtet, den Landbewohnern und Bürgern Schutz und Schirm zu leisten. Sie hingegen waren ihm dafür zum Gehorsam, Rat und Hilfe verpflichtet. Darüber hinaus hafteten die Untertanen jetzt für die Schulden des Pfandherrn. Bei Rechts und Friedensbrüchen wurden nun nicht nur die Bewohner des Landes, sondern auch der Pfandherr zur Rechenschaft gezogen. *Landwehr*, wie Anm. 27, S. 106 f.

30 HStAD A 1 Nr. 18/12 und 18/3.

31 Vgl. hierzu die Überlieferung aus dem Lorscher Kartular, wie Anm. 13, und dem Archivum Laureshamense – digital. https://archivum-laureshamense-digital.de/de/ (aufgerufen am 01. 01. 2024).

Abb. 3: Das Kloster Lorsch um 1620 von Mattheus Merian (Nachkoloriert).

dezidiert in den Blick zu nehmen und nachzuvollziehen, wie sich dieser Herrschaftswechsel kurzfristig und langfristig auf die Lorscher Prämonstratenser auswirkte.

Ob und inwieweit die Lorscher Prämonstratenser in die Ereignisse rund um die Mainzer Stiftsfehde und die darauffolgende Verpfändung eingebunden waren, lässt sich nicht umfassend klären. Allerdings erweckt ein undatiertes (wahrscheinlich zwischen 1459 und 1461 verfasstes) Schreiben des Diether von Isenburg den Anschein, als hätte er noch kurz vor der Verpfändung im Jahr 1461 versucht zu retten, was noch zu retten ist.[32] Er ließ sich nämlich von dem damaligen Lorscher Propst Johann [II.] Eckel von Gernsheim alle vom Kloster Lorsch herrührenden Lehen und die Mannschaft – ohne die Städte – für den erzbischöflichen Schutz und Schirm übertragen. Um dies rechtlich abzusichern, entband der Lorscher Propst seine Lehnsleute von ihren geleisteten Eiden und gab die Anweisung, ihre Lehen nun vom Erzbischof von Mainz zu empfangen und ihm zu huldigen. Die Lehnsmänner sollten fortan, genauso wie die zugehörigen Lehnsgüter, zu Mainz gehören. Das Schreiben vermittelt den Eindruck, dass sich der Mainzer Erzbischof der Tragweite seiner bevorstehenden Urkundenausstellung bewusst war und sich deshalb bemühte, den Lorscher Besitz, auch in Bezug auf die kriegerischen Auseinandersetzungen, so gut es ging, für sich zu sichern. Ob dieses Schreiben zur konkreten Anwendung kam und falls ja, ob eine Entfremdung von zahlreichen Lorscher Lehen beziehungsweise Lehnsmännern erfolgte und welche Besitzungen in diesem Zuge an Mainz übertragen werden konnten, ist nicht mehr nachzuvollziehen. Darüber hinaus bleibt die Rolle des Lorscher Propsts Johann [II.] Eckel von Gernsheim bei der Verpfändungshandlung im Jahr 1461, die wahrscheinlich in seiner Amtszeit zu verorten ist, im

32 Zum Folgenden: StAWü MRA Kurpfalz Nr. 2608.

Dunkeln.[33] Nach dieser ersten Verpfändung erfolgte die urkundlich sichtbare Einbindung des Klosters und seiner Besitzungen in die kurpfälzischen Strukturen. Die rechtliche Stellung des Klosters war also noch nicht final geklärt und die Mainzer Stiftsfehde weiterhin im vollen Gange, als in Lorsch ein neuer Propst in Erscheinung trat. Eberhard I. lässt sich seit dem 23. September 1462 in diesem Amt nachweisen.[34] Woher er stammte, ob er vorher Mitglied des Lorscher Prämonstratenserkonvents gewesen war oder ob er im Zuge der politischen Ereignisse in dieses Amt eingesetzt wurde, konnte nicht abschließend ermittelt werden.[35] Augenscheinlich agierte er in diesem Amt nicht zugunsten des Lorscher Prämonstratenserstifts, denn er begann Besitz und Güter zu entfremden, was zu tiefgreifenden Konflikten zwischen ihm und den Konvent führte.[36] Diese internen Konflikte machten ein externes Eingreifen nötig. So trat Friedrich I. am 16. Juli 1465 erstmals in Bezug auf Lorsch in seiner richterlichen Funktion in Erscheinung und nahm eine Schlichtung zwischen Propst und Konvent vor.[37] Das kurpfälzische Urteil besagte, dass Eberhard I. als Lorscher Propst abgesetzt wurde. Er durfte zwar seinen Titel weiterführen, die mit dem Amt verbundenen rechtlichen Handlungen und Befugnisse über den Konvent bekam Eberhard I. jedoch

33 Auch gibt es in diesem Zeitraum keine Dokumente des Lorscher Klosters, die eine Reaktion auf die sich verändernden administrativen Verhältnisse erkennen lassen.

34 HStAD B 9 Nr. 637. – Carolin *Schreiber* und Thorsten *Huthwelker*: Regest zu „Darmstadt, Hessisches Staatsarchiv, Bestand B 9 Nr. 637“. In: Archivum Laureshamense – digital. 2020. https://doi.org/10.11588/diglit.35711. – HStAD B 9 Nr. 1939. – Carolin *Schreiber* und Thorsten *Huthwelker*, Regest zu „Darmstadt, Hessisches Staatsarchiv, Bestand B 9 Nr. 1939“. In: Archivum Laureshamense – digital. 2020. https://doi.org/10.11588/diglit.35641. – HStAD B 9 Nr. 1940. – Carolin *Schreiber* und Thorsten *Huthwelker*, Regest zu „Darmstadt, Hessisches Staatsarchiv, Bestand B 9 Nr. 1940“. In: Archivum Laureshamense – digital. 2020. https://doi.org/10.11588/diglit.37567 (alle aufgerufen am 01. 01. 2024).

35 Am 27. November 1493 wird Eberhard I. als Abt und Generalvisitator des Prämonstratenserordens genannt. Das spricht dafür, dass er dem Prämonstratenserorden entstammte, ob aus dem Lorscher oder aus einem anderen Konvent, bleibt hingegen unklar. Die Oberhessischen Klöster. Regesten und Urkunden. Bd. 1. Hg. von Friedrich *Schunder* (Veröffentlichungen der Historischen Kommission für Hessen und Waldeck 9. Klosterarchive Regesten und Urkunden 3). Marburg 1961. Nr. 1014, S. 317.

36 Rudolf *Kunz* und Paul *Schnitzer*: Die Prämonstratenserpröpste des Klosters Lorsch. In: Beiträge zur Geschichte des Klosters Lorsch. Hg. vom Heimat- und Kulturverein Lorsch (Geschichtsblätter Kreis Bergstraße. Sonderband 4). Lorsch ^{2}1980. S. 335–350, hier S. 340. – Wolfgang *Selzer*: Die Lorscher Pröbste. Ein kurzbiographischer Überblick. In: Laurissa Jubilans, wie Anm. 15, S. 174–176, hier S. 175. – *Falk*, wie Anm. 13, S. 128. Ob diese Entfremdungen Mainz begünstigten, kann nicht nachvollzogen werden, wäre aber denkbar.

37 *Kunz* und *Schnitzer*, wie Anm. 37, S. 340. Eine Handschrift aus dem Generallandesarchiv Karlsruhe, die im Rahmen dieses Projekts bearbeitet wurde, überliefert die Einzelheiten dieses Urteils. LABW GLAK 67 Nr. 813, fol. 158 v – 159 r. Friedrich I. trat in den folgenden Jahren häufiger in seiner Funktion als Richter in Erscheinung. So schlichtete er am 1. März 1466 eine Auseinandersetzung zwischen dem Kloster Lorsch und der Gemeinde Handschuhsheim bezüglich des Weinverladens. Lorscher Kartular, wie Anm. 13, Nr. [390].

aberkannt und auch das Siegel musste er abgeben.[38] Er behielt das Recht, auf dem Klostergelände zu wohnen, und auch für seinen Unterhalt war gesorgt.[39] Auf eigenen Besitz musste er verzichten. Sein Hausrat wurde dokumentiert und dem Konvent übereignet, einzig eine Nutzung auf Lebenszeit der aufgeführten Objekte wurde Eberhard I. bewilligt.[40] Was Eberhard I. zukünftig darüber hinaus benötigen würde, wie die Dekretalen und andere Bücher, sollte der Konvent ihm zur Nutzung leihen. Im Gegenzug dafür musste Eberhard I. schriftlich versichern, dass sie nach seinem Tode wieder an den Prämonstratenserkonvent zurückgehen würden. Strenger wurde in Bezug auf die klösterlichen Gegenstände verfahren, da Eberhard diese wohl in früherer Zeit verkauft oder versetzt hatte.[41] Der Lorscher Prämonstratenserkonvent war also bemüht, die Eingriffe Eberhards I. rückgängig zu machen. Ob diese im Zusammenhang mit der Verpfändung und der damit verbundenen unsicheren Herrschaftssituation oder gar mit den früheren Absprachen zwischen Diether von Isenburg und Johann [II.] Eckel von Gernsheim oder überhaupt in einem Bezug zu Mainz zu sehen sind, bleibt unklar. Laut Urteil hatte Eberhard I. von nun an ausschließlich eine repräsentative Funktion inne. Deshalb irritiert es, dass Eberhard I. im Jahr 1467 die Pfarrstelle zu Jugenheim mit dem Lorscher Kanoniker Nikolaus von Obrigheim neu besetzte.[42] Anscheinend erkannte er das kurpfälzische Urteil nicht an und agierte weiterhin als Lorscher Propst. Wahrscheinlich versuchte Friedrich I. einzugreifen und weitere solche Kompetenzüberschreitungen Eberhards I. zu verhindern, indem er Johannes Linck[43] als *Prouisor des Closters Lorsch vnd vf*

---

38 Darüber hinaus riet Friedrich I., das Siegel vom Konvent verwahren zu lassen, um zukünftigen Missbrauch zu verhindern. Dies scheint darauf hinzudeuten, dass Eberhard ebensolchen betrieben hatte.

39 Der Unterhalt bestand aus seiner Provision und dem Erhalt von zusätzlich jährlich 60 Gulden, 20 Malter Korn und drei Fuder (ein Fuder Handschuhsheimer, ein Fuder Hemsbacher, ein Fuder Bensheimer) Wein. Auch im Folgenden: LABW GLAK 67 Nr. 813, fol. 158 v – 159 r.

40 Falls Eberhard weitere Dinge benötigen sollte, war der Konvent dazu angehalten, sie ihm zu leihen. LABW GLAK 67 Nr. 813, fol. 158 v – 159 r.

41 Eberhard wurde gemahnt, alles an Geschirr, Kleinodien, Privilegien, Bücher, Briefe und weitere Sachen, die er aus dem Kloster herausgebracht oder versetzt hat, aufzulisten und so weit wie möglich zurückzugegeben. Dem Konvent wurde die Rücklösung der versetzten Gegenstände bis zu einer Summe von 212 Gulden erlaubt. Von dem vom Propst versetzten Silbergeschirr, das vom Konvent zurückgelöst wurde, sollte der Propst vier Becher auf Lebenszeit nutzen dürfen, danach sollten sie zurück an den Konvent fallen. LABW GLAK 67 Nr. 813, fol. 158 v – 159 r.

42 Wilhelm *Crecelius*: Dokumente des Klosters Lorsch. In: Quartalblätter des historischen Vereins für das Grossherzogtum Hessen (1886) S. 60 f. – Lorscher Kartular, wie Anm. 13, Nr. [257] und [397]. – *Schmatz*, wie Anm. 9, S. 99. – Eberhard I. führte den Propsttitel weiter, wie Briefe der Jahre 1467, 1468 und 1469 zeigen. Biblioteca Apostolica Vaticana, Pal. lat. 492, fol. 48 v – 49 v, 50v – 51 v, 105 v – 106 v und 111 v – 112 v.

43 Denkbar wäre eine verwandtschaftliche Beziehung zu den Linck von Hirschhorn (auf diese Möglichkeit hat mich Florian Schreiber aufmerksam gemacht hat, wofür ich mich herzlich bedanke). Ein Johann Linck von Hirschhorn (wahrscheinlich nicht identisch mit dem hier genannten Lorscher Propst) ist als Kanoniker des St. Andreasstifts in Worms während der Jahre 1509 – 1511 und Dozent an der Universität Heidelberg nachweisbar. Er starb 1530. Josef *Schork*: Die Stiftsangehörigen des Kollegiatsstifts St. Andreas in

dem heiligen berg beÿ Gugenheim[44] einsetzte, der im gleichen Jahr – genauer am 15. November 1467 – erstmals in dieser Position genannt wird.[45] Diese Bezeichnung soll darauf verweisen, dass Johannes Linck als Verwalter und Stellvertreter seines Vorgängers agierte und es ist davon auszugehen, dass er kein Kanoniker des Lorscher Prämonstratenserkonvents war. Wahrscheinlich wollte der pfälzische Kurfürst mit der Einsetzung von Johannes Linck seine eigene Position in Lorsch stärken und die neuen Herrschaftsverhältnisse, die die Verpfändung mit sich brachte, etablieren.[46] Dieses Vorhaben festigte Friedrich I., indem er Johannes Linck am 26. Oktober 1468 offiziell die Befugnisse eines Propstes übertrug.[47] Er sollte von nun an die Belange des Klosters vor einem geistlichen oder weltlichen Gericht, sei es als Kläger oder Beklagter, und ebenso außerhalb eines Gerichts vertreten können. Friedrich I. gab ihm darüber hinaus bis auf Widerruf die Vollmacht, Zinsen, Gefälle sowie andere Einnahmen einzubringen, wie es dem Propst des Klosters gewöhnlich zustand. Die Kompetenzerweiterung impliziert, dass er diese Befugnisse zuvor noch nicht innehatte.[48] Friedrich I. stärkte damit die Position von Johannes Linck gegenüber anderen klagenden Parteien. Am 9. November 1468 kam es zwischen dem Kloster Lorsch und dem Kloster Eberbach wegen der Zehntrechte zu Gernsheim zum Konflikt. Bei der gerichtlichen Verhandlung hatte am 5. September 1468 Johannes Linck das Kloster Lorsch vertreten.[49] Hier zeigt sich, dass es Johannes Linck gelang, sich in seiner Position zu etablieren und den Lorscher Prämonstratenserkonvent nach außen zu vertreten. Intern war das jedoch noch nicht ganz der Fall. Denn Eberhard I. war – obwohl als Lorscher Propst abgesetzt – innerhalb des Prämonstratenserordens aufgestiegen und agierte als Kommissar gemeinsam mit Simon, dem Generalabt des Prämonstratenserordens.[50] Eberhard I. führte 1469 eine Visitation der Zirkarie Wadgassen durch, zu der

Worms vom 11. bis zur Mitte des 16. Jahrhunderts. Personalstruktur und prosopographischer Aufriss. In: Der Wormsgau 25 (2007) S. 117–189, hier S. 122–123. Zu seinem Werdegang siehe ebd., S. 164.

44 Lorscher Kartular, wie Anm. 13, Nr. [257].

45 Lorscher Kartular, wie Anm. 13, Nr. [257]. – *Kunz* und *Schnitzer*, wie Anm. 37, S. 340.

46 Ob Friedrich I. gleichermaßen gehandelt hätte, wenn kein so tiefgreifender interner Konflikt aufgekommen wäre, lässt sich nicht beantworten.

47 LABW GLAK 67 Nr. 813, fol. 267 v–268 r.

48 Allerdings stellt sich hierbei die Frage, wie die Durchführung einer Verleihung knapp ein Jahr vorher zu bewerten ist.

49 Bereits am 19. Juli 1468 sprachen Lorscher Prämonstratenser beim Mainzer Domkapitel vor und klagten, dass die Mönche des Klosters Eberbach ihnen den Novalzehnt zu Gernsheim vorenthielten. Als Pfandinhaber schaltete sich nun auch Friedrich I. ein, der seine Rechte als Schiedsobmann an Bischof von Worms übertrug. Auch wenn Friedrich I. dem Gericht nicht selbst vorsaß, zeigt sich doch seine Einflussnahme auf diesen Konflikt. Lorscher Kartular, wie Anm. 13, Nr. [397]. – HStAD A 1 Nr. 73/37. – Die Protokolle des Mainzer Domkapitels. Bd. 1: Die Protokolle aus der Zeit 1450–1484. Bearb. von Fritz *Herrmann*. Darmstadt 1976. Nr. 480, S. 210.

50 Am 27. November 1493 wird Eberhard I. als Abt und Generalvisitator des Prämonstratenserordens genannt. Vgl. Die Oberhessischen Klöster, wie Anm. 36, Nr. 1014, S. 317.

auch das Lorscher Kloster gehörte. Es ist davon auszugehen, dass es hier zu einer schwierigen Situation zwischen den Visitatoren und Johannes Linck kam, auch wenn sich keine Nachrichten über Ablauf, Ausgang und Ergebnisse der Visitation erhalten haben.[51] Eberhard I. scheint sich nicht durchgesetzt zu haben, denn danach sind keine weiteren Informationen zu seiner Person überliefert. Johannes Linck hingegen etablierte sich und setzte seine Befugnisse um, indem er Streitfälle verglich und Verleihungen tätigte.[52] Seine Verwaltung zeichnet sich vor allem durch die enge Kommunikation zwischen Lorsch und Friedrich I. aus, der hauptsächlich bei Konflikten in Erscheinung trat. Zum Beispiel verglich er im September 1470 eine Auseinandersetzung zwischen Johannes Linck und der Gemeinde Handschuhsheim.[53] Darüber hinaus übertrug der Provisor Johannes auch dem pfälzischen Kurfürsten wichtige Rechte. So übergab er ihm am 7. August 1472 den durch Handschuhsheim verlaufenden Graben samt den dazugehörigen Rechten als Dank für seine gewährten Gnaden und seinen Schirm.[54] Die steigende Zahl der Streitfälle und die enge Kommunikation mit dem pfälzischen Kurfürsten, genauso wie die Lorscher Zuwendungen an ihn, verweisen darauf, dass sich die neue Herrschaftssituation noch nicht gefestigt hatte und sich andere Parteien bemühten, aus dieser einen eigenen Vorteil zu ziehen. Letztmalig wird Johannes Linck im Jahr 1473 als Propst und Verweser des Lorscher Klosters genannt.[55] Die Urkunde berichtet, dass die Stadt Bensheim an zwei Terminen, dem 7. und 14. November, um Einsicht in den Lorscher Codex ersuchte.[56] Die zweite Urkunde vom 14. November zur gleichen Thematik nennt Johannes Linck erstmals nur noch Propst, was wahrscheinlich – da zwischen den beiden Urkundenausstellungen nur wenige Tage lagen – als ein Ausstellungsfehler zu werten ist. Hier handelt es sich nämlich um die einzige überlieferte Urkunde, die Johannes Linck in dieser Form betitelt. Für die folgenden fünf Jahre ist die Quellenlage lückenhaft und von den vorhandenen Dokumenten nennt keines den Lorscher Provisor Johannes Linck. Ein wenig Licht ins Dunkel bringt eine Urkunde vom 29. November 1478, die ihn als *alten Propst*[57] bezeichnet und berichtet, dass Johannes Linck von seinem Amt zurückgetreten war und das Amt des Lorscher Schaffners zu Handschuhsheim übernommen hatte.[58] Die Urkunde berichtet weiter, dass er nun dieses

---

51 *Crecelius*, wie Anm. 43, S. 61. – *Kunz* und *Schnitzer*, wie Anm. 37, S. 340. – *Schmatz*, wie Anm. 9, S. 99. – Biblioteca Apostolica Vaticana, Pal. lat. 492, fol. 105v–106r.

52 Lorscher Kartular, wie Anm. 13, Nr. [158], [355], [357], [391], [397], [406].

53 Lorscher Kartular, wie Anm. 13, Nr. [391]. – StAWü MRA Kurpfalz Nr. 1050, Nr. 1.

54 BayHStA, GHA, Mannheimer Urkunden, Oberamt Germersheim Nr. 489.

55 Stadtarchiv Bensheim 11.20/1473.

56 Die Sichtung des Lorscher Codex sollte Fragen bezüglich des Ackerzehnts klären und dazu dienen, den Umfang der durch Karl den Großen an das Kloster Lorsch geschenkten Mark Heppenheim wie sich diese Zäsur auf den Prämonstratenserkonvent auswirkte zu ermitteln. Stadtarchiv Bensheim 11.20/1473.

57 LABW GLAK 43 Nr. 2212. – Lorscher Kartular, wie Anm. 13, Nr. [340]. – *Schmatz*, wie Anm. 9, S. 100. – *Kunz* und *Schnitzer*, wie Anm. 37, S. 340.

58 Wann genau dieser Wechsel vonstattenging, wird nicht genauer ausgeführt. LABW GLAK 43 Nr. 2212. – Lorscher Kartular, wie Anm. 13, Nr. [340].

Amt und die Schaffnerei Handschuhsheim für 50 Gulden und 222 Pfund Heller an Friedrich von Wasen verkaufte.[59]

Warum Johannes Linck vom Verweser des Klosters Lorsch mit den Befugnissen eines Propstes auf das Amt des Schaffners in Handschuhsheim wechselte, bleibt nur schemenhaft zu greifen. Auch ob diese Veränderung mit internen Geschehnissen, dem Tod von Eberhard I., der Etablierung seines Nachfolgers Eberhard von Wasen oder der Festigung der Pfandschaft in Verbindung stand, ist nicht mehr zu ermitteln. In Bezug auf Lorsch wird eine Veränderung hin zum geregelten Ablauf einer Propstwahl sichtbar. Sein Nachfolger Eberhard von Wasen wurde durch den Konvent gewählt und dessen Wahl – im Gegensatz zu den beiden Vorgängern – durch den Mainzer Erzbischof bestätigt.[60] In der neuen sich langsam etablierenden Herrschaftssituation Ende der 1470er Jahre hatte sich die finanzielle Lage des Lorscher Klosters stark verschlechtert.[61] Eberhard von Wasen 1478 war beispielsweise nicht in der Lage, die für die Wahlbestätigung durch den Mainzer Erzbischof zu entrichtenden 500 Gulden aufzubringen.[62] Stattdessen übergab er dafür 200 Gulden und einen Hengst.[63] Mit Propst Eberhard von Wasen brach für die Lorscher Prämonstratenser nach den Unsicherheiten der vorangegangenen Jahre ein neues Kapitel an. Er beschäftigte sich eingehend mit der Vergangenheit des Lorscher Klosters und seinen althergebrachten Rechten und studierte die wichtigsten Lorscher Handschriften, wie den Lorscher Codex, das Lorscher Evangeliar, sowie das Necrolog-Anniversar mit den memorialen Pflichten des Konvents.[64] Es ist davon auszugehen, dass er dem Mainzer Erzstift nahestand,[65] denn in seiner neunjährigen Amtszeit bemühte sich Eberhard von Wasen namentlich darum, Mainzer Rechte im Amt Starkenburg und den umliegenden Gebieten in Erfahrung zu bringen und sie gegen andere Parteien zu verteidigen.[66] Besonders intensiv beschäftigte er sich mit den dem Mainzer Domkapitel zustehenden

59 Johannes Linck wird letztmalig in dieser Urkunde vom 29. November 1478 genannt. Weitere Informationen zu seinen nächsten Lebenswegstationen oder auch der Zeitpunkt seines Todes sind nicht überliefert.

60 StAWü MIB Nr. 46, fol. 84 ff.

61 StAWü MIB Nr. 46, fol. 83. – Sebastian *Scholz*: Das Kloster Lorsch von seinen Anfängen bis zu seiner Aufhebung 1557. In: Kloster Lorsch, wie Anm. 2, S. 382–401, hier S. 396.

62 StAWü MIB Nr. 46, Nr. 46, fol. 83. – *Scholz*, wie Anm. 62, S. 396.

63 StAWü MIB Nr. 46, fol. 83. – *Brück*, wie Anm. 15, S. 333. – *Schmatz*, wie Anm. 9, S. 100. – *Scholz*, wie. Anm. 62, S. 396.

64 *Renouatus ac ligatus est liber iste sub reuerendissimo domino praeposito Eberhardo de Wassen monasterio Lorssens[i] anno domini n[ostri] (?) LXXIX; ligatus per Iohannem Fabri (?) de Silligenstat, vicario (sic) ecclesie Wormaciensis.* Biblioteca Apostolica Vaticana, Pal. lat. 50 [Das Lorscher Evangeliar], fol. 124 b^{v}. Das Wappen des Eberhard von Wasen zeigt einen gespaltenen Schild, in der rechten Hälfte ein Kreuz, in der linken Hälfte einen Storch. *Kunz* und *Schnitzer*, wie Anm. 37, S. 341. – *Schmatz*, wie Anm. 9, S. 100.

65 Die von Wasen standen in enger Beziehung zur mainzischen Stadt Aschaffenburg. Siehe Alfred *Wolfert*: Wappengruppen des Adels im Odenwald-Spessart-Raum. In: Beiträge zur Erforschung des Odenwalds und seiner Randlandschaften 2. Festschrift für Hans H. Weber. Hg. von Winfried *Wackerfuß*. Breuberg-Neustadt 1977. S. 325–406, hier S. 351 f.

66 Lorscher Kartular, wie Anm. 13, Nr. [401], [198], [339], [349], [387], [180], [392].

Zehntrechten in Handschuhsheim. Um über die dortigen Verhältnisse Klarheit zu erlangen, wurde Eberhard von Wasen am 23. Februar 1480 nach Mainz bestellt.[67] Eine abschließende Klärung wurde allerdings nicht erreicht, so dass sich die Auseinandersetzungen über die Handschuhsheimer Zehntrechte bis ins 16. Jahrhundert hinzogen, ohne das ein endgültiges Ergebnis bekannt wäre.[68] Eberhard von Wasen setzte sich während seiner Amtszeit mit den Mainzer Rechten am Kloster Lorsch auseinander,[69] wodurch die Mainzer Seite wieder vermehrt sichtbar wurde. Aber auch die Pfalzgrafen blieben gerade bei Streitfällen – auch noch nach der Regierungszeit Friedrichs I. – präsent. So verglich sein Neffe Philipp der Aufrichtige noch am 6. November 1481 eine Lorscher Auseinandersetzung.[70]

Die Verpfändung des Amtes Starkenburg Mitte des 15. Jahrhunderts bedeutete für die Lorscher Prämonstratenser kurzfristig und auch langfristig einen gravierenden Umbruch. Noch vor der Ausstellung der Verpfändungsurkunde versuchte der Mainzer Erzbischof Diether von Isenburg sich mit Hilfe des Lorscher Propstes Johannes [II.] Eckel von Gernsheim Lorscher Besitz und Rechte für Mainz zu sichern. Johannes' Nachfolger Propst Eberhard I. nutzte seine Position, um weiteren Klosterbesitz zu entfremden. Auch wenn unklar bleibt, ob Eberhard I. eigenmächtig oder für eine dritte Partei agierte, führten seine Handlungen in dieser Zeit des Umbruchs zu einem tiefgreifenden Konflikt zwischen ihm und dem Lorscher Konvent. Daraus folgten seine Absetzung und die Bestellung eines Provisors durch Pfalzgraf Friedrich I. Der Provisor Johannes Linck sah sich in diesem Amt zunächst damit konfrontiert, dass im Zuge der Verpfändungen viele Konflikte um die klösterlichen Güter und Rechte aufbrachen. Der Pfälzer Kurfürst ließ Johannes Linck nicht nur mit den rechtlichen Befugnissen eines Propstes ausstatten, sondern trat selbst als Urteilssprecher in Erscheinung. Der Mainzer Erzbischof hingegen spielte in Bezug auf das Kloster Lorsch in diesen Jahren augenscheinlich kaum eine Rolle. Erst mit der Wahl des neuen Propsts Eberhard von Wasen Ende der 1470er Jahre wird der kurmainzische Bezug, vor allem der des Mainzer Domkapitels, wieder greifbar. Für den Lorscher Prämonstratenserkonvent stabilisierten sich nach knapp zwanzig Jahren mit der Amtsübernahme durch Eberhard von Wasen die Verhältnisse. Von nun an wurden die nachfolgenden Lorscher Propstwahlen bis zur Mitte des 16. Jahr-

---

67 Dabei wurden zahlreiche Dokumente verlesen und zur Klärung der noch offenen Fragen schlug der Lorscher Propst eine Begehung vor Ort mit gleichzeitiger Steinsetzung vor. Dies lehnte das Mainzer Domkapitel unter Verweis auf frühere – heute leider unbekannte – Verhandlungen ab. Eine Aufzeichnung der Aussagen Eberhards wurde zunächst als genügend empfunden. Als der Lorscher Propst daraufhin um Abschriften der Vorgänge bat, um strittige Punkte mit den klösterlichen Aufzeichnungen vergleichen zu können, entschloss sich das Mainzer Domkapitel indes doch, diese Angelegenheit in Handschuhsheim am 11. April 1480 verhören zu lassen. Die Protokolle des Mainzer Domkapitels. Bd. 1, wie Anm. 50, Nr. 1272, S. 474.

68 Die Protokolle des Mainzer Domkapitels. Bd. 1, wie Anm. 50, Nr. 1272, S. 474.

69 Zum Beispiel wurde das Lorscher Kloster wieder ein Ort der Memoria. Für die Zwischenzeit sind keine Zuwendungen für die Memoria überliefert. Lorscher Kartular, wie Anm. 13, Nr. [349].

70 Lorscher Kartular, wie Anm. 13, Nr. [387].

hunderts durch den Konvent vollzogen und vom Mainzer Erzbischof bestätigt.[71] Trotzdem dürften die Prämonstratenser zu dieser Zeit noch überzeugt gewesen sein, dass es sich hier nur um eine kurze Episode, ein Intermezzo handeln würde und die Rücklösung in naher Zukunft zu erwarten sei. Dass die Rückkehr nach Mainz dann doch knapp 170 Jahre dauern würde, war zu dieser Zeit noch nicht abzusehen.

Denn langfristig gelang es Friedrich I. die neuen Herrschaftsverhältnisse im Kloster Lorsch durch die Einsetzung eines Provisors zu festigen, zumal eine Rücklösung des Amtes Starkenburg durch Kurmainz weiterhin ausblieb. Stattdessen etablierten sich die kurpfälzischen Strukturen und wirkten sich knapp hundert Jahre später auf das Schicksal des Lorscher Klosters aus.[72] Im Zuge der Einführung der neuen Lehre in den kurpfälzischen Herrschaftsgebieten wurde der Lorscher Prämonstratenserkonvent aufgehoben und zu einer weltlichen Schaffnerei umstrukturiert. So bedingte die Zugehörigkeit zum kurpfälzischen Herrschaftsgebiet das Ende des Lorscher Klosters beziehungsweise des Prämonstratenserkonvents in der zweiten Hälfte des 16. Jahrhunderts. Ob die Prämonstratenser umgesiedelt wurden, oder ein Aussterbekonvent eingerichtet wurde, lässt sich nicht abschließend ermitteln. Das Kloster Lorsch hörte als monastischer Ort auf zu existieren und die neu eingerichtete *Schaffnerei Kloster Lorsch* wurde immer mehr in die kurpfälzischen Finanzstrukturen eingebunden. Von Mainzer Seite sind keine Reaktionen hierzu überliefert, so dass sich die kurpfälzischen Strukturen weiter verfestigten. Im Dreißigjährigen Krieg – genauer 1621 – wurde das Lorscher Kloster zerstört und eine Verwaltung vor Ort war nicht mehr möglich. Noch während der Kriegsjahre – genauer 1632 – wurde das zerstörte Lorscher Kloster durch Kurmainz zurückgelöst.[73] So kam das Kloster Lorsch nach knapp 170 in kurpfälzischer Pfandschaft zurück zu Kurmainz. Wie es möglich war, das Prämonstratenserkloster ohne Mainzer Protest zu säkularisieren, obwohl die Prämonstratenser – wie in den vorgestellten Urkunden dargestellt – selbst nicht Gegenstand der Pfandschaft gewesen waren, sondern der Mainzer Jurisdiktion unterlagen, muss Thema eines anderen Beitrags sein.

---

71 Die Mainzer Ingrossaturbücher (MIB) enthalten einige Wahlbestätigungen der Mainzer Erzbischöfe für die gewählten Pröpste des Klosters Lorsch. Die Wahlbestätigung von Eberhardt Scheublin/Schabel erfolgte am 10. November 1488. StAWü MIB Nr. 46. Die Wahlbestätigung von Johannes Murer erfolgte am 1. Juli 1497. HStAD, A 1, Nr. 146/8. Die Wahlbestätigung von Lukas von Eindhoven erfolgte am 12. Juli 1498. StAWü MIB Nr. 47, fol. 89v. Die Wahlbestätigung von Petrus II. Schnorrenpfeil erfolgte am 20. November 1520. StAWü MIB Nr. 56, fol. 140vff.

72 Vgl. Lorscher Kartular, wie Anm. 13, Einleitung.

73 *Kohnle*, wie Anm. 16, S. 231 f. – Wolfgang *Selzer*: Die Geschichte des Klosters Lorsch von 1232 bis zum Jahre 1803. In: Laurissa Jubilans, wie Anm. 15, S. 153–158, hier S. 156. – Kurz nach dem Dreißigjährigen Krieg brachen erneut Streitigkeiten über die Besitzungen aus, die dann 1648 mit dem Westfälischen Frieden, dem Bergsträßer Rezess von 1650 und mit dem Frankfurter Vertrag von 1714 beigelegt wurden. *Härter*, wie Anm. 9, S. 43 f. – Bei Mainz verblieb dann die Schaffnerei Kloster Lorsch bis zum Reichsdeputationshauptschluss im Jahr 1803 als das ehemalige kurmainzische Amt Starkenburg dem Großherzogtum Hessen angegliedert wurde. *Franz*, wie Anm. 11, S. 37 f. – *Selzer*, wie oben, S. 157.

Die Ordnung der Metalle – Bergbau und Montanunternehmer im Kanzleischriftgut der spätmittelalterlichen Kurpfalz. Mit einem Exkurs zum Burgenbau zu Daimbach und Gau-Bickelheim

Von STEFAN BRÖHL

Einleitung und Forschungsstand

Bergwerke schätzte er *besunderlich inbrunstig*, wobei er keine Kosten und Mühen bei ihrer Erschließung scheute und überreiche Summen investierte, so erfahren wir beim Dichter Michael Beheim über Pfalzgraf Friedrich den Siegreichen (1425–1476).[1] Diese Charakterisierung findet sich eingereiht in dem Katalog der Tugenden und Vorzüge seines fürstlichen Gönners. Gerne hätte man eine eingehendere Wertung der bergbaulichen Unternehmungen seines Helden, denn Minen machen nur im antiken Rechnungswesen Talente; Geldausgeben alleine gereicht schwerlich zur Tugend, zumal der Zweck hier zuvorderst nicht fürstliche Largesse, sondern die Mehrung der eigenen Einkünfte war. Solche Bilanzen über die pfalzgräflichen Interessensgebiete und Unternehmungen brachte Beheim, der *alle Arten von Wissensbeständen*[2] und auch dröge Listen in mal mehr, mal weniger gelungene Versformen zu bringen vermochte, durchaus: nach ihm fand der Pfalzgraf auch an der Alchemie ziemliches Gefallen, das war aber brotlose Kunst, an der es nichts zu gewinnen gab.[3] Beheims etwas erratische Notiz über die Bergwerke sei zum Anlass genommen, noch einmal die Montanunternehmungen der Pfalzgrafen bei Rhein in den Blick zu

---

1 Michel Beheims Reimchronik. In: Quellen zur Geschichte Friedrich's des Siegreichen. Bd. 2: Michel Beheim und Eikhart Artzt. Hg. von Conrad *Hofmann* (Quellen zur Bayerischen und Deutschen Geschichte 3). München 1863. Strophe 109, S. 21.

2 Jan-Dirk *Müller*: Friedrich der Siegreiche (1449–1476) und der Heidelberger Frühhumanismus. Oder: Was heißt eigentlich ‚Frühhumanismus'?. In: Friedrich der Siegreiche (1425–1476). Beiträge zur Erforschung eines spätmittelalterlichen Landesfürsten. Hg. von Franz *Fuchs* und Pirmin *Spieß* (Stiftung zur Förderung der pfälzischen Geschichtsforschung. Reihe B Abhandlungen zur Geschichte der Pfalz 17). Neustadt an der Weinstraße 2016. S. 1–24, Zitat S. 5.

3 *er hett auch grossen lust da by*
zu der kunst genant alchamy,
wie wol kleyne gewynnung
waz an dyser beginnung.
Zitiert nach: Michel Beheims Reimchronik, wie Anm. 1, Strophe 108, S. 21.

nehmen, die im Spätmittelalter vom Mittelrhein bis ins Elsass, vom Hunsrück bis zum Böhmerwald reichten.

Der Bergbau in der Kurpfalz kann auf eine langanhaltende Forschungstradition zurückblicken. Einen wichtigen Meilenstein stellt *Die Regelung des pfälzischen Bergwesens* (1913) von Wilhelm Silberschmidt dar, ein auf ausgiebigen Archivrecherchen fußendes und noch heute relevantes Standardwerk.[4] Seitdem hat eine Fülle an Fallstudien und Detailuntersuchungen unseren Blick geweitet, wobei im Folgenden aufgrund der breiten geographischen Streuung der pfalzgräflichen Montanunternehmungen lediglich einige Schneisen in das Dickicht der Forschungslandschaft geschlagen werden sollen.[5]

Zu notieren ist dabei eine rechtshistorische Herangehensweise, die vornehmlich Fragen nach den Rechtsquellen, der Rezeption und Durchdringung des Bergrechts in der Kurpfalz stellt.[6] Von einem wirtschaftlichen Aspekt betrachtet – dies ist der Quellenlage geschuldet, worauf noch einzugehen sein wird – liegt verhältnismäßig wenig vor. Einer der besten Kenner des spätmittelalterlichen Fürstentums und seiner Finanzen, Henry J. Cohn, erwähnt den Bergbau eher beiläufig in einem Kapitel zu Rheinzöllen und Regalien.[7] Die wiederholten Kriege unter der Regierung Friedrichs I. hätten den Bergbau empfindlich gestört, wobei nach dem Jahr 1471 ein rascher Aufschwung eingesetzt habe. Doch seien die Bergwerke lediglich bis etwa 1490 *a major source of revenue* gewesen, viele von ihnen bereits in diesem Zeitraum aufgrund von Unergiebigkeit eingestellt worden.[8] Gerhard Fouquet hat neuerdings die Erträge aus dem in kurpfälzischen Händen befind-

---

4 Wilhelm *Silberschmidt*: Die Regelung des pfälzischen Bergwesens. Nach archivalischen Quellen dargestellt (Wirtschafts- und Verwaltungsstudien mit besonderer Berücksichtigung Bayerns 44). Leipzig 1913. – Für eine umfassende Gesamtschau siehe: Geschichte des deutschen Bergbaus. Bd. 1: Der alteuropäische Bergbau. Von den Anfängen bis zur Mitte des 18. Jahrhunderts. Hg. von Christoph *Bartels* und Rainer *Slotta*. Münster 2012.

5 Wenn in dieser Studie von der Kurpfalz geschrieben wird, ist damit vornehmlich der rheinische Teil des Fürstentums gemeint. Das Montanwesen in der Oberpfalz war vom späten Mittelalter bis zum Dreißigjährigen Krieg von überregionaler Bedeutung und kann auf eine eigene Forschungstradition zurückblicken. Hierzu als Überblick beispielsweise: Mathias *Hensch*: Erz – Feuer – Eisen. Eine kleine Geschichte des frühen Montanwesens in der mittleren Oberpfalz. Berlin 2018.

6 Peter *Strelow*: Landesherrschaft und Bergrecht in Südwestdeutschland zwischen 1450 und 1600: ein Vergleich. Diss. 1997. – Hermann Josef *Braun*: Zum Bergrecht in der Pfalz. In: Mitteilungen des Historischen Vereins der Pfalz 110 (2012) S. 339–355.

7 Henry J. *Cohn*: The Government of the Palatinate in the Fifteenth Century. Oxford 1965. S. 96 f.

8 *Cohn*, wie Anm. 7, S. 102. – Das Jahr 1471 sah dabei die Beendigung des Weißenburger Krieges und die Niederlage des kaiserlichen Feldhauptmanns Ludwig I. von Pfalz-Zweibrücken gegen Kurfürst Friedrich I. Vgl. Hans *Ammerich*: Friedrich der Siegreiche und Pfalz-Zweibrücken unter Ludwig I., dem Schwarzen. Die Auseinandersetzung der beiden Vettern um territoriale Vorherrschaft und die Anfänge der Staatsbildung in Pfalz-Zweibrücken. In: Friedrich der Siegreiche, wie Anm. 2, S. 175–190. – Thorsten *Unger*: Friedrich der Siegreiche und der Weißenburger Krieg. *dan wir haben nicht ungeburlichs gehandelt und wissen auch des gut verantworten*. In: ebd., S. 191–209.

lichen Bergregal unter König Ruprecht auf *ungefähr 20.000 Gulden* geschätzt, was etwa den Einnahmen aus den Rheinzöllen des Fürstentums entspreche.[9] Dabei hätten die Bergwerke im rheinischen Kerngebiet des Fürstentums zu diesem Zeitpunkt noch nicht jene Früchte der *Boomzeit des Bergsegens* am Ende des 15. Jahrhunderts getragen. Den Erträgen der Bergwerke wurde indes eine zentrale Rolle bei den finanziellen Gestaltungsspielräumen einiger pfalzgräflicher Klienten, namentlich der Herren von Sickingen, zugesprochen.[10] Sehr rege war und ist die montanhistorische bzw. -archäologische Forschung zu einzelnen Bergwerken, die in der Einflusssphäre der Pfälzer Kurfürsten im späten Mittelalter lagen. Nur exemplarisch seien Studien zu Bergwerken um Alzey[11], Daimbach,[12] Bad Münster am Stein-Ebernburg,[13] Rheingrafenstein,[14] Schriesheim[15] und Wiesloch[16] genannt; dazu wurden übergreifender beispielsweise auch Hunsrück,[17] Bergstraße und

---

[9] Gerhard *Fouquet*: Die geliehene Zeit eines Königs. Der „arme" Ruprecht und die Reichsfinanzen (1400–1410) (Schriftenreihe der Historischen Kommission bei der Bayerischen Akademie der Wissenschaften 110). Göttingen 2022. S. 23.

[10] Franz *Hoffbauer*: Franz von Sickingen – Machtgrundlagen und Finanzpolitik. In: Blätter für pfälzische Kirchengeschichte und religiöse Volkskunde 49 (1982) S. 191–200. – Hans-Joachim *Bechtoldt*: Aspekte des Finanzwesens des Franz von Sickingen. Verträge im Kontext des Silberbergbaus in der Umgebung der Ebernburg im frühen 16. Jahrhundert. In: Jahrbuch für westdeutsche Landesgeschichte 33 (2007) S. 175–212.

[11] Erich *Schmidt*: Die wichtigsten Bergbauorte im ehemaligen Kreis Alzey. In: Alzeyer Geschichtsblätter 9 (1972) S. 82–92.

[12] Wilfried *Rosenberger*: Die Bergordnung Kurfürst Friedrich I. für die Quecksilberbergwerke bei Daimbach. In: Alzeyer Geschichtsblätter 5 (1968) S. 118–130. – Erich *Schmidt*: Streit um die Daimbacher Gruben. In: Nordpfälzer Geschichtsblätter 76 (1996) S. 51–56. – Hartmut *Schütz*. Nonnen und Quecksilber: der Daimbacher Hof bei Mörsfeld. In: Donnersberg-Jahrbuch 36 (2013) S. 69–71.

[13] Peter *Haupt*: Mining in North Palatinate. History and Scientific Approaches. In: Mining Designed. Yearbook of the Institute Europa Subterranea (2019) S. 5–22.

[14] Albert *Reitenbach*: Das Bergwerk im Rheingrafenstein bei Bad Münster am Stein um 1465 bis 1500. In: Landeskundliche Vierteljahrsblätter 20 (1974) S. 72–78.

[15] Ludwig H. *Hildebrandt*: Die Geschichte des Silber- und Vitriolbergwerks Schriesheim bei Heidelberg. In: Schriesheimer Jahrbuch 8 (2004) S. 112–146.

[16] Neben vielen weiteren Veröffentlichungen des Autors zum Bergbau zu Wiesloch und der Umgebung: Ludwig H. *Hildebrandt*: Blei-Zink-Silber-Bergbau im ersten Jahrtausend in Wiesloch und bei Heidelberg. In: Ladenburg und der Lobdengau zwischen „Limesfall" und den Karolingern. Hg. von Roland *Prien* und Christian *Witschel* (Lopodunum 7 / Forschungen und Berichte zur Archäologie in Baden-Württemberg 17). Wiesbaden 2020. S. 291–301.

[17] Hermann Josef *Braun*: Das Eisenhüttenwesen des Hunsrücks. 15. bis 18. Jahrhundert (Trierer historische Forschungen 17). Trier 1991.

Odenwald[18], Spessart[19] sowie das Nordpfälzer Bergland[20] auf ihre jeweiligen Bergreviere in den Blick genommen. Ein Zusammenhang zwischen Bergbau und Befestigungsbau, für andere Regionen wie den Schwarzwald seit jeher diskutiert, ist in jüngerer Zeit wieder vermehrt für Burgen im Fürstentum der Pfalz und dessen Grenzgebieten in den Raum gestellt worden.[21] Et l'homme, dans

18 Karl *Christ*: Alter Bergbau im Odenwald. In: Mannheimer Geschichtsblätter 15/1 (1914) Sp. 18–21. – Friedrich *Mößinger*: Bergwerke und Eisenhämmer im Odenwald. Heppenheim 1957. – Wolfgang *Seidenspinner*: Industriearchäologische Bodendenkmale. Bodenurkunden zum Bergbau als Zeugnisse der Technik-, Wirtschafts- und Sozialgeschichte. In: Denkmalpflege in Baden-Württemberg. Nachrichtenblatt der Landesdenkmalpflege 15 (1986) S. 102–111. – Ludwig H. *Hildebrandt*: Mittelalterlicher Blei-Silber-Bergbau in Nordbaden. In: Spätmittelalter am Oberrhein: Alltag, Handwerk und Handel 1350–1525. Teil 2, Bd. 2: Aufsatzband. Hg. von Sönke *Lorenz* und Thomas *Zotz* im Auftrag des Badischen Landesmuseums Karlsruhe. Stuttgart 2001. S. 243–246.

19 August *Amrhein*: Der Bergbau im Spessart unter der Regierung der Churfürsten von Mainz. Separat-Abdruck aus: Archiv des Historischen Vereins für Unterfranken und Aschaffenburg 37 (1895). Würzburg 1896. – Klaus *Freymann*: Der Metallerzbergbau im Spessart. Ein Beitrag zur Montangeschichte des Spessarts (Veröffentlichungen des Geschichts- und Kunstvereins Aschaffenburg e. V. 33). Aschaffenburg 1991.

20 Martin *Koziol* und Wolfgang *Hofmeister*: Überblick über die Geschichte und den Forschungsstand in Bezug auf den Bergbau im Pfälzer Quecksilberdreieck. In: Mainzer naturwissenschaftliches Archiv 35 (1997) S. 3–10. – Rainer *Schlundt*: „Und hat sich das ertz wol erzaiget". Nordpfälzer Bergbau der Herzöge von Zweibrücken-Veldenz im 15. und 16. Jahrhundert (Veröffentlichungen der Pfälzischen Gesellschaft zur Förderung der Wissenschaften in Speyer 67). Speyer 1982. – Erich *Schmidt*: Quecksilberlagerstätten der Nordpfalz – Zwischen Obermoschel und Orbis. In: Donnersberg-Jahrbuch 7 (1984) S. 135–138. – Hans *Walling*: Der frühe Bergbau in der Pfalz. In: Mitteilungen des Historischen Vereins der Pfalz 75 (1977) S. 15–46. – Hans *Walling*: Der Erzbergbau in der Pfalz von seinen Anfängen bis zu seinem Ende. Hg. vom Landesamt für Geologie und Bergbau Rheinland-Pfalz. Mainz 2005. – Lesenswerte Zusammenstellungen sowie eine Quellen- und Literaturübersicht bietet die Homepage von Daniel *Götte*: www.bergbau-pfalz.de (aufgerufen am 27. 05. 2024).

21 Thomas *Steinmetz*: Neue Überlegungen zur Frühgeschichte der Burg Hirschberg an der Bergstraße – ein Zusammenhang zwischen Burg- und Bergbau? In: Burgen und Schlösser 49 (2008) S. 161–168. – Thomas *Steinmetz*: Güttersbach und Hüttenthal als mittelalterliche industrielle Zentren des inneren Odenwaldes: 725 Jahre Güttersbach (1290–2015) – 650 Jahre Hüttenthal (1366–2016). In: „Gelurt" (2016) S. 43–50. – Grundlegend zur Thematik und kritisch gegenüber allzu inflationärer Zuordnung von Burgen in den Zusammenhang des Bergbaus: Heiko *Steuer*: Burg und Bergbau – Herrschaft durch Wirtschaft. In: Burgen im Breisgau: Aspekte von Burg und Herrschaft im überregionalen Vergleich. Hg. von Erik *Beck* u. a. (Archäologie und Geschichte: Freiburger Forschungen zum ersten Jahrtausend in Südwestdeutschland 18). Ostfildern 2012. S. 297–329. – Als ein für den Kontext gut erforschtes Beispiel im Schwarzwald sei die *Birchiburg* / Burg Birkenberg genannt. Vgl. beispielsweise Matthias *Fröhlich*: Burg und Bergbau im südlichen Schwarzwald: Die Ausgrabungen in der Burg am Birkenberg (Gde. Bollschweil-St. Ulrich) (Archäologie und Geschichte: Freiburger Forschungen zum ersten Jahrtausend in Südwestdeutschland 20). Ostfildern 2013.

tout cela? Fast gänzlich fehlen bislang Untersuchungen zu dem in die kurpfälzischen Montanunternehmungen eingebundenen Personal (Bergbauspezialisten, Gewerken, Kaufleute). Als eine biographische Ausnahme darf der in Diensten Friedrichs des Siegreichen stehende oberpfälzische Montanexperte Jakob Bargsteiner gelten, der verschiedentlich das Augenmerk der Forschung auf sich gezogen hat.[22] Zusammenfassend kann gesagt werden, dass trotz zahlreicher wichtiger Einzelstudien eine neuere Synthese zu den kurpfälzischen Montanunternehmungen, wie sie beispielsweise Rainer Schlundt für den nordpfälzischen Bergbau unter den Herzögen von Pfalz-Zweibrücken vorgelegt hat, bislang fehlt.[23]

In diesem Artikel soll, ausgehend vom kurpfälzischen Kanzleischriftgut der zweiten Hälfte des 15. Jahrhunderts, der Frage nachgegangen werden, welche Schlüsse aus der stark zunehmenden Aktivität im Bergwesen und der erheblich anwachsenden Quellenlage gezogen werden können. Mit einem Blick auf die benachbarten Fürstentümer soll dabei mit dem Aspekt der fürstlichen Konkurrenz *ein* Erklärungsansatz des Bergfiebers in der spätmittelalterlichen Kurpfalz zur Diskussion gestellt werden. Schließlich ist anhand eines prosopographischen Zugriffs ein Anknüpfungspunkt aufzuzeigen, unter dem die Urkunden des Projekts im Zuge einer zunehmend besseren Erschließungslage und Datenverknüpfung für weitere Forschungen zum kurpfälzischen Bergbau nutzbar gemacht werden können.

Die Ordnung der Metalle und das Alter der Berge – Bergbau und Schriftlichkeit

In der zweiten Hälfte des 15. Jahrhunderts entfaltet sich in der Pfalzgrafschaft bei Rhein eine ganz rege Aktivität im Montanwesen. Werden Bergwerksangelegenheiten in den publizierten Pfalzgrafenregesten bis zum Jahre 1410 in einstelliger Zahl erwähnt, explodierte unter den Pfalzgrafen Friedrich I. (1425–1476) und Philipp (1448–1508) die Zahl der ausgestellten Urkunden, die sich mit der Ordnung der Berge und Metalle befassten.[24] In rascher Folge erging von beiden Fürsten eine große Zahl von Prospektionsaufträgen, Bergwerksverleihungen und Bergordnungen.

Nimmt man die Anzahl der Urkunden zum Maßstab, lag der Schwerpunkt der kurpfälzischen Montanbestrebungen im rheinischen Teil des Fürstentums im Nordpfälzer Bergland, vor allem

---

22 Auch *Parcksteiner/Barksteiner* und andere Varianten, wobei in den Dokumenten der Heidelberger Kanzlei die Schreibweise *Bargsteiner* überwiegt. Siehe *Silberschmidt*, wie Anm. 4, S. 17–20. – Ulrich *Stanjek*: Bayerische Bergbaupersönlichkeiten: Jakob Bargsteiner und die Hochstetter. In: Bergbau und Persönlichkeiten. 13. Internationaler Montanhistorischer Kongress in Hall in Tirol. Hg. von Wolfgang *Ingenhaeff* und Johann *Bair*. Wattens 2015. S. 309–316. – Ulrich *Stanjek*: Eine Pfälzer Bergbaupersönlichkeit: Jakob Bargsteiner. In: Der Eisengau 50 (2018) S. 7–12.

23 *Schlundt*, wie Anm. 20.

24 So nach dem Lemma *bergbau, bergregal* im Register der Regesten der Pfalzgrafen am Rhein 1214–1508. Hg. von der Badischen Historischen Kommission. 2 Bde. Innsbruck 1894–1939. Bd. 2: 1400–1410 (1912/1939). Bearb. von Lambert Graf von *Oberndorff* und Manfred *Krebs*. S. 671.

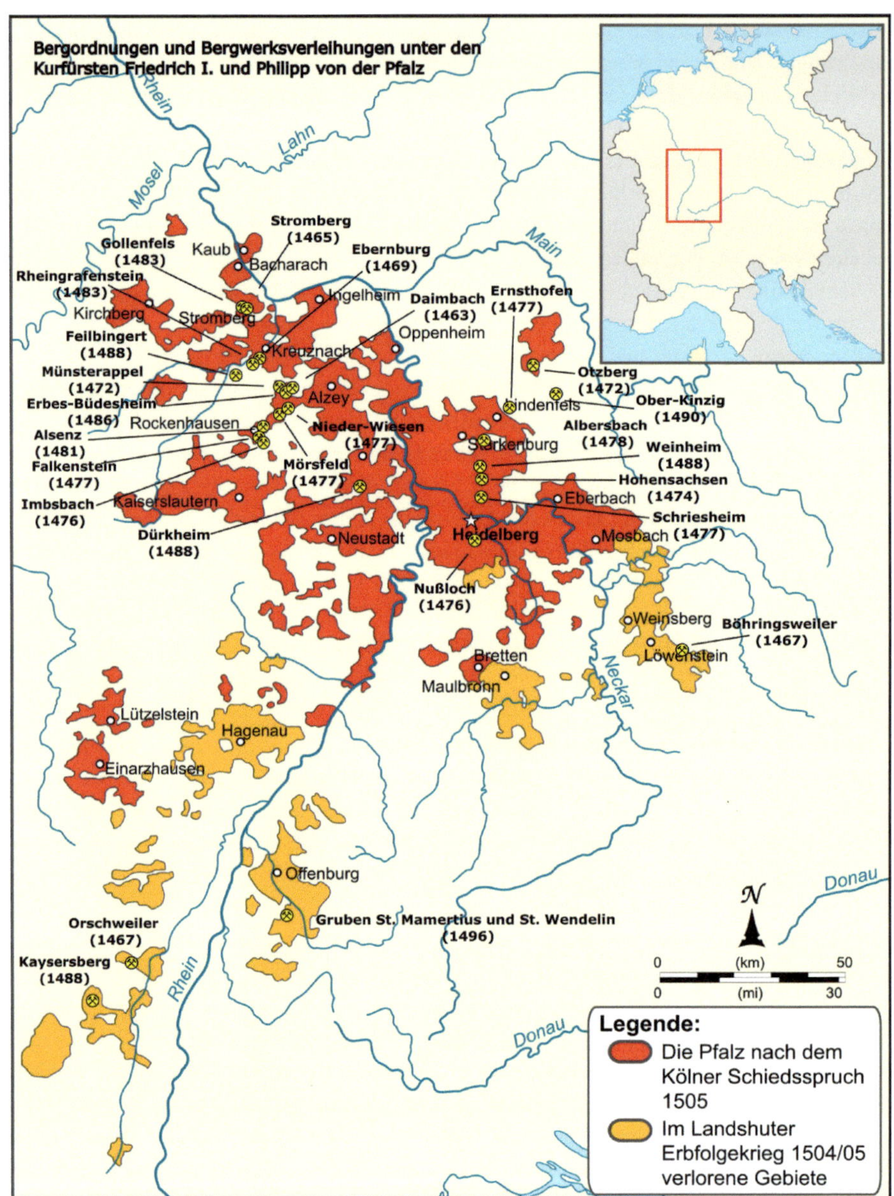

Abb. 1: Überblickskarte über Bergordnungen und Bergwerksverleihungen unter den Pfalzgrafen Friedrich I. und Philipp. Vorlage: https://commons.wikimedia.org/w/index.php?title=File:Map_of_the_Electoral_Palatinate_(1505)-DE.svg&oldid= 719186321. Autoren: Sir Iain und Furfur. Genutzt und bearbeitet nach CC BY-SA 3.0.

um den Donnersberg, sowie im Hunsrück-Nahe-Raum um Kreuznach. Daneben spielten auch die Bergwerke an der Bergstraße und im vorderen Odenwald eine gewisse Rolle, nur vereinzelt werden solche in der Landvogtei im Elsass und in den Herrschaften Weinsberg und Geroldseck erwähnt. Mit Verweis auf den neunten Artikel der Goldene Bulle, der den Kurfürsten das Bergregal an allen Metallen in ihren Gebieten und Herrlichkeiten zusicherte, konnten die Pfalzgrafen Rechte auch in solchen Herrschaften reklamieren, deren Besitzer ihnen mit Lehnsbanden verpflichtet waren. Sie taten dies beispielsweise in den Gebieten der Wild- und Rheingrafen, zu Ebernburg und in der Herrschaft Falkenstein. Faktisch lief dergleichen häufig auf eine Teilung und gemeinschaftliche Ausbeutung eines Bergwerks hinaus, wobei die Fürsten bisweilen aus Gnade, das heißt vor allem zur „Wirtschaftsförderung" und Schaffung finanziell tragfähiger Rahmenbedingungen der Ausbeute, Anteile des ihnen zustehenden Bergzehnts abtraten oder auf das Vorkaufsrecht an den geförderten Metallen (zeitweisen) Verzicht leisteten.[25]

Fraglich ist, welche Schlussfolgerungen diese Dynamik in der zweiten Hälfte des 15. Jahrhunderts zulässt. Zunächst bewegt man sich diesem Zeitraum freilich im Gefüge einer stark zunehmenden Schriftlichkeit, die Morgenröte des Aktenzeitalters wirft ihre zaghaften Strahlen auch auf den Bereich des Bergbaus. Nimmt man mit Ellen Widder dabei konkrete herrschaftliche Herausforderungen als wesentliche Triebfedern der steigenden Kanzleischriftlichkeit in der Kurpfalz an und sieht diese weniger als Ausdruck eines strukturell *rationalisierenden Verwaltungshandelns*, ist nach solchen Katalysatoren am ehesten bei der sehr kapitalintensiven Organisationsform des Bergbaus und den Anforderungen der beteiligten Gewerken zu suchen.[26] Die Bearbeitung der Berge war in der Kurpfalz im 15. Jahrhundert fast allerorts genossenschaftlich und nach bergrechtlichen Ordnungen organisiert; ein Bergbau in Eigenregie, *im bäuerlichen Kleinbetriebe*,[27] begegnet uns in den schriftlichen Quellen nicht. Die Erschöpfung der oberflächennahen Vorkommen, damit bedingt ein technisch aufwendiges und kostspieliges Vordringen in die Teufe, eine stete Holz- und Kohlenknappheit, der Mangel an kundigen Arbeitskräften, die Konkurrenz etablierter Montanreviere sowie die Anbindung an die überregionalen Märkte, vor allem Frankfurt und Straßburg, hätten eine solche Bearbeitung zu diesem Zeitpunkt finanziell wohl auch nicht mehr attraktiv gemacht. Zuletzt ganz essentiell ist, dass den Pfalzgrafen die Handlungsoptionen auf dem Feld des finanziell riskanten Bergbaus, der die Investition ganz erheblicher Summen erfordern konnte, durch die Finanzen ihres Fürstentums, namentlich die konstanten Zahlungsströme der Rheinzölle und die vielfaltigen Möglichkeiten der Kurfürsten zur Kreditschöpfung, überhaupt ermöglicht und eröffnet wurden.[28]

---

25 *Silberschmidt*, wie Anm. 4, S. 30–33, 43 f.

26 Zur Debatte um Innovation und „Modernität" der spätmittelalterlichen kurpfälzischen Administration siehe Ellen *Widder*: Kanzler und Kanzleien im Spätmittelalter. Eine Histoire croisée fürstlicher Administration im Südwesten des Reiches (Veröffentlichungen der Kommission für geschichtliche Landeskunde in Baden-Württemberg Reihe B Forschungen 204). Stuttgart 2016. S. 510–513, Zitat. S. 512.

27 *Schlundt*, wie Anm. 20, S. 53.

28 Eingehender zu den kurpfälzischen Finanzen: *Cohn*, wie Anm. 7, S. 75–119. – *Fouquet*, wie Anm. 9, passim. – Zwei bislang vielleicht unterschätzte Optionen der Pfalzgrafen zur raschen Kapitalakkumulation

Zur Veranschaulichung solcher Summen: Pfalzgraf Friedrich I. versprach im Jahr 1467, das neu aufgetane und an seine Räte vergebene Bergwerk zu Böhringsweiler (bei Großerlach) bis zur Einstellung von Funden auf eigene Kosten zu bearbeiten. Dabei behielt sich der Fürst vor, das Bergwerk mit insgesamt 60.000 (!) Gulden wieder zu lösen und an sich zu bringen.[29] Es ging um viel Geld, Erschließung und Ausbeute einzelner Bergwerke konnten binnen Wochen hunderte oder tausende Gulden verschlingen; auch beim „privatwirtschaftlichen" Betrieb durch die Gewerken konnte ein ständiger Kapitalzuschuss des Fürsten notwendig sein.[30] Bei solchen Finanzströmen scheint sich die Annahme zu bestätigen, dass das Bergwerk nicht Wurzel der Bildung von Kapital war, sondern dasselbe als *Basis für eine einträgliche geschäftliche Expansion* voraussetzte.[31]

---

im späten Mittelalter waren die (quasi immer unverzinste) Anleihe bei ihren Schirmklöstern und die Vorauszahlung der Schirmgelder von mehreren Jahren bei Städten wie Worms, Speyer sowie der elsässischen Dekapolis.

29 LABW GLAK Nr. 812, fol. 125 r–125 v. Nach Ausweis der Urkunden hatten der pfalzgräfliche Hofmeister Götz von Adelsheim, der Weinsberger Amtmann Lutz Schott und der Marschall Dieter von Weiler dem Pfalzgrafen ein Bergwerk *in den gegenden umb Beringßwiler* in der Herrschaft Weinsberg zu *handen gewant* und von diesem aufgrund treuer Dienste zu je einem Drittel wie Eigengut empfangen. Nach der Einstellung von Funden sollten die drei Inhaber die Kosten der Erschließung (*suchen graben und dartz rümen und arbeitten lassen*) anteilhaft dem Pfalzgrafen erstatten. Jedes Drittel sollte durch den Pfalzgrafen und seine Erben mit 20.000 Gulden, das ganze Bergwerk mit 60.000 Gulden, ablösbar sein. Es ist fraglich, ob diese Summen den tatsächlichen Wert bzw. Erwartungswert an den Gruben wiedergeben, oder ob ganz andere Verrechnungen mit Friedrichs Räten dahinterstehen. Angesichts der Kosten-Nutzen-Relation im Bergbau erscheint für solche Hauptgelder jedenfalls kaum eine ansprechende Rendite möglich. Vgl. Gerhard *Rill*: Quecksilber aus Idria. Zur Wertung des Höchstetter-Vertrages von 1525 im Rahmen der österreichischen Finanzen. In: Mitteilungen des österreichischen Staatsarchivs 40 (1987) S. 27–60, hier S. 53. Eine tatsächliche Rücklösung für diese Geldsummen im Wert einiger kleiner Herrschaften bleibt sehr zweifelhaft, wobei dann die Frage im Raum stehen bleibt, warum Friedrich sich und seinen Erben die Wiederlösung ausdrücklich unter diesen Summen und näheren Bestimmungen vorbehielt. Oder sollte der Wert des Bergwerks gar künstlich zur Anlockung von Gewerken hochgetrieben werden? Ein bereits 1425 genanntes Bergwerk zu Böhringsweiler grub auf *schwarzen Agstein*, d. h. Gagat (LABW HZAN GA 5 U 1603).

30 Vgl. hierzu auch das Beispiel vom Rheingrafenstein in diesem Beitrag, S. 156 f.

31 *Rill*, wie Anm. 29, S. 53 f. Der Autor errechnete mit von Jakob Strieder für das Quecksilberbergwerk zu Idria gegebenen Zahlen des 16. Jahrhunderts, dass die *Unkosten rund 57% des Gewinns* betrugen. Strieder folgerte aus denselben: *Man ersieht daraus, daß der Idrianer Bergwerksgewinn bescheiden genannt werden muß. Währenddeß waren* [...] *die Gewinne, die die Großhändler mit Idrianer Quecksilber machten, ganz enorm.* Jakob *Strieder*: Studien zur Geschichte kapitalistischer Organisationsformen; Monopole, Kartelle und Aktiengesellschaften im Mittelalter und zu Beginn der Neuzeit. München/Leipzig 1914. S. 22.

Der gewerkschaftliche Betrieb mit wiederholt wechselnden Anteilen erforderte einen hohen Grad der Verschriftlichung und bedingte die Produktion von seriellem Schriftgut. Die allgemeine Bergordnung Pfalzgraf Philipps aus dem Jahre 1487 bestimmte bereits ausdrücklich, dass für jedes Bergwerk zwei gesonderte Bergbücher und ein Schichtbuch zu führen waren, darüber hinaus hatte eine jährliche Rechnungslegung stattzufinden.[32] Die Rechnungslegung konnte, wie einige erhaltene Notizen nahelegen, auch in engeren Abständen stattfinden (z. B. 18 oder 32 Wochen), wobei das vom Bergschreiber geführte Rechenregister anhand der parallel ausgegebenen Kerbzettel bzw. -hölzer gegengeprüft werden sollte.[33] Die Bergbücher verzeichneten die Lage und Ausmaße der verliehenen Grubenfelder, deren Einhaltung strikt kontrolliert wurde, nachdem sich hierbei stets Konfliktpotential zwischen den Bergleuten bzw. Gewerken ergeben konnte.[34] Von

Abb. 2: Das abgegangene Schloss Böhringsweiler (um 1600). Vorlage: LABW HZAN GA 100 Nr. 34.

---

32 LABW GLAK 67 Nr. 1662, fol. 448r–470r. Die Bergbücher verzeichneten die vergebenen Lehen inklusive der Lage, der Namen ihrer Besitzer und des Datums der Verleihung. Nach der Bergordnung war je eines vom Bergrichter und eines vom Bergschreiber zu führen. Das Schichtbuch war *eine Art Gegenbuch zum Register des Schichtmeisters, worin die Zechen mit ihren Gewerkschaften und deren Teilen verzeichnet waren*. Vgl. *Strelow*, wie Anm. 6, S. 141–143, Zitat S. 147f. Wie stark verschriftlich und detailliert die Finanzverwaltung im späten 15. Jahrhundert in der Pfalzgrafschaft und wie hoch die Überlieferungsverluste in diesem Bereich gewesen sein müssen, zeigt die Tatsache, dass bereits alle Mahlzeiten der Pferdeknechte auf den pfalzgräflichen Gestüten und Höfen am unteren Neckar anhand von *kerff* notiert und in zwei gesonderte Rechenregister zur Rechnungslegung vor dem Pfalzgrafen abgeschrieben werden sollten (LABW GLAK 67 Nr. 818, fol. 280 r–281 v [alt: 227 r–22 v]).

33 [...] *lut sins registers und verrechenten kerffen* (LABW GLAK Nr. 818, fol. 246 r [alt: 193 r]).

34 Ein solcher Fall zeigt sich am Rheingrafenstein im Jahr 1487, bei der ein Thomas Armbruster eine gesonderte Grube *zum heiligen Kreuz* in eine Richtung entgegen dem Rat auswärtiger Fachleute und der Weisung des Pfalzgrafen getrieben hatte, weswegen er wegen Bruchs des Bergrechts vor Amtleuten und Gewerken verhört wurde, seine Grube heimfallen und zusammengelegt werden sollte. Vgl. *Silberschmidt*, wie Anm. 4, S. 47f.

solcherlei Schriftgut scheint für unser Untersuchungsgebiet gar nichts mehr vorhanden zu sein, man muss von Überlieferungsverlusten von annähernd einhundert Prozent ausgehen. Neben der frühen Aufgabe vieler Bergwerke und den schwanken Erträgen dürfte dies vor allem der geringen Halbwertszeit der Rechnungen geschuldet sein. Dieser Befund ist freilich nicht spezifisch für das Fürstentum: auch für den spätmittelalterlichen Bergbau im Spessart hat August Amrhein das Fehlen quasi sämtlicher Rechnungen konstatiert.[35] Der Flut an normativen Quellen unter Friedrich und Philipp – wie Verleihungen und Bergordnungen – steht folglich das Fehlen fast aller Notizen über die Finanzen, über die tatsächlichen Betriebsverhältnisse gegenüber. In den *Secreta Palatinatus* werden zwar penibel (erwartete) Amtseinkünfte und -ausgaben verzeichnet, doch Erwähnungen über den Bergbau sucht man vergeblich.[36] Man sucht sicher auch deswegen vergeblich, weil Bergwerke und ihre Erträge abseits regelmäßiger Gefällverzeichnisse standen und eigene Ordnungen bildeten. Der Ertrag eines Bergwerks war in der Quantität wie Qualität stets schwankend, der Gewinn von der Marktlage bedingt. 1476 bewilligte Pfalzgraf Friedrich den Gewerken des Quecksilberbergwerks zu Daimbach, die Arbeit für drei Jahre ruhen zu lassen, um nach eigenem Ermessen günstige Kaufverträge für ihr geläutertes Metall abzuschließen.[37] Während dieser Zeit sollten keine neuen Schächte aufgemacht werden, damit der Markt *nit gespißt* werde; man möchte übersetzen: nicht mit Quecksilber übersättigt werde. Die Abhängigkeit vom Marktpreis konnte konjunkturell freilich auch vorteilhaft für den Verkäufer sein; sie führte aber, mit den immer schwankenden Erträgen des Gesteins zur Unkalkulierbarkeit des Wertes einer Grube oder eines Bergwerks – mit direkten Folgen für die Überlieferung. Man konnte ein Bergwerk nicht ohne weiteres wie andere Güter veräußern und versetzen, man konnte es nicht als Wittum anweisen. Die Bestimmung des Werts einer Bergwerks war schwierig; als Pfalzgraf Philipp in den 1490er Jahren mit den Wild- und Rheingrafen über den Kauf des Bergwerks am Rheingrafenstein verhandelte, scheiterte man an gänzlich abweichenden Vorstellungen über den Kaufpreis.[38]

Gleichwohl ist in der Existenz des einst massenhaft vorhandenen Geschäftsschriftguts ein wichtiger Meilenstein in der Ordnung des kurpfälzischen Bergwesens des 15. Jahrhunderts zu sehen: administrative Kontrollmechanismen wie die regelmäßige Rechnungslegung und die amtliche Vermessung und Verzeichnung der Gruben wirkten sich stabilisierend auf den geregelten Betrieb des Bergwerks und die Planungssicherheit der Gewerken aus. Da diese nämlich für den Verlust eines Bergwerks gemeinsam hafteten, indem sie die Samkosten beziehungsweise Zubuße bei einem defizitären Betrieb zu begleichen hatten, und für ihre verliehenen Grubenfelder zur

---

35 *Mit welchem Erfolge der Bergbau betrieben wurde, läßt sich leider nicht angeben, da diese Unternehmungen in Privathänden waren und rechnerische Zusammenstellungen über die gewonnenen Metalle sich kaum vorfinden, zumal sich nicht einmal die Rechnungen der Amtskellerei Aschaffenburg aus dem 15. Jahrhundert, welche durch Verrechnung des von den Gewerkschaften abzugebenden Zehntes Anhaltspunkte für die Berechnung des Gesammtresultates bieten könnten, erhalten haben. Die älteste vorhandene Rechnung ist aus dem Jahre 1525* […]. *Amrhein*, wie Anm. 19, S. 5 f.

36 LABW GLAK 67 Nr. 907.

37 LABW GLAK 67 Nr. 814, fol. 157 r – 157 v [alt: 137 r – 137 v].

38 *Silberschmidt*, wie Anm. 4, S. 31.

konstanten Bearbeitung verpflichtet waren (bei Zahlungsversäumnis und Einstellung der Bebauung drohte der Heimfall der Lehen), waren es die Gewerken, die ob ihrer laufenden Kosten das größte Interesse an geregelten und finanziell tragfähigen Betriebsverhältnissen hatten. Die zahlreichen Ersuche an die Pfalzgrafen um Änderung oder Ausnahme von dieser oder jener Regel deuten jedenfalls darauf hin, dass die Gewerken als treibende Kräfte des Verschriftlichungsprozesses gesehen werden können, wobei man den Fürsten ein aufrichtiges Interesse an der Aufrichtung guter Ordnungen für die Bergwerke in ihrem Fürstentum nicht absprechen muss. Wer seine Bergwerke nicht nach kundigem Rat *mit irer ordnung* betreibe, der werde *nit vil nutz* davontragen, wusste auch Maximilian I. im *Weißkunig*, seiner nur unscharf verbrämten Autobiographie, zu berichten.[39]

Als eine weitere größere Quellengruppe für sich stehen im 15. Jahrhundert die Bewilligungsbriefe, mit denen Pfalzgrafen Einzelpersonen und Gewerkschaften die Suche nach Erzen in ihren Landen, zumeist in enger umfassten Bezirken, gestatteten.[40] Die Initiative der Fürsten bei der Erschließung neuer Bergwerke wie ihr Ordnungswille zeigen sich darin, dass in den Briefen von vornherein die Bearbeitung nach dem Bergrecht des Fürstentums und der Vorbehalt der fürstlichen Rechte vereinbart wurde, wobei die Inhaber der Briefe mit der Aussicht auf Erstverleihungen von Gruben gelockt wurden. Unter den derart Bedachten findet man die erwartbaren Personengruppen: Spezialisten mit Expertenwissen und bereits auf diesem Feld tätige Berggenossen, aber auch Glücksritter, die nur ein einziges Mal in den Quellen auftauchen und wieder verschwinden. Im Jahr 1492 schickte sich sogar der Kaplan zu Kirchheimbolanden zur Prospektion am Donnersberg an, Pfalzgraf Philipp bewilligte ihm die Suche nach *schetz und bergwerck*.[41]

Aus der Flut der Quellen im 15. Jahrhundert sticht damit vor allem die Intensivierung des landesherrlichen Zugriffs auf die Bergwerke sowie die Rezeption und Durchsetzung des Bergrechts hervor. Die Bearbeitung nach Bergrecht sicherte dem Fürsten grundlegend eine Reihe von einträglichen Vorrechten und eine verstärkte Kontrollfunktion durch die Setzung von fürstlichen

---

[39] [...] *welher kunig in seinem reich die perkwerch mit irer ordnung nit underhielt, derselb kunig emphieng nit vil nutz davon, und erfraget sich gar vleyssiglichn eins jeglichn perckwerchs art, und welhes perkwerch mit der pesten ordnung underhalten wurde.* Der Weißkunig. Nach den Dictaten und eigenhändigen Aufzeichnungen Kaiser Maximilians I. zusammengestellt von Marx Treitzsauerwein von Ehrentreit. Hg. von Alwin *Schultz* (Jahrbuch der Kunsthistorischen Sammlungen des Allerhöchsten Kaiserhauses 6). Wien 1888. S. 84.

[40] So beispielsweise 1463 Bewilligung an Leonhard Rurer über die Suche im einem Gebiet um Amberg (LABW GLAK 67 Nr. 813, fol. 63 r–64 r), 1464 Bewilligung an Konrad Sommer (LABW GLAK 67 Nr. 813, fol. 76 v), 1475 an Hans Algesheimer zu Nieder-Wiesen (LABW GLAK 67 Nr. 814, fol. 96 r [alt: 79 r]).

[41] Bewilligung für Johann Kese, Kaplan zu *Kircheym*, vom 11.09.1492 für die Suche um den *Dursperg* (LABW GLAK 67 Nr. 818, fol. 221 v–222 r [alt: 168 v–169 r]). Vgl. Adolf *Hanle*: Der Donnersberg. In: Mitteilungen der Pollichia, des Pfälzischen Vereins für Naturkunde und Naturschutz 7 (1960) S. 5–150, hier S. 35. Ein anderer Kaplan Philipps, Johann Herbst von Lauterburg, war im Jahr 1496 als *liferer* für die kurfürstliche Münze zu Heidelberg tätig (LABW GLAK 67 Nr. 818, fol. 298 r [alt: 245 r]).

Amtleuten und Aufsehern zu. Eine Bearbeitung nach Bergrecht gab aber, und das ist ebenso zentral, den Berggenossen die Rechtssicherheit zum geordneten Betrieb ohne willkürliche Beirrungen und Beschwerungen. Geregelt wurden beispielsweise die Verteilung der Gesamtkosten und des Gewinns, Schirm und Geleit, die Versorgung mit Holz, der Rechtsgang bei Streitigkeiten und vieles mehr. Das ist weniger trivial als es scheint, denn im späten Mittelalter ist immer wieder von einigen grundlegenden Herausforderungen beim Betrieb von Bergwerken zu hören. Zuerst gehörten dazu die Verknappung und Teuerung von Brennstoffen (Holz, Kohle), was die Betriebskosten in die Höhe trieb und strenge Forstregelungen notwendig machte. Weiter stand hinter den Bergbauunternehmungen stets die Sorge, wie man bergmännisches Fachpersonal gewinnen und behalten konnte. Wenn ein Bergwerk einging, geschah dies, wie wir in den Quellen in der Regel lesen, aufgrund des Mangels an der *berkwerck verstendiger leut.* Das Problem war so virulent, dass die Wendung ab dem frühen 16. Jahrhundert formalhaft werden sollte. Die Durchsetzung des Bergrechts stand also auch ganz wesentlich unter der Agenda, finanziell tragfähige Betriebsbedingungen und die Rechtssicherheit zu schaffen, um eine durchaus mobile Schicht des bergmännischen Personals an die eigenen Unternehmungen zu binden.

Dass vor dem hier diskutierten Zeitraum verhältnismäßig wenig über die Bergbauunternehmungen in der Pfalzgrafschaft zu vernehmen ist, mag auch mit übergreifenden wirtschaftlichen Konjunkturen und Strukturen des Bergbaus zusammenhängen. In der Forschung diskutiert wird eine allgemeine *Niedergangsphase* des mitteleuropäischen Bergbaus mit ihrem Tiefpunkt in der zweiten Hälfte des 14. Jahrhunderts, wobei verschiedene wirtschaftliche, soziale und technische Ursachen ins Feld geführt werden.[42] In der Pfalz werden insbesondere die reichen Quecksilbervorkommen mit der Belebung des Bergbaus im späteren Mittelalter in Zusammenhang gebracht, deren Ausbeute hier früher und intensiver als andernorts einsetzte, namentlich noch vor dem *Quecksilberboom* des späten 15. und des 16. Jahrhunderts, der in ganz Europa die Nachfrage nach dem Metall in die Höhe schnellen ließ.[43] Noch nicht abschließend geklärt scheint dabei die Frage, wofür die erheblichen Mengen an Quecksilber vor einer Anwendung im industriellen Maßstab überhaupt Verwendung fanden.[44]

---

42 Angenommen bzw. debattiert werden u. a. die Erschöpfung der oberflächennahen Lagerstätten, die Auswirkungen der Pest und allgemeiner wirtschaftlicher Konjunkturen, Arbeitskräftemangel, eine Verknappung an Holz und Kohle, Probleme mit der Wasserhaltung und technische Stagnation. Vgl. Christoph *Bartels*: Zur Bergbaukrise des Spätmittelalters. In: Konjunkturen im europäischen Bergbau in vorindustrieller Zeit. Festschrift für Ekkehard Westermann zum 60. Geburtstag. Hg. von Christoph *Bartels* und Markus *Denzel* (Vierteljahrschrift für Sozial- und Wirtschaftsgeschichte Beihefte 155). Stuttgart 2000. S. 157–172. – *Fouquet*, wie Anm. 9, S. 24. – Heiko *Steuer*: Die Entwicklung des Bergbaus in den deutschen Mittelgebirgen seit der Römerzeit und ihr Zusammenhang mit der Besiedlung. In: Siedlungsforschung. Archäologie – Geschichte – Geographie 10 (1992) S. 121–144.

43 Uwe *Meyerdirks*: Bergbau in der Oberrheinebene und den angrenzenden Mittelgebirgen. In: Spätmittelalter am Oberrhein, wie Anm. 18, S. 231–241, hier S. 233. – *Silberschmidt*, wie Anm. 4, S. 2f.

44 Quecksilber diente u. a. der Amalgamation von Golderzen, fand Anwendung beim Metallscheiden und im alchemischen und medizinischen Bereich, seit dem Ende des 14. Jahrhunderts wurde es auch zur

Für den fraglichen Raum muss die Frage nach Kontinuität oder Neubeginn des Bergbaus in den meisten Fällen mit einem Fragezeichen versehen werden, denn wo die Schriftquellen im späten Mittelalter zu einzelnen Bergwerken wieder reichlicher fließen, dient dies freilich nur in Ausnahmefällen zur sicheren Bestimmung des Alters einer Grube. Der Bergbau sollte in manchen Gebieten der Pfalzgrafschaft auf eine bis in das hohe Mittelalter oder noch weiter zurückgehende Tradition zurückblicken, wobei nur ganz selten Schriftzeugnisse aufblitzen. Erinnert sei hier an die Heppenheimer Markbeschreibung des 8. Jahrhunderts, die bereits eine *arezgrefte* (Erzgrube) als Grenzpunkt erwähnt.[45] In Wiesloch und Umgebung fand bereits im 10. und 11. Jahrhundert der Blei- und Silberbergbau einen Höhepunkt und setzte sich mutmaßlich bis in das 13. Jahrhundert fort.[46] Bisweilen deutet die Existenz von Sonderkonditionen bei einzelnen Bergwerken darauf hin, dass auf vorangegangene Rechtsverhältnisse Rücksicht genommen werden musste und noch Beharrungskräfte älterer Rechtswurzeln nachwirkten.[47]

Unbenommen ist aber auch, dass im späteren Mittelalter eine Reihe von wichtigen Bergwerken erst aufgetan und erschlossen wurde. Ein Beispiel, wo der Betriebsbeginn anhand der Schriftquellen recht genau bestimmbar *scheint*, ist das Bergwerk zu Daimbach (heute Daimbacherhof bei

---

(wirkungslosen) Modifizierung von Schießpulver eingesetzt. Eine industrielle Anwendung bei der Silberamalgamierung, der hauptsächlichen Antriebskraft der Nachfrage, scheint hingegen erst in der zweiten Hälfte des 16. Jahrhunderts in der Neuen Welt eingesetzt zu haben (sog. Patio-Prozess). Nach Gerhard Rill ist das Phänomen der Steigerung des Handelswerts des Quecksilbers und seiner Produktion davor noch nicht ausreichend geklärt, denkbar sei eine im *Bereich der Silbergewinnung den Usancen vorauseilende Produktionsplanung, für die allerdings kein Anzeichen im wirtschaftlichen Umfeld zu erkennen ist. Rill*, wie Anm. 29, S. 54. – Vgl. auch Helfried *Valentinitsch*: Quecksilberbergbau, -verhüttung und -handel in der frühen Neuzeit: Forschungsstand und -aufgaben: In: Montanwirtschaft Mitteleuropas vom 12. bis 17. Jahrhundert: Stand, Wege und Aufgaben der Forschung. Hg. von Werner *Kroker* und Ekkehard *Westermann*. Bochum 1984 (Der Anschnitt. Zeitschrift für Kunst und Kultur im Bergbau. Beiheft 2). S. 199–203. – Otfried *Krafft*: Explosive Experimente. Der Alchemist Claus von Urbach. In: Zeitschrift des Vereins für Hessische Geschichte und Landeskunde 126 (2021) S. 1–12, hier S. 6 f. – Lothar *Suhling*: Von der Alten zur Neuen Welt und zurück. Meilensteine der Vor- und Frühgeschichte der Europäischen Amalgamation nach Ignaz von Born im Überblick. In: Technik, Arbeit und Umwelt in der Geschichte. Günter Bayerl zum 60. Geburtstag. Hg. von Torsten *Meyer* und Marcus *Popplow*. Münster 2006. S. 77–94. – Für wichtige Hinweise habe ich Herrn Dr. Philip H. Reinsberg zu danken.

45 *In mediam Arezgrefte*. Codex Laureshamensis. Hg. von Karl *Glöckner* (Arbeiten der Historischen Kommission für den Volksstaat Hessen). 3 Bde. Darmstadt 1929–1936. Bd. 1 (1929). Urk. 6a, S. 279. Nach dem Editor gemeint sind die *Erzgruben über Erzbach* bei Reichelsheim. Vgl. zur Heppenheimer Markbeschreibung beispielsweise Hans-Peter *Lachmann*: Frühmittelalterliche Marken zwischen Rhein und Odenwald unter besonderer Berücksichtigung der Mark Heppenheim. In: 1200 Jahre Mark Heppenheim. Hg. von Heinrich *Heß* und Willy *Lizalek* (Veröffentlichungen zur Geschichte der Stadt Heppenheim 3). Heppenheim 1973. S. 23–54.

46 *Hildebrandt*, wie Anm. 16.

47 *Strelow*, wie Anm. 6, S. 93.

Mörsfeld), wo sich in der Nähe des dortigen Zisterzienserinnenklosters eines der bedeutendsten Quecksilberbergwerke der Region befand. Im Jahr 1459 ließ Pfalzgraf Friedrich Kundschaften einholen, um zu klären, in wessen Herrlichkeit das Kloster Daimbach gelegen sei und wem Geleit und Wildbann zustünden.[48] Ein Peter Edelmann von Kriegsfeld gab dabei an, dass sich vor 12 oder höchstens 14 Jahren *ein quecksilber ertze uff dem berge und closter zu Diembach erhaben* hätte, ein Meister Hans Eseler berichtet gleichermaßen, dass sich vor etwa 14 Jahren Funde eingestellt hätten, womit der Beginn des Bergwerks etwa auf das Jahr 1445 oder 1446 einzugrenzen ist.[49] Soweit also eindeutig, aufhorchen lässt bei der Kundschaft dann jedoch die Aussage von drei Greisen zu Wonsheim.

Diese bekundeten, dass bereits Erzbischof Johann II. von Mainz († 1419) den Bau eines *huß* – d.h. doch wohl einer Burg – zu Daimbach erwogen habe.[50] Dies sei ihm von König Ruprecht († 1410) verwehrt worden, weswegen der Erzbischof *denselben bauwe* zu Gau-Bickelheim (etwa 15 Kilometer nordöstlich) errichtet habe.[51] Dass ein solcher Befestigungsbau wohl schon begonnen hatte und über die reine Absicht des Erzbischofs hinaus ging, legt die Tatsache nahe, dass die drei befragten Ortsansässigen sich noch rund 50 Jahre später an die Ereignisse um das Daimbacher *huß* erinnerten und dies als erwähnenswert ansahen. Einige Erhärtung erfährt diese Annahme, wenn man bedenkt, dass sich südöstlich des Daimbacherhofes der *Schlossberg* befindet, der urkundlich unscheinbar geblieben ist und bislang mit keinen Schriftquellen in Zusammenhang gebracht werden kann, wo jedoch die Befunde *Anzeichen eines planvollen Baus (Rundturm?)*[52]

---

48 Heute Daimbacherhof nördlich von Mörsfeld im Donnersbergkreis. Die Kundschaften finden sich in LABW GLAK 67 Nr. 864 ab fol. 46 r.

49 LABW GLAK 67 Nr. 864, fol. 46 v – 48 r, 60 r – 60 v.

50 *Sie sagenn auch das bischoff Henchin seliger gedechtnisse inn sinem leben im willen gewest sie eyn huß by Deinbach uff zuschlagen das wurde im uff die zit durch konig Ruprecht seliger gedechtniß gewert und der obgenant bischoff ließ darnach denselben bauwe zu Gaubeckenheim uff sclagen* (LABW GLAK 67 Nr. 864, fol. 49 r – 49 v). Obwohl das Bedeutungsspektrum des Wortes Haus freilich sehr weit ist, überwiegt in den zeitgenössischen Quellen der kurpfälzischen Kanzlei dabei zweifelsohne die Bedeutung *festes* Haus bzw. Burg. Dass König Ruprecht den Mainzer Erzbischof mit Bauverboten belegte, ist auch andernorts, wie zu Höchst, festzustellen: Regesten der Pfalzgrafen am Rhein. Bd. 2, wie Anm. 24, Nr. 4297, S. 310 f.

51 Die Errichtung der Burg zu Gau-Bickelheim, diese bisher nur unzureichend dokumentiert und 1583 als ruiniert erwähnt, dürfte somit erst in das frühe 15. Jahrhundert zu setzen sein, wenn man die Kundschaft so liest und das *Aufschlagen* des Baus als Neubau versteht. Vgl. Jürgen *Keddigkeit*: Gau-Bickelheim. In: Pfälzisches Burgen-Lexikon, Bd. 2: F – H. Hg. im Auftrag des Instituts für pfälzische Geschichte und Volkskunde von Jürgen *Keddigkeit*, Alexander *Thon* und Rolf *Übel* (Beiträge zur pfälzischen Geschichte 12.2). Kaiserslautern [2]2002. S. 164 – 166.

52 Jürgen *Keddigkeit*: Mörsfeld. In: Pfälzisches Burgen-Lexikon, Bd. 3: I – N. Hg. im Auftrag des Instituts für pfälzische Geschichte und Volkskunde von Jürgen *Keddigkeit*, Ulrich *Burkhart* und Rolf *Übel* (Beiträge zur pfälzischen Geschichte 12.3). Kaiserslautern [2]2005. S. 585.

erkennen lassen und alles darauf hinweist, *dass an dieser Stelle eine Burg gestanden hat.*[53] Unsicherer Überlieferung zufolge drängten die Pfalzgrafen auch andere Herrschaftsträger aus der Gegend und hinderten sie am Burgenbau.[54] Dass die Errichtung der Burg durch den Mainzer in der abgelegenen Gegend, die vornehmlich ihrer reichen Bodenschätze wegen auch später Anlass zu Streitigkeiten bot, auf den entschiedenen Widerstand des Königs beziehungsweise Pfalzgrafen stieß, lässt rasch an Zusammenhänge mit der Bodennutzung denken. In der älteren Literatur wird angegeben, dass König Ruprecht schon im Jahr 1403 ein Bergwerk zu Daimbach verliehen habe, wobei der Nachweis einer Urkunde fehlt und die Existenz derselben bisweilen angezweifelt wird.[55] Fest steht jedenfalls, dass bereits zu Lebzeiten König Ruprechts Irrungen zwischen Pfalz und Mainz über die herrschaftliche Durchdringung des fraglichen Raumes aufgetreten waren, die in den Weistümern der 1450er Jahre erneut ihren Ausdruck fanden. Die Verfügungsgewalt über den Boden und dessen aufgetane Schätze war Mitte des Jahrhunderts der eigentliche Grund für die Einholung der Kundschaften, die Verbindung zwischen Wildbann und Bergregal findet sich hier recht eindrücklich.[56]

Für die Bestimmung des Alters einzelner Bergwerke geben die Schriftquellen des 15. Jahrhunderts also selten eindeutige Antworten, im Falle von Daimbach wird vielmehr eine Reihe weiterer Fragen aufgeworfen. Zu schließen ist aus der ansteigenden Quellenlage zum kurpfälzischen Bergbau demnach vor allem die Durchsetzung des kodifizierten Bergrechts im genossenschaftlich organisierten Bergbau. Daneben steht die allgemein stark ansteigende Schriftlichkeit im Bereich des Rechnungs- und Finanzwesens im Fürstentum der Pfalz, wobei sich für den Bergbau nur ganz geringe Fragmente und Verweise im Kanzleischriftgut erhalten haben. Trotz aller Versuche der

---

53 Martin *Dolch*, Stefan *Grathoff* und Rolf-Konrad *Becker*: Weißenstein. In: Pfälzisches Burgen-Lexikon, Bd. 4.2: St–Z. Hg. im Auftrag des Instituts für pfälzische Geschichte und Volkskunde von Ulrich *Burkhart* und Rolf *Übel* (Beiträge zur pfälzischen Geschichte 12.4.2). Kaiserslautern ²2007, S. 292.

54 So nach einer *Nieder-Wiesener Pfarrchronik* bei der Burg zu Nieder-Wiesen. Stefan *Grathoff* und Rolf-Konrad *Becker*: Nieder-Wiesen. In: Pfälzisches Burgen-Lexikon, Bd. 3: I–N. Hg. im Auftrag des Instituts für pfälzische Geschichte und Volkskunde von Jürgen *Keddigkeit*, Ulrich *Burkhart* und Rolf *Übel* (Beiträge zur pfälzischen Geschichte 12.3). Kaiserslautern ²2005. S. 825 f.

55 Demnach habe Ruprecht das Bergwerk 1403 an einen Konrad Sommer verliehen. Erstmals bei: Johann Goswin *Widder*, Versuch einer vollständigen geographisch-historischen Beschreibung der kurfürstlichen Pfalz am Rheine. Bd. 3. Frankfurt/Leipzig 1787. S. 249. – Silberschmidt mutmaßte, dass eine Fälschung *nicht ausgeschlossen* werden könne. Der Bearbeiter der Pfalzgrafenregesten Graf von Oberndorff vermutete eine ebensolche oder einen Irrtum Widders. Vgl. *Silberschmidt*, wie Anm. 4, S. 16. – Einem Konrad Sommer, der auch als Büchsenmeister genannt wird, wurde 1463 das Bergwerk zu Daimbach von Friedrich I. anbefohlen (LABW GLAK 67 Nr. 813, fol. 60 r; 67 Nr. 864, fol. 44 r–45 r); womöglich liegt aufgrund eines undatierten Fragments eine Verwechslung vor (LABW GLAK 43 Nr. 30). Zu diesem Konrad Sommer und den genannten Urkunden mehr im letzten Abschnitt dieses Artikels.

56 Vgl. dazu: Gerrit *Tubbesing*: Vögte, Froner, Silberberge. Herrschaft und Recht des mittelalterlichen Bergbaus im Südschwarzwald (Freiburger Rechtsgeschichtliche Abhandlungen NF 24). Berlin 1996. S. 79–98.

Regulierung und Systematisierung war der Bergbau dabei stets eine *aventüre*, ein *groß wagniß*, dessen Ausgang ungewiss blieb.[57]

Der Fürst, das Wagnis und die Konkurrenz

Andere Fürsten gingen dieses Wagnis im 15. Jahrhundert mit einigem Erfolg an. Der Bergbau konnte manchen immense Gewinne bescheren, Gerüchte darüber verbreiteten sich jedenfalls rasch. Die Entdeckung großer Silbervorkommen in den 1470er Jahren im Erzgebirge, das sogenannte zweite große Berggeschrei, befreite die sächsischen Herzöge von erdrückenden Schulden und erhob die Albertiner unter die Riege der wohlhabendsten Fürsten des Reiches.[58] Im *Weißkunig* wird berichtet, wie der junge König im Anschluss an die Einarbeitung in die Münzkunst auch Kenntnisse im Bergbau ansammelte und zu seinem Nutzen kehrte.[59] Durch *stete freyhaiten* und *guete Ordnungen* habe er die Bergwerke in seinen Landen gefördert. Stolz wird weiter berichtet, dass allein das Silberbergwerk zu Schwaz in Tirol dem Weißkunig jährlich 150.000 Gulden einbringen würde, wobei freilich verschwiegen wird, dass realiter die Einnahmen aus dem Kammergut beständig an die Fugger verpfändet waren.[60] Die Herzöge von Pfalz-Zweibrücken und die fränkischen Hohenzollern, wiederholte Parteigänger des Kaisers und Konkurrenten der Pfalzgrafen, zeigten sich ebenfalls umtriebig und steigerten im 15. Jahrhundert die bergbaulichen Anstrengungen in ihren Fürstentümern, dergleichen die Grafen von Württemberg.[61] Noch wenig beachtet ist, dass auch die Mainzer Erzbischöfe ab den 1460er Jahren eine vermehrte Aktivität auf

---

57 So beispielsweise bezeichnet in LABW GLAK 67 Nr. 814, fol. 213 r–213 v [alt: 192 r–192 v]. Vgl. Tina *Asmussen*: Glück auf!: Fortuna und Risiko im Frühneuzeitlichen Bergbau. In: FKW. Zeitschrift für Geschlechterforschung und visuelle Kultur 60 (2016) S. 30–41.

58 Reiner *Groß*: Die Wettiner. Stuttgart 2007. S. 99 f. – André *Thieme*: Pilgerreisen wettinischer Fürsten im späten Mittelalter. In: Der Jakobuskult in Sachsen. Hg. von Klaus *Herbers* und Enno *Bünz* (Jakobus-Studien 17). Tübingen 2007. S. 175–217, hier S. 187.

59 Der Weißkunig, wie Anm. 39, S. 86.

60 *Strieder*, wie Anm. 31, S. 299 f. – Rudolf *Palme*: Historiographische und rezeptionsgeschichtliche Aspekte der Tätigkeit der Fugger in Tirol. In: Augsburger Handelshäuser im Wandel des historischen Urteils. Hg. von Johannes *Burkhardt* unter Mitarbeit von Thomas *Nieding* und Christine *Werkstetter* (Colloquia Augustana 3). Berlin 1996. S. 297–307, hier S. 300 f. – Katja *Schmitz-von Ledeburg* und Heinz *Winter*: ‚nachdem sein gnad in ain silber wolt greiffen' – Die Fugger, die Tiroler Landesherren und das Silber aus Schwaz in Tirol. In: Kaiser Maximilian I.: der letzte Ritter und das höfische Turnier. Hg. von Sabine *Haag* u. a. (Publikationen der Reiss-Engelhorn-Museen 61). Regensburg 2014. S. 71–75.

61 *Schlundt*, wie Anm. 20, S. 81–98. – Mathilde *Schnürlen*: Geschichte des Württembergischen Kupfer- und Silbererzbergbau (Tübinger Staatswissenschaftliche Abhandlungen NF 23). Berlin/Stuttgart/Leipzig 1921. S. 3–6. – Heinz *Quirin*: Markgraf Albrecht Achilles von Brandenburg-Ansbach als Politiker. Ein Beitrag zur Vorgeschichte des Süddeutschen Städtekriegs. In: Jahrbuch für Fränkische Landesforschung 31 (1971) S. 261–308, hier S. 283. – Herbert *Heinritz*: Bergbau in Oberfranken, publiziert am 11.05.2009.

dem Gebiet der Ordnung ihrer Montanunternehmungen zeigten. Erzbischof Adolf II. erließ im Jahr 1470 eine allgemeine Bergordnung für den Spessart, die *gleichsam ein Grundgesetz für das Bergrecht im Mainzer Gebiet* wurde.[62] Dieser Freiheitsbrief steht zeitlich also vor den großen kurpfälzischen Bergordnungen, die Pfalzgraf Friedrich mit Hilfe seines oberpfälzischen Experten Jakob Bargsteiner zwischen den Jahren 1472 und 1476 aufrichten ließ.[63] Kurzum, das 15. Jahrhundert sieht fast alle fürstlichen Nachbarn und Vettern der Pfälzer gleichermaßen bei der Intensivierung und landesherrlichen Durchdringung des Bergbaus aktiv werden.

Diese Einordnung kann bei der Beantwortung der ganz zentralen Frage helfen, was die tieferliegenden Gründe für die merkliche Betriebsamkeit im kurpfälzischen Bergwesen in dieser Zeit sind. Monokausal ist diese Frage sicherlich nicht zu beantworten: so darf eine kontinuierliche Tradition des Bergbaus in manchen Gebieten der Pfalzgrafschaft angenommen werden, es gab technische Innovationen und Teufverfahren, die die Erschließung tieferliegender Lagerstätten ermöglichten, es gab eine Edelmetallverknappung, die den Gold- und Silberbergbau in direkte Verbindung zum Münzwesen brachte, es gab Prozesse der Verschriftlichung und der Systematisierung von Recht. Ein Beweggrund, der in den Quellen weniger direkt zu fassen ist, dürfte aber keine unwesentliche Rolle gespielt haben: *Wagnis* und *fürstliche Konkurrenz*.

Viele Zeitgenossen waren sich nämlich darin einig, dass der Bergbau für einige wenige Bergleute beziehungsweise Investoren großen Reichtum brachte, für die meisten ein Verlustgeschäft war.[64] Paulus Niavis (latinisiert von Paul Schneevogel), ein bergkundiger sächsischer Humanist, schrieb Ende des 15. Jahrhunderts einen Dialog zwischen zwei Männern, Arnolph und Florian. Darin diskutieren beide, ob es sinnvoll sei, in Gruben am Schneeberg zu investieren. Der eine, Arnolph, ist skeptisch und der Meinung, dass man mit seinem Geld genauso gut Würfelspiel betreiben könne:

[...] *Du siehst doch, wie viele in höchste Not geraten sind, und wenn einer reich wird, so arbeiten hundert umsonst; sie stecken Gold und Silber hinein und bekommen Dreck und Steine heraus. Mein Rat ist, behalte dein Geld und verwende es zu einem Geschäft, bei dem ein sicherer Gewinn herausspringt.*[65]

Selbst am überreichen Schneeberg habe man meist mit Verlust gearbeitet, so Arnolph weiter. Die Pointe des Dialogs ist aber, dass der Skeptiker sich eben doch mit der Aussicht auf Gewinn verlocken lässt. Mit dem Argument, dass sein Gesprächspartner einen Freund auf dem Schneeberg habe, der bestens mit den örtlichen Verhältnissen vertraut sei und schon wisse, wie man das Geld am besten anlege, investiert Arnolph gleich 100 Gulden; die Aussicht auf Gewinn triumphiert über die vernünftigen Argumente und gemachten Erfahrungen. So findet sich auch Bergwesen der

---

In: Historisches Lexikon Bayerns. http://www.historisches-lexikon-bayerns.de/Lexikon/Bergbau_in_Oberfranken (aufgerufen am 27.05.2024).

62 *Amrhein*, wie Anm. 19, S. 6.

63 *Silberschmidt*, wie Anm. 4, S. 18–23.

64 Vgl. im Folgenden *Asmussen*, wie Anm. 57, S. 33–35.

65 Zitiert nach *Asmussen*, wie Anm. 57, S. 33 f.

Zeit beides, ein rationales wie irrationales Moment: wir haben das Streben nach der Aufrichtung einer guten Ordnung, Prozesse der Verrechtlichung und Verschriftlichung und die Hinzuziehung bergmännischer Expertise. Ähnlich wichtig waren aber auch Glück, Risikobereitschaft und Durchhaltefähigkeit, die *gute Hoffnung* auf die Einstellung des reichen Fundes, der die Investition amortisierte.[66] Dass es gerade Pfalzgraf Friedrich I. war, dem Zeitgenossen wie Beheim ein emsiges Interesse an den Schätzen der Berge zusprachen, verwundert da vielleicht wenig. Es bleibt ein schwieriges Unterfangen, diese Unternehmungen einmal in Zahlen gefasst zu bekommen, um die Überlegung zu untermauern. Hier und dort blitzen aber Notizen über Gewinn und Verlust auf, wie beim Bergwerk am Rheingrafenstein.

Dieses Bergwerk war um das Jahr 1470 aufgetan und in Eigenregie der Wild- und Rheingrafen, in deren Herrschaft es lag, bearbeitet worden.[67] Man grub auf Silber. Nachdem sich größere Funde erzeigt hatten, zog Pfalzgraf Friedrich I. das Bergwerk mit Verweis auf die Goldene Bulle zu zwei Dritteln an sich, das letzte Drittel überließ er den Wild- und Rheingrafen aus Gnade. Im November 1483 verlieh Pfalzgraf Philipp das Bergwerk in Gemeinschaft. Die Wild- und Rheingrafen erhielten dabei nunmehr die Hälfte, 8 von 16 Stämmen, die anderen 8 Stämme erhielten 14 Gewerken aus der Mannschaft des Pfalzgrafen beziehungsweise der vorderen Grafschaft Sponheim, darunter eine ganze Reihe lokaler pfalzgräflicher Amtleute.[68] Einer der Artikel der Verleihung ist hinsichtlich der Rentabilität schon aufschlussreich: Erst wenn das Bergwerk ertragreich wäre, sollten die Gewerken eine Ordnung nach Bergrecht aufstellen – man arbeitete also noch mit Verlust. Zum Bergvogt und Bergrichter bestallte der Pfalzgraf am 20. Juni 1483 einen gewissen Johann (von) Eppstein.[69]

Zwei Jahre später, 1485, bekommen wir dann Gewissheit. Die Gewerken hätten sich mit schweren Unkosten beladen und an der St. Mauritius-Grube über 10.000 Gulden verbaut.[70] Über 18 Wochen habe man mit *merklicher vorsiechtigkeit* das Schmelzwerk betrieben, nach Abzug aller Kosten blieben dabei rund 350 Gulden Verkaufserlös. Dagegen hatten alleine die Kosten im

---

66 *Asmussen*, wie Anm. 57, S. 35.

67 Vgl. im Folgenden *Silberschmidt*, wie Anm. 4, S. 31.

68 Es handelte sich um: Swicker von Sickingen (kurfürstlicher Amtmann zu Kreuznach); Wilhelm von Randeck; Reinfried von Rüdesheim (ehemaliger kurfürstlicher Amtmann zu Kreuznach); Jeremias von Oberstein (ehemaliger pfalz-simmerischer Amtmann zu Kreuznach und später Vogt zu Heidelberg); Heinrich von Ramberg; Walram von Koppenstein; Meinhard von Koppenstein; Friedrich von Rüdesheim d. Ä. (kurfürstlicher Amtmann zu Kreuzbach); Friedrich von Rüdesheim d. J. (pfalz-simmerischer Amtmann zu Stromberg); Bernhard von Kirchdorf genannt Liederbach (kurfürstlicher Amtmann zu Altenbaumburg); Johannes von Morschheim; Jakob Steinhauser; Johann Langwerth von Simmern (pfalz-zweibrückischer Kanzler) sowie Martin von Baumburg (Schultheiß zu Kreuznach). LABW GLAK 67 Nr. 1662, fol. 343 r – 345 v. – *Silberschmidt*, wie Anm. 4, S. 43.

69 LABW GLAK 67 Nr. 816, fol. 194v. In den in seinem Namen ausgestellten Urkunden wird er als *Johann von Eppstein* (beziehungsweise *Epstein*) bezeichnet, in anderen Urkunden wird er in der Regel lediglich als *Johann Eppstein* bezeichnet.

70 LABW GLAK 67 Nr. 816, fol. 307 r – 307 v.

selben Zeitraum über 580 Gulden betragen, man schrieb also trotz aller Umsicht weiterhin rote Zahlen. Als ein Problem hatte sich herausgestellt, dass das Erz minderwertiger als erhofft und nur schwierig zu läutern war. Man holte sich Rat bei sachkundigen Bergleuten und bat den Pfalzgrafen um die Bewilligung mehrerer Artikel, namentlich, dass man das Erz zu minderwertigem Schwarzkupfer schmelzen und fortan direkt veräußern möge. Trotz dieser ernüchternden Ausbeute fanden sich auch in den Folgejahren immer wieder Geldgeber, das Gesamtbild scheint indes dasselbe zu bleiben: Der Frankfurter Arnold von Holzhausen[71] wurde Hauptanteilseigner am Rheingrafenstein, musste schon bald bei der Stadt Frankfurt 1.500 Gulden aufnehmen und ihr dafür das gewonnene Silber des Bergwerks verschreiben. Im Jahr 1492 musste Arnold nach jahrelangen Prozessen um Schulden seine Zahlungen einstellen, Frankfurt verlassen und ging mit fast 10.000 Gulden Verbindlichkeiten bankrott.[72]

Auch wenn die direkten Aufwendungen des Fürsten in den weitgehend von den Gewerken privatwirtschaftlich betriebenen Unternehmungen meist überschaubar scheinen, verursachte der Betrieb ihnen dennoch laufende Kosten. Dies war einerseits durch die Schar der fürstlichen Amtleute bedingt, namentlich Bergrichter, Bergvögte, Aufseher und Schreiber, die nach den neueren Bergordnungen notwendig waren und bezahlt werden mussten. Das Interesse am geregelten Betrieb eines Bergwerks konnte direkte Zuschüsse aus der fürstlichen Kammer notwendig machen. So hatte Pfalzgraf Philipp im Sommer des Jahres 1485 seinem Bergvogt, dem erwähnten Johann Eppstein, 66 Gulden in bar *zur Vermeidung großen Schadens* leihen müssen.[73] Drei Jahre später sah sich Johann erneut zur Aufnahme von 300 Gulden beim Fürsten gezwungen, um seine Kredite bei einer mittlerweile erdrückenden Schuldenlast bedienen und seinen Besitzstand wahren zu können.[74] Zum Unterpfand setzte der Bergvogt sein Haus und seinen Hof zu Kreuznach – jedenfalls, was daran unverpfändet war und auf 150 Gulden taxiert wurde – sowie seine Anteile an den Bergwerken zum Rheingrafenstein und zu Ebernburg. Für letztere kam dem Pfalzgrafen bei Zahlungsversäumnis aber lediglich das Lösungsrecht zu, denn die Anteile hatte Eppstein längst an die Bergwerksgesellschaften um 408 Gulden verpfändet. Der Bergvogt versprach die Rückzahlung der 300 Gulden binnen 1 ¼ Jahren, wobei das Fehlen diesbezüglicher Quittungen zweifeln lässt, dass es jemals dazu gekommen ist. Dass Kurfürst Philipp seinem Bergvogt wiederholt nicht ganz unwesentliche und schließlich faktisch ungesicherte Darlehen vergab, die auf bereits versetzte Unterpfande gelegt waren, passt ansonsten wenig zum Bild des auf seine Finanzen sehr bedachten Fürsten; dergleichen ist vielleicht nur in einem wirtschaftlichen Bereich denkbar, der zeitgenössisch mehr als alle anderen Formen der Geldanlage von Risiko und Unsicherheit geprägt war.

---

71 In den Urkunden wird er auch Arnold Holzhauser oder Arnold Holzhausen genannt.

72 Franz *Lerner*: Gestalten aus der Geschichte des Frankfurter Patrizier-Geschlechtes von Holzhausen. Frankfurt am Main 1953. S. 95–100.

73 LABW GLAK 67 Nr. 816, fol. 232 v. – *Strelow*, wie Anm. 6, S. 97.

74 Urkunde vom 24. Mai 1488, wobei Eppstein aufführte, dass das Darlehen auf seine *flissig undertenig und notlich bet* geschah, um sich *by glouben und gůtern schuldenhalp zůbehalten*. LABW GLAK 67 Nr. 818, fol. 105 v–106 r [alt: 53 v–54 r].

Auch für andere Unternehmungen blitzen defizitäre Betriebsbedingungen auf. Nach der Rechnung, die der Schriesheimer Keller Hans Jäger im Jahr 1493 als Bergschreiber des dortigen Bergwerks am Breidenhart für 32 Wochen Arbeit vorlegte, betrugen die Einnahmen 441 Gulden, die Ausgaben summierten sich auf 567 Gulden.[75]

Blieb die Rentabilität aus und zogen sich die Gewerken aus dem Geschäft zurück, dann blieben auch die Lohnzahlungen aus und die bergmännischen Fachleute zogen ab. Bisweilen schien sich dann zwielichtiges Gesindel anzusammeln, was auf eigene Faust und zum Nachteil der verbliebenen Gewerken wild schürfte. Pfalzgraf Friedrich I. sah sich 1476 veranlasst zu befehlen, dass zu Daimbach niemand als Berggenosse oder Arbeiter angenommen werden dürfe, der nicht lediger Geselle sei oder eine Ehefrau habe, damit *solchs schadens mortz und brant der durch solch lude ytzunt gescheen ist* fortan unterbunden bliebe.[76] Lebte ein Bergmann trotz ehelicher Bande mit einer Dirne (*bubin*) zusammen, war beiden der Berg zu verbieten. Wer ohne Anteil am Berge zu haben Quecksilber brannte, sollte vom Bergvogt in Gewahrsam genommen und verhört werden. Einmal aufgetan, konnte ein Bergwerk also weitergehende Verpflichtungen für den Fürsten mit sich bringen. Das Bergrecht wirkte in beide Richtungen, wenn es galt, die gute Ordnung am Berg zu bewahren und den Nachteil für die Vertragspartner, die Gewerken, zu verhindern.

Man wird diese einzelnen Belege nicht zum Fällen eines Diktums über die Rentabilität der zahlreichen Montanunternehmungen und des Bergbaus in der Kurpfalz an sich überstrapazieren wollen. Dass sich bei den stets schwankenden Erträgen solche Episoden, bei denen Handlungsbedarf bestand, in der Überlieferung der Kopialbücher stärker niedergeschlagen haben, sollte nicht außer Acht gelassen werden. Punktuell blitzen freilich auch enorme Erlöse auf: Pfalzgraf Friedrich I. quittierte dem Nürnberger Anton Baumgartner und seiner Gesellschaft im November 1464 über 2.288 Gulden, die diese dem pfalzgräflichen Rentmeister Michel Mosbach beim Kauf von Quecksilber schuldig geblieben waren.[77] Doch sind Aufwendungen und Erträge meist nur einseitig überliefert, wo sie einmal zusammentreffen, ergeben sich Zwischenbilanzen von begrenztem Aussagewert. Dabei gilt insgesamt dennoch festzuhalten: Wo Notizen über die Finanzen des Bergbaus im rheinischen Teil des Fürstentums der Pfalz einmal (direkt oder indirekt) auftauchen, überwiegen rein quantitativ Hinweise über hohe Betriebskosten, Verluste und Stagnation; ein Ergebnis, zu dem Rainer Schlundt grosso modo auch für weite Strecken des pfalzzweibrückischen Bergbaus kommt.[78] Ob der kurpfälzische Bergbau im späten Mittelalter eine so geradlinige Erfolgsgeschichte war, wie er anhand der Dynamik und Masse der normativen Quellen der Zeit erscheint, mag zumindest mit einem Fragezeichen versehen werden. Zu prüfen wäre dabei insbesondere die Frage der sozialen Zusammensetzung und Kontinuität der in den Quellen nachzuweisenden Gewerken, der Geldgeber, die den dauerhaften Betrieb des Bergwerks ermög-

75 LABW GLAK Nr. 818, fol. 246 r [alt: 193 r].

76 LABW GLAK 67 Nr. 814, fol. 157 r – 157 v [alt: 137 r – 137 v].

77 LABW GLAK 67 Nr. 813, fol. 106 v.

78 *Alles in allem überwog, wie wir erfahren konnten, die Enttäuschung, übertrafen Phasen des Stillstandes oder finanziellen Verlustes die großer Gewinne. Schlundt*, wie Anm. 20, S. 233.

lichten oder, durch Desinteresse und Abzug, den Stillstand und Niedergang eines Bergwerks einleiten konnten. Dahinter steht auch die Frage, inwiefern sich in der Vergabe von Grubenanteilen an die Personen des Hofes und der territorialen Verwaltung eigentlich wirtschaftliche *agency* von ebendiesen abzeichnet – oder diese Prozesse auch als Heranziehung der fürstlichen Klientel zu Mitunternehmertum, Zugriff auf deren Ressourcen und als verkappte fürstliche Kreditschöpfung gelesen werden können. Denn was war die Schar der Gewerken am Bergwerk am Kohlbach zu Hohensachsen 1474 anderes als ein exakter Spiegel des Hofes, vom Kanzler über den Hofmeister bis hin zum Sekretär?[79] Die Gruben zu Hohensachsen waren ein fragliches *beneficium*, 1476 lagen sie bereits wieder brach.[80] Nur eines war wirklich sicher beim Betrieb eines Bergwerks, und das waren die laufenden Kosten.

Montanunternehmer und Berggenossen – Prosopographische Ansätze

Wie das Urkundenprojekt einen Zugang zu der weiterhin erforschenswerten Thematik ermöglicht, soll zuletzt angerissen werden. Ausgangspunkt ist ein eher unscheinbares Urkundenfragment.[81] Aus diesem erfahren wir, dass Pfalzgraf Friedrich I. einem gewissen Konrad bewilligte, im Fürstentum der Pfalz nach Metallen zu suchen und einzuschlagen. Gesucht wurde nach Gold, Silber, Quecksilber, Zinn, Kupfer und Eisen; ähnliche Verschreibungen dieser Art erwähnen bisweilen noch Blei und Alaun – und damit ist das Spektrum der Bodenschätze weitgehend abgedeckt. Friedrich vergab das Privileg ausdrücklich aufgrund der treuen Dienste Konrads, die dieser seinem *lieben bruder herczog Ludwigen* und ihm selbst viele Jahre lang geleistet hatte.[82]

---

[79] Bei den Gewerken handelte es sich um Jost von Venningen, ehemals Deutschmeister; Gottfried von Neuhausen, Kustos zu Wimpfen im Tal; Doktor Otto Spiegel; Hans von Gemmingen zu Guttenberg; Engelhard von Neipperg, Ritter und Marschall; Simon von Balzhofen, Ritter und Vogt zu Heidelberg; Otto vom Hirschhorn, Ritter; Dieter von Handschuhsheim; Blicker Landschad, Hofmeister des Pfalzgrafen Philipp; Doktor Konrad Schelling, Leibarzt; Georg Göler von Ravensburg und Hans von Sickingen der Junge. Einen Stamm erhielt Bischof Matthias von Speyer, einen weiteren in Gemeinschaft die Protonotare und Sekretäre Alexander Bellendörfer, Balthasar von Weiler und Niklas von Weiterstadt. LABW GLAK 67 Nr. 812, fol. 232 v–233 v.

[80] Ludwig H. *Hildebrandt*: Die mittelalterliche Silbergrube „Marie in der Kohlbach" bei Hohensachsen (Rhein-Neckar-Kreis). In: Denkmalpflege in Baden-Württemberg 34 Nr. 2 (2005) S. 67–71.

[81] LABW GLAK 43 Nr. 30.

[82] Im engeren Wortsinn wäre mit der Bezeichnung Bruder Kurfürst Ludwig IV. bezeichnet. Es ist aufgrund des lockeren Gebrauchs der Verwandtschaftsbezeichnungen in der Zeit und des Herzogtitels wegen aber gleichfalls denkbar, dass ein anderer Ludwig gemeint ist, nämlich Friedrichs Vetter und vielfacher Konkurrent Ludwig I. von Pfalz-Zweibrücken (Ludwig von Veldenz). Da die Zeile hinter dem Namen abbricht, fehlt ein etwaiges *seliger*, womit nicht ersichtlich ist, ob der gemeinte Ludwig zu diesem Zeitpunkt bereits verstorben war.

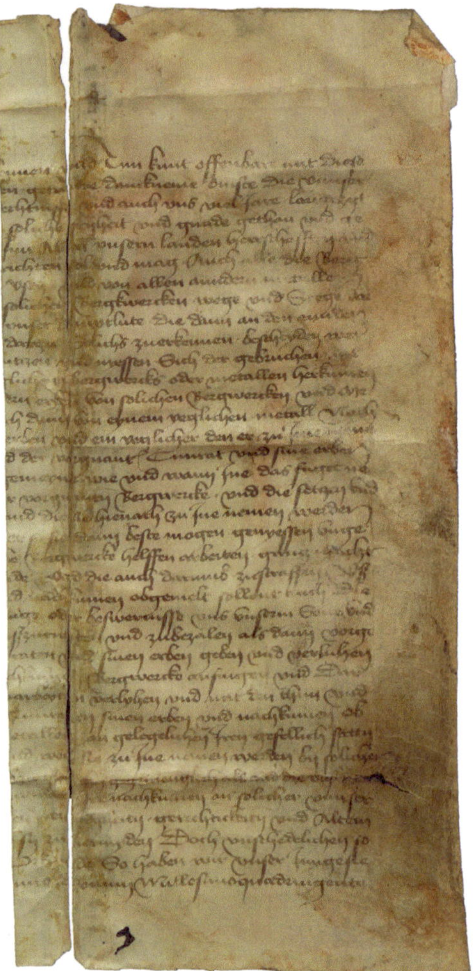

Abb. 2: Fragment der Bewilligungsurkunde für Konrad [Sommer] (ca. 1456). Vorlage: LABW GLAK 43 Nr. 30.

Folgt man den Spuren, bekommt man einige Gewissheit, dass es sich bei dem Empfänger der Urkunde um einen gewissen *Konrad Sommer* handelt. Pfalzgraf Friedrich bestallte diesen im September 1463 zum Bergmeister des nun vielfach genannten Bergwerks Daimbach, wo Konrad ein freies Bergwerk aufmachen und eine Ordnung errichten sollte.[83] Unter der Abschrift der Verleihungsurkunde des Jahres steht im Kopialbuch Nr. 813 die Notiz, dass einigen Personen im Jahr 1456 bewilligt worden war, im Fürstentum der Pfalz nach Metallen zu suchen. Eine der Ausfertigungen dieser Bewilligungsbriefe dürfte daher mit Sicherheit das später als Einband verwendete Fragment sein, in dem der namenlose Konrad der Empfänger ist. In einer weiteren Daimbacher Urkunde des Jahres 1464 wird Konrad Sommer mit dem Zusatz versehen, dass er Büchsenmeister des Pfalzgrafen ist.[84] Erwähnt wird dabei insbesondere auch, dass Konrad zuvor die Suche nach Metallen im Fürstentum bewilligt worden war.

So offenbart sich unter dem namenlosen Konrad des Fragments mit einiger Wahrscheinlichkeit ein Spezialist mit bergmännischen und als Büchsenmeister wohl auch metallurgischen Fachkenntnissen. Sucht man weiter, stößt man auf Konrad Sommer in den Quittungen der Grafen von Wertheim; bereits im Jahr 1451 werden Konrad und seine Ehefrau Margarethe als Empfänger einer jährlichen Gülte von immerhin 25 Gulden genannt.[85]

---

[83] Urkunde vom 6. September 1463: LABW GLAK 67 Nr. 813, fol. 60 r, wobei eine zeitgenössische Randnotiz vermerkt: *ist abe*. Abschrift des Reversbriefes: GLAK 67 Nr. 864, fol. 44 v–45 r.

[84] LABW GLAK 67 Nr. 813, fol. 76v. Dabei Randnotiz, dass die Urkunde nicht ausgegangen ist (*non transivit*).

[85] LABW StAWt G-Rep. 57/1 Quittanzen Nr. 166. Konrad empfing die Wertheimer Gülte im Namen seiner Frau Margarethe Waldeck (*Waldickin/Waldeckin*), die auch mit Dorsalvermerken auf den Quittungen

Bisweilen wird er Konrad Sommer von *Lare* genannt, womit Lohr am Main gemeint sein dürfte. Denn auf den unteren Main verweist sein Konnubium: seine Ehefrau Margarethe war die Tochter des Wertheimer Bürgermeisters Heinrich Waldeck von Dieburg.[86] Sozialgeschichtlich ist Konrad sicherlich nicht uninteressant, da sein Schwiegervater vom Grafen von Wertheim Bedefreiheit zugesichert bekommen sollte, wenn er die Tochter des wertheimischen Hofmeisters heiratete.[87]

Bei Konrad Sommer haben wir es also mit einem bürgerlichen Spezialisten und sozialen Aufsteiger par excellence zu tun, dessen Verwandtschaft die Kreise des wertheimischen Hofadels umfasste und der sich in einem Vertrauensverhältnis zu den Pfalzgrafen bei Rhein und den Grafen von Wertheim bewegte. Im Montanwesen haben wir im späteren 15. Jahrhundert ganz enge Wechselwirkungen zwischen Kurpfalz und Wertheim in rechtlicher wie personeller Hinsicht. Inwiefern solche Leute dazu beigetragen haben, dürfte ein lohnendes Forschungsfeld, abseits der schon vielfach bekannten und rezipierten (Rechts-)Quellen sein. Die übergreifende Verknüpfung von Personenindizes im Urkundenprojekt erleichtert dabei insbesondere, die Erforschung des kurpfälzischen Bergbaus zukünftig auch in prosopographischer Hinsicht anzugehen.

Schluss

Zuletzt seien die Befunde und Annahmen zusammengefasst:

1. Die stark ansteigende Quellenlage zum Bergbau im 15. Jahrhundert ist vor allem ein Indiz für die Rezeption und Anwendung des kodifizierten Bergrechts und des genossenschaftlich organisierten Betriebs der Bergwerke in der Kurpfalz. Nur selten lassen sich aus den schriftlichen Urkunden Schlüsse über das Alter einzelner Gruben schließen.
2. In den wenigen nicht-normativen Quellen überwiegen quantitativ Nachrichten über Stillstand und Verluste der Bergwerke im rheinischen Teil des Fürstentums. Einen eindeutigen Schluss über die gesamtwirtschaftliche Bedeutung des Bergbaus in der Kurpfalz erlaubt diese Befundlage nicht. Das Wagnis und die fürstliche beziehungsweise herrschaftliche Konkurrenz kann einen Erklärungsansatz für die eifrige Aktivität der Pfalzgrafen auf dem Feld des Bergbaus bieten. Dieser Erklärungsansatz steht neben vielen weiteren strukturellen Bedingungen und ist noch in einem eingehenderen Vergleich mit anderen Fürstentümern und Herrschaften zu präzisieren. Konkurrenz bestand namentlich um die Erschließung ertragreicher Gruben wie um das fachkundige bergmännische Personal, das durch die Errichtung guter Ordnungen und die

---

steht, wobei es sich bei der Gülte um eingebrachtes Heiratsgut handeln dürfte. Bereits in der ersten Quittung des Jahres 1451 wird Konrad als Büchsenmeister des Pfalzgrafen bezeichnet. Den Kolleginnen vom Staatsarchiv Wertheim, Dr. Monika Schaupp und Sabine Rückert, habe ich sehr für die umgehende Bereitstellung von Digitalisaten zu danken.

86 Die Verwandtschaftsverhältnisse gehen aus der Quittung des Jahres 1462 hervor, in der Konrad seinen *swager* Heinrich (Heinz) Waldeck um Besiegelung bat. LABW StAWt G-Rep. 57/1 Quittanzen Nr. 166.

87 LABW StAWt S-I Nr. 87, 90.

Schaffung tragfähiger Rahmenbedingungen an sich gebunden werden sollte. Diese Bestimmungen konnten sowohl vorausgreifend-gestalterisch sein (Bergordnungen) wie auch auf konkrete Herausforderungen reagieren; die Versuche der Regulierung und Ordnung standen im Kontrast zum stets schwankenden Ertrag der Berge.

3. Die Bewertung der emsigen Betätigung auf dem Feld des Bergbaus war in den Augen der Zeitgenossen keineswegs einstimmig. Bei Beheim war sie Edelstein im Diadem der Herrschertugenden, Kaiser Maximilian I. diente sie gleichermaßen zum Eigenlob. Der Humanist Niavis hingegen hatte für das Bergfieber eher spöttische Kritik übrig und verglich es mit dem Würfelspiel (das die Fürsten zeitgleich bei ihren Satelliten und Untertanen sanktionierten).[88]
4. Potential zur tiefergehenden Erforschung bieten die bislang weniger stark in den Blick genommen beteiligten Personen und sozialen Gruppen: die Bergleute, Spezialisten, Prospektoren, Kaufleute und Gewerken, die ein ganz zentrales Fundament in der Ordnung der Metalle gebildet haben.

---

[88] Siegfried vom Oberstein verpflichtete sich 1423 gegenüber Pfalzgraf Ludwig III., das Würfelspiel wie *Hassarts*, *Gansen* und anderes zu unterlassen (HStAD A 13 Nr. 536). Pfalzgraf Philipp verbot 1480 das *spile* in der Herberge zu Oggersheim (LABW GLAK 67 Nr. 816, fol. 136 r–136 v), 1492 mahnte er Simon von Balzhofen ernstlich, dass er *umb gros oder kleyns nit me spilen* solle (LABW GLAK 67 Nr. 818, fol. 224 v–225 r [alt: 171 v–172 r]). In den Ämtern und Orten gab es dazu lokale Spielverbote, beispielsweise zu Blienschweiler/Blienschwiller (LABW GLAK 67 Nr. 829, fol. 259 v–262 r) oder zu Weinsberg (LABW GLAK 67 Nr. 824, fol. 418 r–419 r).

Zusammenfassung: Ermöglichungsräume für und durch (spätmittelalterliche) Urkundeneditionen und Regestenwerke

Von Jörg Peltzer

Der diesem Band zugrundeliegende Workshop zog eine Zwischenbilanz des digitalen Editionsprojekts der pfalzgräflichen Urkunden von 1449 bis 1508. Es ging darum, die Konzeption der Edition vorzustellen und anhand von Beispielen, welche die Projektmitarbeiter*innen der beteiligten Archive präsentierten, den bislang erzielten Fortschritt der Editionsarbeit zu dokumentieren sowie die Erkenntnispotentiale dieser Urkunden für die Forschung deutlich zu machen. Die Aufgabe, dieses Zwischenfazit seinerseits zu resümieren, werde ich im Folgenden in einem Zweischritt angehen. Zunächst wird es um die Rahmenbedingungen solcher Editionen gehen, dann um die in den Beiträgen skizzierten Potentiale. Da diese Beiträge explizit keine übergreifende thematische Fragestellung verbindet, geschieht dies in knappen Strichen, um nicht inhaltliche Kohärenz zu suggerieren, wo keine intendiert war.

Die Edition von spätmittelalterlichen Quellen als Grundsatzaufgabe ist in jüngster Zeit anlässlich der Jubiläumsfeierlichkeiten zum 200-jährigen Bestehen der MGH wieder verstärkt in den Blick der deutschen Forschung geraten. Während Stefan Petersen und Enno Bünz ein zukünftiges Arbeitsprogramm für die MGH entwickelten, widmete sich Enno Bünz in einem groß angelegten Überblick dem Stand der Editionen insbesondere seriell überlieferter spätmittelalterlicher Quellen in Deutschland.[1] Die Herausforderungen solcher Arbeiten, und welche Bedingungen für ihre Umsetzung hilfreich sind, lassen sich anhand der sehr langen, wenngleich nicht kontinuierlichen Editionsgeschichte pfalzgräflicher Urkunden des Spätmittelalters gut illustrieren. Ihre Anfänge sind eng mit dem Beginn der Kurpfälzischen Akademie der Wissenschaften verknüpft. Einer der Gründungsväter der Akademie, Christoph Jakob Kremer, legte 1765 eine sechsbändige Arbeit zu Friedrich dem Siegreichen vor, dem auch eine Edition zahlreicher Urkunden des Kurfürsten bei-

---

1 Stefan *Petersen* und Enno *Bünz*: Perspektiven des künftigen Editionsprogrammes der MGH. Arbeitsschwerpunkte, Neuvorhaben, Perspektiven. Teil 2: Spätmittelalter. In: Mittelalter lesbar machen. Festschrift 200 Jahre Monumenta Germaniae Historica. Hg. von Martina *Hartmann* u.a. Wiesbaden 2019. S. 74–83. – Enno *Bünz*: Serielle Quellen des späten Mittelalters – Herausforderungen, Möglichkeiten und Grenzen der editorischen Arbeit angesichts beginnender Massenüberlieferung. In: Quellenforschung im 21. Jahrhundert. Vorträge der Veranstaltungen zum 200-jährigen Bestehen der MGH vom 27. bis 29. Juni 2019. Hg. von Martina *Hartmann*, Horst *Zimmerhackl* und Anna *Nierhoff* (MGH Schriften 75). Wiesbaden 2020. S. 195–239.

gegeben war.[2] Selbstredend bildeten diese nur einen kleinen Teil der Gesamtmenge ab, aber ein Anfang war gemacht, nur die Fortsetzung blieb zunächst aus. Es dauerte über hundert Jahre bis Ende des 19. Jahrhunderts, ehe sich, unter dann völlig anderen politischen und professionellen Rahmenbedingungen, die Badische Historische Kommission erneut der Frage der pfalzgräflichen Urkunden zuwandte. Wie andernorts auch entschied man sich nun für Regesten als die geeignete Form, um die Überlieferungsmassen zu meistern, zumal man auch den Anspruch verfolgte, nichturkundliche Erwähnungen pfalzgräflicher Aktivitäten mitaufzunehmen. Der Ausgang des Vorhabens ist hinlänglich bekannt. Zwei, den Zeitraum von 1214 bis 1410 abdeckende Bände wurden publiziert. Die ursprüngliche geplante Fortführung der Regesten bis 1508 wurde nicht erreicht.[3] Ein wesentlicher Grund lag in der im 15. Jahrhundert explodierenden Anzahl der Urkunden, der ein Bearbeiter kaum Herr werden konnte, zumal die Verteilung der pfalzgräflichen Überlieferung auf verschiedene Archive von Anfang eine besondere Herausforderung darstellte. Seither gehört die Klage über die fehlende Erschließung des 15. Jahrhunderts zum Mantra der Forschung, ohne dass dies freilich ein pfalzgräfliches Spezifikum wäre. Im Anschluss an Enno Bünz[4] verweist Benjamin Müsegades darauf, dass der Mangel an Editionen (fürstlicher) Urkunden im 15. Jahrhundert grundsätzlich gilt. Nicht nur in der Pfalz nahm die administrative Schriftlichkeit exponentiell zu, auch anderswo in deutschen Landen. Ein Versuch, die Folgen fehlender Editionen bzw. Regesten für die Forschung abzumildern, wurde für die Kurpfalz 1998 von Meinrad Schaab und Rüdiger Lenz unternommen, als sie eine ausgewählte Anzahl von Urkunden zur kurpfälzischen Territorialgeschichte im Spätmittelalter publizierten.[5] Im selben Jahr legte Christoph von Brandenstein seine Dissertation zum Urkundenwesen Ludwigs III. (1410–36) vor, die zahlreiche wertvolle Hinweise auf die Überlieferungslage beinhaltet.[6] Keine dieser Arbeiten verfolgte jedoch die Absicht, die urkundliche Überlieferung des 15. Jahrhunderts systematisch zu erschließen und ihren Inhalt zumindest in Regestenform der Forschung zugänglich zu machen. So entbehrt es nicht einer gewissen Ironie, dass für das 15. Jahrhundert bis heute die früheste, verhältnismäßig seriöse Edition kurfürstlicher Urkunden, nämlich die Christoph Kremers, immer noch zu den ersten

---

2 Christoph Jacob *Kremer*: Geschichte des Kurfürsten Friedrichs des Ersten von der Pfalz in sechs Büchern mit Urkunden. Frankfurt am Main/Leipzig 1765. – Urkunden zur Geschichte des Kurfürsten Friedrichs des Ersten, von der Pfalz. Hg. von Christoph Jacob *Kremer*. Mannheim 1766.

3 Regesten der Pfalzgrafen am Rhein 1214–1508. Hg. von der Badischen Historischen Kommission. 2 Bde. Innsbruck 1894–1939. Bd. 1: 1214–1400 (1894). Bearb. von Adolf *Koch* und Jakob *Wille*. Bd. 2: 1400–1410 (1912/1939). Bearb. von Lambert Graf von *Oberndorff* und Manfred *Krebs*.

4 *Bünz*, Serielle Quellen, wie Anm. 1, S. 200–202.

5 Ausgewählte Urkunden zur Territorialgeschichte der Kurpfalz 1156–1505. Hg. von Meinrad *Schaab* und Rüdiger *Lenz* (Veröffentlichungen der Kommission für Geschichtliche Landeskunde in Baden-Württemberg Reihe A 41). Stuttgart 1998.

6 Christoph Freiherr von *Brandenstein*: Urkundenwesen und Kanzlei, Rat und Regierungssystem des Pfälzer Kurfürsten Ludwig III. (1410–1436) (Veröffentlichungen des Max-Planck-Instituts für Geschichte 71). Göttingen 1983.

Anlaufstellen gehört.[7] Der nun durch die Archive in Karlsruhe, Speyer, Darmstadt, Amberg und München unternommene Versuch einer digitalen Edition der Urkunden Friedrichs und Philipps ist deshalb längst überfällig.

Dieser Schnelldurchlauf der Forschungsgeschichte zeigt auch, dass die Universitäten nie der Ort für die Edition pfalzgräflicher Urkunden im großen Stil waren. Das ist keinesfalls die Ausnahme, sondern die Regel. Akademien und historische Kommissionen sind hierfür die traditionellen Einrichtungen und mit den MGH besitzt die deutsche Editionslandschaft sogar eine eigens dafür entwickelte Institution. Gleichwohl ist die Rolle der Universitäten für solche Unternehmungen zentral. Sie tragen maßgeblich dazu bei, die Voraussetzungen für konkrete Editionsprojekte zu schaffen. Über Lehre und Forschung kreieren sie das Erkenntnisinteresse, das den notwendigen Druck erzeugt, um Editionsprojekte auf den Weg und voranzubringen – es geht hier nicht nur um das *Ob*, sondern angesichts der starken Materialzunahme ab dem Spätmittelalter auch immer um das *Was*. Darüber hinaus bilden sie die Fähigkeiten aus, die notwendig sind, um diese Arbeiten durchzuführen. Der Umstand, dass in dem hier vorgestellten Projekt neben mehreren Archiven auch die Universität Heidelberg zu den Kooperationspartnern zählt, ist denn auch kein Zufall, sondern das Ergebnis einer nun seit zwei Jahrzehnten intensivierten Beschäftigung mit den Pfalzgrafen bei Rhein am Institut für Fränkisch-Pfälzische Geschichte und Landeskunde sowie am Historischen Seminar der Universität Heidelberg. In diesem Umfeld ist eine Reihe einschlägiger Arbeiten zu den Pfalzgrafen vom späten 12. bis zum Beginn des 16. Jahrhunderts entstanden. Es sei hier nur auf die Dissertationen zu dem welfischen Pfalzgrafen Heinrich (Andrea Briechle), zu dem wittelsbachischen Pfalzgrafen Ludwig II. (Anuschka Holste-Massoth) und zu den pfalzgräflichen Grablegen (Thorsten Huthwelker) sowie meine Habilitationsschrift zum Rang der Pfalzgrafen bei Rhein verwiesen.[8] Zumindest mittelbar beschäftigen sich die abgeschlossenen bzw. in Arbeit befindlichen Dissertationsprojekte von Barbara Frenk zur Materialität von Lehnbüchern des 15. Jahrhunderts, von Stefan Bröhl zum Niederadel an der Bergstraße und von

---

7 *Kremer*, wie Anm. 2. Daneben sind auch die 1862 veröffentlichten Regesten zu Friedrich dem Siegreichen zu erwähnen: Regesten zur Geschichte Friedrichs des Siegreichen. Bearb. von Karl *Menzel*. In: Quellen zur Geschichte Friedrich's des Siegreichen. Bd. 1: Matthias von Kemnat und Eikhart Artzt. Hg. von Conrad *Hofmann* (Quellen und Erörterungen zur bayerischen und deutschen Geschichte 2). München 1862. S. 209–499.

8 Andrea *Briechle*: Heinrich Herzog von Sachsen und Pfalzgraf bei Rhein. Ein welfischer Fürst an der Wende vom 12. zum 13. Jahrhundert (Heidelberger Veröffentlichungen zur Landesgeschichte und Landeskunde 16). Heidelberg 2013. – Anuschka *Holste-Massoth*: Ludwig II. Pfalzgraf bei Rhein und Herzog von Bayern. Felder fürstlichen Handelns im 13. Jahrhundert (RANK. Politisch-soziale Ordnungen im mittelalterlichen Europa 6). Ostfildern 2019. – Thorsten *Huthwelker*: Tod und Grablege der Pfalzgrafen bei Rhein im Spätmittelalter (1327–1508) (Heidelberger Veröffentlichungen zur Landesgeschichte und Landeskunde 14). Heidelberg 2009. – Jörg *Peltzer*: Der Rang der Pfalzgrafen bei Rhein. Die Gestaltung der politisch-sozialen Ordnung des Reichs im 13. und 14. Jahrhundert (RANK. Politisch-soziale Ordnungen im mittelalterlichen Europa 2). Ostfildern 2013.

Lena von den Driesch zu den Grafen von Leiningen mit dem Thema.[9] Auf diese Art und Weise entstand ein Kommunikationsraum, in dem die Quellenlage intensiv erörtert wurde und damit natürlich auch Editionsdesiderate identifiziert bzw. wieder stärker in den Vordergrund gerückt wurden. Das galt insbesondere für die pfalzgräflichen Urkunden des 15. Jahrhunderts. Kleinere Vorarbeiten wurden unternommen und Überlegungen angestellt, wie ein solches Vorhaben umgesetzt werden könnte.[10] Es ging darum, über den Kommunikationsraum einen Ermöglichungsraum zu schaffen. Glücklicherweise rückten auch im Generallandesarchiv Karlsruhe die pfalzgräflichen Urkunden durch die Arbeiten von Volker Rödel, Konrad Krimm und Kurt Andermann wieder so stark ins Bewusstsein[11], dass auch dort schließlich unter der Leitung von Wolfgang Zimmermann konkrete Überlegungen entstanden, wie die Urkunden erschlossen werden könnten. Aufgrund der engen Heidelberg-Karlsruher Beziehungen kam es diesbezüglich bald zu gemeinsamen Gesprächen. Ein Ergebnis dieser Bemühungen ist die Kooperation im Rahmen dieses spezifischen, unter der Federführung von Rainer Brüning konzipierten Projektes. Die hier sehr knapp beschriebenen Dynamiken, die zu einer Edition/einem Regestenwerk führen, sind kein Einzelfall, sondern dürften der Regel entsprechen: Das Schaffen von Kommunikationsräumen führt zur Identifizierung dringender Editionsdesiderata, für deren Behebung dann Ermöglichungsräume gesucht werden.

Die Einrichtung solcher Ermöglichungsräume gelingt vor allem über die Einwerbung von Drittmitteln. Nur so ist es möglich, die für Editionen nötigen Zeitbudgets zu finanzieren, denn ein Vorhaben wie die pfalzgräflichen Urkunden im 15. Jahrhundert ist weder im universitären noch im archivischen Alltag nebenher zu leisten. Es liegt in der Natur der Sache, dass diese Mittel in kompetitiven Verfahren eingeworben müssen. Dies ist aufwändig, aber wie dieses und andere Beispiele zeigen, nicht ohne Aussicht auf Erfolg. Es liegt also an den an Editionen und Regesten interessierten Wissenschaftler*innen selbst, die bestehenden Chancen für ihre Vorhaben zu nutzen. Wollen wir Bewegung in die Editionslage bringen, müssen wir selbst beweglich sein.

Die digitale Präsentation der Regesten ist heute Standard. Da aber die Art und Weise der Regestenaufnahme und ihrer digitalen Präsentation von Bundesland zu Bundesland variiert, bleibt ihre gemeinsame Darstellung eine Herausforderung (Benjamin Torn). Die dazu in diesem Projekt ent-

---

9 Vgl. dazu Lena von den *Driesch*: In hegemonialer „Umklammerung"? Die Beziehungen der Grafen von Leiningen-Hardenburg zu den Pfalzgrafen bei Rhein im 14. und 15. Jahrhundert. In: Zeitschrift für die Geschichte des Oberrheins 170 (2022) S. 103–134. – Stefan *Bröhl*: Waldeck und der Fall der Kreiße von Lindenfels. Niederadlige Herrschaftsbildung im Raum Bergstraße-Odenwald im späten Mittelalter. In: ebd. S. 159–189. Die Dissertation von Barbara Frenk befindet sich in Druckvorbereitung.

10 Die Initiative ging von Thorsten Huthwelker aus. Wir haben das Unterfangen dann gemeinsam weiterbetrieben. Bei den Überlegungen zu Realisierungsmöglichkeiten stieß schließlich Bernd Schneidmüller hinzu.

11 Vgl. nur die Beiträge in: Der Griff nach der Krone. Die Pfalzgrafschaft bei Rhein im Mittelalter. Eine Begleitpublikation zur Ausstellung der Staatlichen Schlösser und Gärten Baden-Württemberg und des Generallandesarchivs Karlsruhe. Hg. von Volker *Rödel* (Schätze aus unseren Schlössern. Eine Reihe der Staatlichen Schlösser und Gärten Baden-Württemberg 4). Regensburg 2000.

wickelte Lösung ist das Themenportal, das sich über die jeweiligen Datensätze legt und so eine alle Einträge gleichermaßen berücksichtigende Suche ermöglichen soll. Da hier sowohl über eigene Suchbegriffe wie über Indizes die Recherche betrieben werden kann, dürfte der/die Nutzer*in sich die Regesten hinreichend erschließen können. Ob das Portal den hier geäußerten Wunsch auch auf Dauer wird erfüllen können, zusätzliche (bibliographische) Informationen und weiterführende Links anzubieten, bleibt abzuwarten, würde das doch eine regelmäßige und somit personalintensive Pflege voraussetzen. Wichtiger ist der Umstand, dass das Portal erweiterungsfähig ist, das heißt, sollten in Zukunft weitere Bestände erschlossen werden, können diese hier ohne Schwierigkeiten eingepflegt werden. In der Tat ist dieses Design als Aufforderung zu verstehen, aus diesem Regestenwerk ein dynamisches zu machen, denn das hier vorgestellte Projekt nimmt ja nur einen Ausschnitt der noch nicht in Regestenform vorliegenden pfalzgräflichen Urkunden in den Blick. Es geht um Friedrich den Siegreichen und Philipp den Aufrichtigen, aber auch in diesen Fällen kann in einem dreijährigen Bearbeitungszeitraum keine Vollständigkeit angestrebt werden, vielmehr ist Auswahl angesagt (Benjamin Torn, Martin Armgart). Die Konzentration auf die Kurlinie sowie auf die Ausfertigungen der beiden Kurfürsten sind die wesentlichen Einschränkungen. Dazu kommt die Selektion der zu bearbeitenden Quellenbestände. So sind in Karlsruhe beileibe weder alle Adelsarchive noch sämtliche Kopialbücher der pfalzgräflichen Kanzlei ausgewertet worden. Von den in Frage kommenden 80 Kopialbüchern werden lediglich 15 in vollem Umfang erfasst. Wenn man sich gleichzeitig vor Augen führt, dass dennoch insgesamt etwa 7.000 Urkunden zu bearbeiten waren bzw. sind, lassen sich die Dimensionen einer Gesamterschließung erahnen. Insofern ist der im Portal einsehbare Hinweis, welche Bestände nicht berücksichtigt wurden, genauso wichtig wie die Offenheit für zukünftige Erschließungen. Dem *Vergessen* mancher Bestände wird so ein Riegel vorgeschoben, dem/der Nutzer*in nicht quasi-Vollständigkeit suggeriert, die regestierte Urkunde nicht gegenüber der nicht-regestierten privilegiert.

Den Beiträgen dieses Bändchens geht es aber nicht nur darum, die Bedingungen für ein solches Vorhaben und seine technische Umsetzung zu präsentieren, sondern auch aufzuzeigen, welchen Fragestellungen mit dem hier verarbeiteten Material nachgegangen werden kann. Diese Beiträge waren von Anfang exemplarisch gedacht und verfolgen deshalb keine gemeinsame Fragestellung. Sie verweisen aber auf ein beträchtliches Spektrum möglicher Untersuchungsbereiche, auf die hier abschließend zumindest knapp hingewiesen werden soll. Stefan Bröhl richtet seine Aufmerksamkeit auf das bislang eher unterbelichtete Thema des pfalzgräflichen Bergbaus, für den im 15. Jahrhundert die Überlieferung signifikant ansteigt, wobei diesbezügliche Rechnungsbücher die Zeit ihrer Nutzung kaum überdauert haben. Er kann aufzeigen, dass die zunehmende Schriftlichkeit tatsächlich einer Intensivierung des landesherrlichen Zugriffs auf die Bergwerke und dem Bemühen um die Durchsetzung kodifizierten Bergrechts geschuldet ist. Die Kurpfalz bildet dabei keineswegs eine Ausnahme, sondern zeigt ein eher typisches Bild für fürstliche Herrschaften der Zeit. Dabei blieb der Bergbau trotz langjähriger Erfahrungen und technischer Innovationen ein schwer kalkulierbares Risiko. Die fürstliche Konkurrenz aber und die Aussicht, im Erfolgsfalle große Schätze finden zu können, trieben die Bemühungen voran. Ob sich die Investitionen am Ende lohnten, ist noch eine offene Frage, deren Beantwortung aber nicht nur auf dem Feld der Wirtschaftlichkeit, sondern auch auf dem des fürstlichen Selbstverständnisses geleistet werden kann. Ein klassisches Thema nimmt hingegen Gerhard Immler mit Landfriedenseinigungen unter die Lupe. Seine minutiöse Untersuchung kann nicht nur den flexiblen Einsatz dieser Instrumente herausarbeiten, die von der Stiftung einer relativen unverbindlichen Partnerschaft bis hin zu einem echten Militärbündnis reichten, sondern verweist auch geradezu en passant darauf, welchen Einfluss der Überlieferungszufall auf unsere Interpretationen hat. Die im März 1490 geschlossene wittelsbachische Einung ergibt nur unter Hinzuziehung eines zweiten, damals wohl streng geheimen Dokuments Sinn, in dem eine in der eigentlichen Einung vereinbarte, den Interessen Herzog Albrechts IV. aber diametral gegenläufige Ausnahmeregelung wieder aufgehoben wurde.

Trotz der enormen Arbeitserleichterung durch die in diesem Projekt geleistete Digitalisierung ist die/der Forscher*in auch zukünftig gut beraten, weiterhin die unerschlossene Überlieferung mit in den Blick zu nehmen. Martin Armgart blickt seinerseits auf die gerade in jüngster Zeit wieder verstärkt das Interesse der Forschung genießenden pfalzgräflichen Städte und zeigt auf, wie das Themenportal zukünftig vergleichende Städteforschung erleichtert. Was bislang durch mühsame Fleißarbeit vor Ort im Archiv bzw. mehreren Archiven geleistet werden musste, kann zukünftig durch geschickte Eingaben in der Suchmaske in Sekundenschnelle erledigt werden – mit der Einschränkung, dass die städtische Überlieferung selbst nicht erschlossen ist, also auch hier der Gang ins Archiv weiterhin sinnvoll und notwendig ist. Sowieso ist den meisten Beiträgen gemein, dass sie weniger auf Themen zielen, die gänzlich aus den erschlossenen Urkunden zu bearbeiten sind, sondern eher darauf angelegt sind, auch andere (archivalische) Quellenbestände hinzuzuziehen. Dies zeigen Maria Rita Sagstetter anhand des Umgangs Philipps des Aufrichtigen mit dem Neumarkter Erbe Pfalzgraf Ottos II. und Carolin Schreiber anhand der Verpfändung des Klosters Lorsch an die Kurpfalz Mitte des 15. Jahrhunderts sehr deutlich. Auch diese Kollateraleffekte sind immer mitzudenken und zu betonen, wenn es darum geht, den Nutzen von Quelleneditionen bzw. Regestenwerken herauszustellen. Genauso wie sie den Weg zu unveröffentlichtem Material versperren können, können sie ihn auch weisen. Die hier vorgelegten *Begleitforschungen* können dabei behilflich sein.

Ein neuer Frühling für die Pfalz, so ist dieser Band selbstbewusst betitelt worden. Trifft das auf die seit einem Vierteljahrhundert und in Einzelfällen deutlich darüber hinaus (man denke hier nur an die Arbeiten von Karl-Heinz Spieß)[12] sehr rege Forschung zu den Pfalzgrafen sicherlich nicht zu, so kann diese Aussage hinsichtlich der Erschließung der Urkunden des 15. Jahrhunderts doch einige Geltung in Anspruch nehmen. Wie jeder Hobbygärtner weiß, regen sich mit dem Frühling auch die Maulwürfe. Ihre Hügel trieben im 15. Jahrhundert die kurfürstliche Güterverwaltung so sehr um, dass sie die Brüder Heinrich und Ulrich Capler verpflichtete, die Hügel auf dem Grund des ihnen von Kurfürst Philipp in Erbpacht überlassenen Teils des Hofs zu Brambach zu beseitigen. Dieses von Benjamin Torn aufgetane Stück steht für den ungeheuren Detailreichtum mancher der in diesem Projekt bearbeiteten und nun leicht zugänglich gemachten Urkunden. Es liefert

[12] Vgl. nur Karl-Heinz *Spieß*: Lehnsrecht, Lehnspolitik und Lehnsverwaltung der Pfalzgrafen bei Rhein im Spätmittelalter (Geschichtliche Landeskunde 18). Wiesbaden 1978. – Das älteste Lehnsbuch der Pfalzgrafen bei Rhein vom Jahr 1401. Edition und Erläuterungen. Hg. von Karl-Heinz *Spieß* (Veröffentlichungen der Kommission für geschichtliche Landeskunde in Baden-Württemberg Reihe A 30). Stuttgart 1981.

vielleicht aber auch ein passendes Bild für diesen Band: So wie die Maulwurfhügel das Ergebnis emsiger, für Außenstehende ansonsten unsichtbarer Arbeit sind, so verweisen die Beiträge dieses Bandes auf eine dahinterstehende, sehr viel umfangreichere und die Zeiten überdauernde Leistung. Ist das Themenportal einmal aktiv, wird das so Geschaffene, ganz unbeschadet der jeweiligen Jahreszeit, die Forschungen zur zweiten Hälfte des 15. Jahrhunderts beflügeln.

Autorinnen und Autoren

Dr. Martin Armgart studierte Geschichte und Germanistik in Bochum. Dort promovierte er mit einer kanzleigeschichtlichen Arbeit. Nach längerer Tätigkeit auf einer Drittmittelstelle am Landesarchiv Speyer (Pfälzische Geschichtsquellen) arbeitete er u. a. am GLA Karlsruhe, dem Bayerischen Hauptstaatsarchiv, der Heidelberger Akademie der Wissenschaften und der Universität Koblenz-Landau. Er ist nun tätig an der Abteilung HN (Historisches Archiv und Nichtstaatliches Archivgut) des Landesarchivs Speyer.

Stefan Bröhl hat Geschichte und Mittelalterstudien an den Universitäten Bonn und Heidelberg studiert. Neben einer an der Universität Heidelberg eingereichten Dissertation zum mittelalterlichen Niederadel in der Pfalzgrafschaft bei Rhein erfolgte das Archivrefendariat am Landesarchiv Baden-Württemberg (2020–2022). Seither ist er als wissenschaftlicher Archivar am Generallandesarchiv Karlsruhe im DFG-geförderten Projekt zu den Urkunden der Pfalzgrafen tätig.

Dr. Rainer Brüning hat in Hamburg Geschichts- und Literaturwissenschaft studiert. Nach einer Station an der Universität Göttingen ist er seit 1993 im Landesarchiv Baden-Württemberg tätig. Seit 1998 am Generallandesarchiv Karlsruhe, ist er als Referatsleiter u. a. für die dortige Überlieferung der Kurpfalz zuständig. Die Konzeption und Federführung des hier vorgestellten gemeinsamen Urkundenprojekts der vier Landesarchivverwaltungen liegen bei ihm.

Dr. Gerhard Immler studierte 1981 bis 1989 Geschichte und Englisch in München, wo er 1989 promoviert wurde. Ab 1988 im bayerischen staatlichen Archivdienst tätig, ist er seit 1998 Leiter der Abteilung III (Geheimes Hausarchiv) im Bayerischen Hauptstaatsarchiv, seit 2005 zudem Leiter der Abteilung I (Ältere Bestände) und seit 2008 Stellvertreter des Direktors des Hauptstaatsarchivs. 2012 wurde er zum ordentlichen Mitglied der Kommission für bayerische Landesgeschichte bei der Bayerischen Akademie der Wissenschaften gewählt.

PD Dr. Benjamin Müsegades studierte Geschichte und Englisch für das Lehramt an Gymnasien an den Universitäten Greifswald und Sewanee (USA) (Erstes Staatsexamen 2009). Seine Promotion in Mittelalterlicher Geschichte erfolgte 2013 in Greifswald, seine Habilitation 2020 in Heidelberg. Er vertrat Professuren in Heidelberg und an der Humboldt-Universität zu Berlin und ist Privatdozent an der Universität Heidelberg.

Dr. Andreas Neuburger leitet seit Juni 2023 die Abteilung Archivischer Grundsatz des Landesarchivs Baden-Württemberg. Er hat in Tübingen und Edinburgh Neuere Geschichte und Politikwissenschaft studiert und in Tübingen promoviert. Nach dem Archivreferendariat im Landesarchiv war er in unterschiedlichen Abteilungen tätig, zuletzt als Referatsleiter für Erschließung und Digitalisierung in der Abteilung Archivischer Grundsatz

Prof. Dr. Jörg Peltzer trat nach der Promotion in mittelalterlicher Geschichte in Oxford eine Stelle in Cambridge an, bevor er nach Heidelberg wechselte. Dort hatte er verschiedene Positionen inne, ehe er auf die Professur für Vergleichende Landesgeschichte in europäischer Perspektive berufen wurde. In Heidelberg ist er auch Direktor am Institut für Fränkisch-Pfälzische Geschichte und Landeskunde (FPI). Zwischen 2021 und 2025 ist er darüber hinaus British Academy Global Professor an der University of East Anglia, Norwich.

Dr. Maria Rita Sagstetter ist Leiterin des Staatsarchivs Amberg. Sie hat an der Universität Regensburg Geschichte und Germanistik studiert. Nach der Promotion absolvierte sie den Vorbereitungsdienst für den höheren Archivdienst an der Bayerischen Archivschule in München und war anschließend im Bayerischen Hauptstaatsarchiv und in der Generaldirektion der Staatlichen Archive Bayerns tätig, bevor sie 2004 in das für die Oberpfalz zuständige Staatsarchiv Amberg wechselte.

Carolin Schreiber studierte Mittlere und Neuere Geschichte an der Ruprecht-Karls Universität Heidelberg und promovierte sich mit der Edition des Lorscher Kartulars. Sie war in unterschiedlichen Urkundenerschließungsprojekten wie zum Beispiel dem Archivum Laureshamense – digital tätig und beschäftigt sich derzeit im Rahmen eines Projekts mit der Erschließung des Archivs der Grafen von Solms-Hohensolms-Lich für das Hessische Staatsarchiv Darmstadt.

Benjamin Torn studierte Geschichte, Politikwissenschaften und Mittelalter- und Renaissance-Studien in Freiburg und Poznań. Er war in Freiburg Mitarbeiter am Lehrstuhl für Mittelalterliche Geschichte I und Landesgeschichte und promoviert zu hochmittelalterlichen Boten und Gesandten. Seit 2022 ist er am Generallandesarchiv Karlsruhe Mitarbeiter im hier vorgestellten Urkundenprojekt.